道路建筑材料试验检测技术
习 题 集

主 编 王林攀 洪 青
副主编 孙鹏轩 刘玉玲 纪 凯
主 审 叶 生

合肥工业大学出版社

图书在版编目(CIP)数据

道路建筑材料试验检测技术习题集/王林攀，洪青主编．—合肥：合肥工业大学出版社，2022.8

ISBN 978-7-5650-5945-2

Ⅰ.①道…　Ⅱ.①王…②洪…　Ⅲ.①道路工程—建筑材料—检测—高等职业教育—习题集　Ⅳ.①U414-44

中国版本图书馆 CIP 数据核字(2022)第 141283 号

道路建筑材料试验检测技术习题集

DAOLU JIANZHU CAILIAO SHIYAN JIANCE JISHU XITIJI

主　编　王林攀　洪　青　　　　责任编辑　张择瑞　郭　敬

出　版	合肥工业大学出版社	版　次	2022 年 8 月第 1 版
地　址	合肥市屯溪路 193 号	印　次	2022 年 8 月第 1 次印刷
邮　编	230009	开　本	787 毫米×1092 毫米　1/16
电　话	理工图书出版中心：0551-62903204	印　张	15.75
	营销与储运管理中心：0551-62903198	字　数	363 千字
网　址	www.hfutpress.com.cn	印　刷	安徽昶颉包装印务有限责任公司
E-mail	hfutpress@163.com	发　行	全国新华书店

ISBN 978-7-5650-5945-2　　　　定价：39.00 元

出版说明

《道路建筑材料试验检测技术习题集》是安徽交通职业技术学院2019年省级质量工程高水平高职教材《道路建筑材料试验检测技术》项目配套建设教材。为帮助学习者更好地掌握道路建筑材料试验检测技术理论及实践知识，并顺利通过职业资格考试，项目负责人安徽交通职业技术学院王林攀组织行业专家及有丰富教学经验的老师共同编写了本书。王林攀、行业专家安徽省中盛建设工程试验检测有限公司洪青担任主编并统稿，安徽交通职业技术学院孙鹏轩、刘玉玲、纪凯担任副主编。具体分工如下：第一部分第一章、第六章由王林攀、纪凯编写，第二章、第三章由孙鹏轩编写，第四章、第五章由刘玉玲编写；第二部分由洪青编写。安徽交通职业技术学院叶生教授对本书进行了认真细致的审阅。

在编写本书的过程中，参考了部分同类书籍，在此对所参考书籍的作者们致以诚挚的谢意！同时，编者得到了合肥工业大学出版社张择瑞编辑的大力支持，特此感谢！

由于编者水平有限，本书难免存在不妥之处，恳请读者不吝赐教。

编　者

2022年3月

目　录

第一部分　单元知识专项练习题及参考答案

第二部分　岗位技能测试训练题及参考答案

第一部分

单元知识专项练习题及参考答案

第一章　砂石材料专项练习题

一、单项选择题

1. 砂石作为水泥(或沥青)混凝土的集料,应严格按(　　)组成一定要求的矿质混合料。

A. 级配理论　B. 量积法　C. 几何比例　D. 酸碱度

2. 石料的内部结构主要由(　　)组成。

A. 矿质实体与开口孔隙　B. 矿质实体与闭口孔隙

C. 矿质实体　D. 矿质实体、开口孔隙和闭口孔隙

3. 为了反映石料的组成结构以及它与物理力学性质间的关系,通常采用(　　)来表征它。

A. 物理常数　B. 吸水性　C. 耐冻性　D. 坚固性

4. 测定真实密度的规定条件是(　　)。

A. 105～110℃下烘干至恒重,温度为20℃

B. 105～110℃下烘干至恒重,温度为20℃±2℃

C. 105℃±5℃下烘干至恒重,温度为20℃

D. 105℃±5℃下烘干至恒重,温度为20℃±2℃

5. 真实密度计算中所用的体积是指(　　)。

A. 计入开口孔隙的石料体积　B. 计入闭口孔隙的石料体积

C. 计入开口孔隙和闭口孔隙的石料体积　D. 石料矿质实体的体积

6. 石料真实密度的测定方法,按我国现行标准《公路工程石料试验规程》采用(　　)。

A. 容量瓶法　B. 封蜡法　C. 静水称量法　D. 量积法

7. 岩石的吸水率采用(　　)条件测定。

A. 室内常温常压　B. 室内常温真空抽气

C. 室内煮沸条件　D. 室内常温标准大气压

8. 毛体积密度计算中所用体积是指(　　)。

A. 石料矿质与实体的体积

B. 矿质实体与开口孔隙体积之和

C. 矿质实体与闭口孔隙体积之和

D. 矿质实体与开口孔隙和闭口孔隙体积之和

9. 岩石的吸水率、含水率、饱和吸水率三者的数值有如下关系(　　)。

A. 吸水率＞含水率＞饱和吸水率　B. 吸水率＞饱和吸水率＞含水率

C. 含水率＞吸水率＞饱和吸水率 D. 饱和吸水率＞吸水率＞含水率

10. 岩石的饱和吸水率比吸水率(　　)，而两者的计算方法(　　)。

A. 大，相似 B. 小，相似 C. 大，不同 D. 小，不同

11. 岩石密度试验时，密度精确至(　　)g/cm^3，两次平行试验误差不大于(　　)g/cm^3。

A. 0.001，0.02 B. 0.01，0.02 C. 0.01，0.05 D. 0.001，0.01

12. 我国现行标准中采用的岩石抗冻性试验的条件为(　　)。

A. 在温度下降至－15℃冻结4h后，放入20℃±5℃水中融解4h为冻融循环一次

B. 在温度下降至－20℃冻结4h后，放入20℃±5℃水中融解4h为冻融循环一次

C. 在温度下降至－20℃冻结2h后，放入20℃±5℃水中融解2h为冻融循环一次

D. 在温度下降至－25℃冻结4h后，放入20℃±5℃水中融解4h为冻融循环一次

13. 石料的力学性质指标为(　　)。

A. 单轴抗压强度和磨耗率 B. 单轴抗压强度和吸水率

C. 单轴抗压强度和孔隙率 D. 单轴抗压强度和饱水率

14. 经过冻融试验后，要求冻融后石料的质量损失不大于(　　)。

A. 5％ B. 4％ C. 3％ D. 2％

15. 经过冻融试验后，要求冻融后石料的抗压强度降低不大于(　　)。

A. 15％ B. 20％ C. 25％ D. 30％

16. 划分岩石等级的单轴抗压强度一般在(　　)状态下测定。

A. 干燥 B. 潮湿 C. 吸水饱和 D. 冻结

17. 路用石料单轴抗压强度试验标准试件是边长为(　　)mm的立方体试件。

A. 200 B. 150 C. 100 D. 50

18. 我国现行试验规程规定，石料的磨耗试验以(　　)为标准方法。

A. 洛杉矶磨耗试验 B. 狄法尔式磨耗试验

C. 双筒式磨耗试验 D. 单筒式磨耗试验

19. 石料的化学性质中按(　　)的含量多少将石料划分为酸性、碱性和中性。

A. C B. Si C. CO_2 D. SiO_2

20. 岩石为酸性石料是指(　　)。

A. SiO_2 含量小于52％ B. SiO_2 含量大于65％

C. Si含量大于52％ D. Si含量大于65％

21. 岩石为中性石料是指(　　)。

A. SiO_2 含量为32％～52％ B. SiO_2 含量为52％～65％

C. Si含量小于32％ D. Si含量为52％～65％

22. 岩石为碱性石料是指(　　)。

A. SiO_2 含量大于65％ B. SiO_2 含量小于52％

C. Si含量小于65％ D. Si含量小于52％

23. 采用蜡封法测定岩石的毛体积密度时，检查蜡封试件浸水后的质量与浸水前的质量，如果两者之差超过(　　)，则说明试件封蜡不好。

A. 0.03g　　B. 0.04g　　C. 0.05g　　D. 0.06g

24. 砂的粗度是指砂颗粒的平均粗细程度，通常用(　　)表示。细度模数是用于评价细集料粗细程度的指标，分为粗、中、细三种规格。

A. 粗度模数　　B. 粗度模量

C. 细度模数　　D. 各筛累计筛余百分率

25. 细砂是指(　　)。

A. M_x为 3.7～3.1 的砂　　B. M_x为 3.0～2.8 的砂

C. M_x为 2.8～2.3 的砂　　D. M_x为 2.2～1.6 的砂

26. 中砂是指(　　)。

A. M_x为 3.7～3.5 的砂　　B. M_x为 3.5～3.0 的砂

C. M_x为 3.0～2.3 的砂　　D. M_x为 2.2～1.6 的砂

27. 在沥青混合料中，粗集料是指粒径大于(　　)的碎石、砾石和矿渣。

A. 2.36mm　　B. 3.36mm　　C. 2.56mm　　D. 3.56mm

28. 在水泥混合料中，粗集料是指粒径大于(　　)的碎石、砾石和矿渣。

A. 2.36mm　　B. 3.36mm　　C. 4.75mm　　D. 5.5mm

29. 粗集料的表观体积是指(　　)。

A. 集料矿质实体的体积

B. 集料矿质实体与开口孔隙体积之和

C. 集料矿质实体与闭口孔隙体积之和

D. 集料矿质实体与开口孔隙和闭口孔隙体积之和

30. 粗集料的毛体积是指(　　)。

A. 集料矿质实体的体积

B. 集料矿质实体与开口孔隙体积之和

C. 集料矿质实体与闭口孔隙体积之和

D. 集料矿质实体与开口孔隙和闭口孔隙体积之和

31. 堆积密度计算中的体积是指(　　)

A. 集料矿质实体、孔隙和空隙的体积

B. 集料矿质实体与开口孔隙体积之和

C. 集料矿质实体与闭口孔隙体积之和

D. 集料矿质实体与开口孔隙和闭口孔隙体积之和

32. 粗集料的各组成颗粒的级配是通过(　　)确定的。

A. 磨耗试验　　B. 筛分试验　　C. 冲击试验　　D. 击实试验

33. 粗集料的坚固性测定是指将规定数量的粗集料装在金属篮浸入(　　)中进行干湿循环试验。

A. 饱和 NaCl 溶液　　B. 饱和 Na_2CO_3溶液

C. 饱和 Na_2SO_4溶液　　D. 饱和 Na_2HCO_3溶液

34. 用(　　)指标来计算粗集料的坚固性。

A. 经 3 次循环后的质量损失百分率　　B. 经 5 次循环后的质量损失百分率

C. 经 8 次循环后的质量损失百分率　　D. 经 10 次循环后的质量损失百分率

35. 对高速公路和一级公路，磨光值不得小于(　　)。

A. 32　　B. 35　　C. 38　　D. 42

36. 矿渣分类采用(　　)作为分类依据。

A. 酸碱度　　B. 耐冻性　　C. 空隙率　　D. 堆积密度

37. 矿渣的力学强度一般较高，其强度与(　　)有关。

A. 空隙率大小　　B. 耐冻性　　C. 孔隙率　　D. 堆积密度

38. 富勒级配理论认为(　　)。

A. 级配曲线为抛物线时为最大密度曲线，即 $p^2=kd$

B. 实际矿料的级配允许有一定的波动范围，即 $p=100\times\left(\frac{d}{D}\right)^n$

C. 根据路面厚度控制最大粒径可求解 $p=100\,(i)^{x-1}$，其中 i 为通过百分率的递减率

D. 粒子干涉理论

39. 泰波级配理论认为(　　)。

A. 级配曲线为抛物线时为最大密度曲线，即 $p^2=kd$

B. 实际矿料的级配允许有一定的波动范围，即 $p=100\times\left(\frac{d}{D}\right)^n$

C. 根据路面厚度控制最大粒径可求解 $p=100\,(i)^{x-1}$，其中 i 为通过百分率的递减率

D. 粒子干涉理论

40. 我国级配简化公式认为(　　)。

A. 级配曲线为抛物线时为最大密度曲线，即 $p^2=kd$

B. 实际矿料的级配允许有一定的波动范围，即 $p=100\times\left(\frac{d}{D}\right)^n$

C. 根据路面厚度控制最大粒径可求解 $p=100\,(i)^{x-1}$，其中 i 为通过百分率的递减率

D. 粒子干涉理论

41. 魏矛斯级配理论认为(　　)。

A. 级配曲线为抛物线时为最大密度曲线，即 $p^2=kd$

B. 实际矿料的级配允许有一定的波动范围，即 $p=100\times\left(\frac{d}{D}\right)^n$

C. 根据路面厚度控制最大粒径可求解 $p=100\,(i)^{x-1}$，其中 i 为通过百分率的递减率

D. 粒子干涉理论

42. 以下矿物成分中，(　　)是两面性氧化物。

A. CaO　　B. MgO　　C. SiO_2　　D. Al_2O_3

43. 粗集料的表观密度的测定方法为(　　)。

A. 洛杉矶法　　B. 网篮法　　C. 容量瓶法　　D. 蜡封法

44. 细集料的表观密度的测定方法为(　　)。

A. 洛杉矶法　　B. 静水天平法　　C. 容量瓶法　　D. 网篮法

45. 在石料单轴抗压强度试验中，用切石机或钻石机从岩石试样或岩石中取(　　)个试件。

A. 8　　B. 7　　C. 6　　D. 5

46. 在毛体积密度试验中，天平称量的精确度为(　　)。

A. 0.1g　　B. 0.01g　　C. 0.001g　　D. 1g

47. 粗集料的毛体积密度的计算公式为(　　)。

A. $\rho_h=\frac{m_s}{V_sV_n}$　　B. $\rho_h=\frac{m_s}{V_sV_nV_i}$　　C. $\rho_h=\frac{m_s}{V_sV_oV_v}$　　D. $\rho_h=\frac{m}{V}$

48. 粗集料的表观密度的计算公式为(　　)。

A. $\rho_a=\frac{m_s}{V_sV_n}$　　B. $\rho_a=\frac{m_s}{V_sV_nV_i}$　　C. $\rho_a=\frac{m_s}{V_sV_oV_v}$　　D. $\rho_a=\frac{m}{V}$

49. 堆积密度的计算公式为(　　)。

A. $\rho=\frac{m_s}{V_sV_n}$　　B. $\rho=\frac{m_s}{V_sV_nV_i}$　　C. $\rho=\frac{m_s}{V_sV_oV_v}$　　D. $\rho=\frac{m}{V}$

50. 石料单轴抗压强度试验所用的游标卡尺的分度值为(　　)。

A. 1mm　　B. 0.1mm　　C. 0.01mm　　D. 0.001mm

51. 石料单轴抗压强度试验结果整理时取(　　)作为抗压强度测定值。

A. 6 个试件试验结果中的较大值　　B. 6 个试件试验结果中的较小值

C. 6 个试件试验结果的算术平均值　　D. 6 个试件试验结果的加权平均值

52. 对于有显著层理的岩石，取(　　)作为试件强度的试验结果。

A. 取垂直于层理方向的试件强度的平均值

B. 取平行于层理方向的试件强度的平均值

C. 取垂直和平行于层理方向的试件强度值中的较大者

D. 取垂直和平行于层理方向的试件强度的平均值

53. 细集料的表观密度的结果整理应以(　　)作为测定值。

A. 两次平行试验结果中的较大者　　B. 两次平行试验结果中的较小者

C. 两次平行试验结果的算术平均值　　D. 两次平行试验结果的加权平均值

54. 细集料的表观密度如果两次的结果之差(　　)，则应重新取样进行试验。

A. 大于 $0.1g/cm^3$　　B. 大于 $0.2g/cm^3$

C. 大于 $0.01g/cm^3$　　D. 大于 $0.02g/cm^3$

55. 细集料筛分试验中所用天平应(　　)。

A. 称量 500g，感量不大于 0.1g　　B. 称量 500g，感量不大于 0.5g

C. 称量 1000g，感量不大于 0.5g　　D. 称量 1000g，感量不大于 1g

56. 细度模数的计算，精确度至(　　)。

A. 0.1　　B. 0.01　　C. 0.2　　D. 0.02

57. 在进行两次平行试验时，如果两次试验所得的细度模数之差大于(　　)，则应重新进行试验。

A. 0.1　　B. 0.2　　C. 0.01　　D. 0.02

58. 在进行沥青路面用粗集料压碎值试验时，其所用天平应(　　)。

A. 称量 0.5～1kg，感量不大于 0.1g　　B. 称量 1～1.5kg，感量不大于 0.2g

C. 称量 1.5～2kg，感量不大于 0.5g　　D. 称量 2～3kg，感量不大于 1g

59. 在进行沥青路面用粗集料压碎值试验中，将试件分 3 次倒入试筒内，每次表面整平后，用金属棒夯击(　　)次。

A. 20　　B. 25　　C. 30　　D. 35

60. 在进行水泥混凝土用粗集料压碎值试验时，其所用天平应(　　)。

A. 称量 2～3kg，感量不大于 1g　　B. 称量 2～3kg，感量不大于 2g

C. 称量 2～3kg，感量不大于 4g　　D. 称量 2～3kg，感量不大于 5g

61. 粗集料的磨耗损失两次平行试验差值应(　　)。

A. 不大于 0.2%　　B. 不大于 1%　　C. 不大于 1.5%　　D. 不大于 2%

62. 粗集料筛分试验所用天平或台秤的感量要求为(　　)。

A. 不大于试样质量的 0.01%　　B. 不大于试样质量的 0.1%

C. 不大于试样质量的 0.5%　　D. 不大于试样质量的 1%

63. 用(　　)方法测定集料中小于 0.075mm 的细粉部分质量。

A. 水洗法　　B. 比重瓶法　　C. 规准仪法　　D. 蜡封法

64. 用(　　)方法测定粗集料各个粒级质量百分比。

A. 水洗法　　B. 干筛法　　C. 比重瓶法　　D. 规准仪法

二、多项选择题

1. 石料的技术性质主要包括(　　)。

A. 物理性质　　B. 几何性质　　C. 力学性质　　D. 化学性质

2. 石料包括(　　)。

A. 破碎混凝土块　　B. 天然石料

C. 轧制的石料　　D. 工业冶金矿渣

3. 石料的物理常数包括(　　)。

A. 真实密度　　B. 体积密度　　C. 空隙率　　D. 含水率

4. 石料的吸水性是指其(　　)。

A. 吸水率　　B. 空隙率　　C. 饱和吸水率　　D. 密度

5. 饱水率可以采用(　　)方法测定。

A. 沸煮法　　B. 真空抽气法　　C. 自由吸水法　　D. 标压吸水法

6. 毛体积密度计算中的体积包括(　　)。

A. 矿质实体体积　　B. 开口孔隙的体积　　C. 闭口孔隙的体积　　D. 水的体积

7. 判断岩石抗冻性能好坏的指标是(　　)。

A. 孔隙率　　B. 质量损失率

C. 抗冻强度降低系数　　D. 耐冻温度

8. 岩石的力学性能指标包括(　　)。

A. 单轴抗压强度　　B. 孔隙率　　C. 磨耗率　　D. 吸水率

9. 影响石料抗压强度值的因素有(　　)。

A. 矿物组成　　B. 岩石的结构和构造

C. 裂隙的分布　　D. 试验条件

10. 我国现行试验规程，石料的磨耗试验包括(　　)。

A. 洛杉矶磨耗试验　　B. 狄法尔式磨耗试验

C. 直接磨耗试验　　D. 道瑞式磨耗试验

11. 石料分级方法应根据(　　)确定岩石名称。

A. 造岩矿物成分含量　　B. 抗压强度

C. 磨耗率　　D. 岩石的组织结构

12. 同名称的岩石按其(　　)指标分为4个等级。

A. 造岩矿物成分含量　　B. 抗压强度

C. 磨耗率　　D. 岩石的组织结构

13. 路面建筑用石料制品包括(　　)。

A. 整齐块石　　B. 半整齐块石

C. 不整齐块石　　D. 片石

14. 高级铺砌用整齐块石规定的力学指标为(　　)。

A. 抗压强度不低于100MPa　　B. 洛杉矶磨耗率不大于5%

C. 抗压强度不低于150MPa　　D. 洛杉矶磨耗率不大于3%

15. 桥梁建筑中所用石料主要制品有(　　)。

A. 片石　　B. 块石、方块石　　C. 粗料石　　D. 镶面石

16. 细集料技术性质主要包括(　　)。

A. 物理性质　　B. 化学性质　　C. 颗粒级配　　D. 密度

17. 下列参数中，属于级配有关参数的是(　　)。

A. 分计筛余百分率　　B. 累计筛余百分率　　C. 通过百分率　　D. 粗度

18. 砂按来源分为(　　)。

A. 山砂　　B. 河砂　　C. 海砂　　D. 人工砂

19. 块石是指(　　)的岩石。

A. 厚度不小于20cm　　B. 宽度为厚度的1.5～2.0倍

B. 长度为厚度的1.5～3.0倍　　C. 砌缝宽度一般不大于25cm

20. 集料是指混合料中起骨架或填充作用的粒料，包括(　　)。

A. 砾(卵)石　　B. 砂　　C. 碎石　　D. 石屑

21. 细集料的物理常数主要有(　　)。

A. 表观密度　　B. 堆积密度　　C. 空隙率　　D. 粗度

22. 我国现行标准规定砂的粗度可分为(　　)。

A. 粗砂　　B. 中砂　　C. 细砂　　D. 粉砂

23. 粗集料的物理常数主要有(　　)。

A. 表观密度　　B. 毛体积密度　　C. 堆积密度　　D. 空隙率

24. 粗集料的堆积密度包括(　　)下的松方密度。

A. 自然堆积状态　　B. 振实状态　　C. 捣实状态　　D. 饱水状态

25. 粗集料的物理性质包括(　　)。

A. 物理常数　　B. 级配　　C. 坚固性　　D. 磨光值

26. 抗滑表层用集料的力学性质指标有(　　)。

A. 集料压碎值　B. 集料磨光值　C. 集料冲击值　D. 集料磨耗值

27. 沥青路面用粗集料压碎值试验的条件包括(　　)。

A. 粗集料试件尺寸为13.2～16.0mm　B. 试件总质量为3kg

C. 加荷至400kN　D. 筛孔尺寸为2.5mm

28. 水泥混凝土用粗集料压碎值试验的条件为(　　)。

A. 粗集料试件尺寸为10～20mm　B. 试件总质量为3kg

C. 加荷至200kN　D. 筛孔尺寸为2.55mm

29. 冶金矿渣集料包括(　　)。

A. 高炉重矿渣　B. 钢渣　C. 有色金属矿渣　D. 矿粉

30. 矿渣的化学成分随着(　　)的变化而变化。

A. 矿物成分　B. 燃料

C. 助熔剂　D. 熔化金属的化学成分

31. 矿渣中的主要化学成分为(　　)。

A. SiO_2　B. $A1_2O_3$　C. NaCl　D. CaO

32. 矿渣中的活性氧化物有(　　)。

A. CaO　B. SiO_2　C. P_2O_5　D. TiO_2

33. 矿渣中的中性成分为(　　)。

A. MnO　B. SiO_2　C. FeS　D. MnS

34. 矿渣中的碱性氧化物有(　　)。

A. SiO_2　B. FeO　C. CaO　D. TiO_2

35. 欲使水泥混凝土和沥青混合料具备优良的路用性能，除各种矿质集料的技术性质应符合技术要求外，矿质混合料还必须满足(　　)的基本要求。

A. 最小空隙率　B. 最大摩擦力　C. 最大密实度　D. 最大粒径

36. 矿质混合料的级配类型有(　　)。

A. 连续级配　B. 间断级配　C. 正常级配　D. 非正常级配

37. 目前用于计算连续级配的理论有(　　)。

A. 富勒理论　B. 泰波理论　C. 我国简化公式　D. 魏矛斯理论

38. 矿质混合料的组成设计内容包括(　　)。

A. 级配理论　B. 级配范围　C. 基本组成设计　D. 最小空隙率

39. 确定矿质混合料配合比的设计方法主要有(　　)。

A. 试算法　B. 估值法　C. 图解法　D. 推导法

40. 进行矿质混合料配合比设计前，必须具备的已知条件有(　　)。

A. 各种集料的筛析结果　B. 矿质混合料的级配范围

C. 矿质混合料的力学指标　D. 矿质混合料的密度

三、判断题

1. 砂石材料是道路与桥梁建筑中用量最多的一种建筑材料，它可以直接用于道路或

桥梁的砌体结构,亦可以作为水泥混凝土、沥青混合料的集料。 (　　)

2. 砂石材料作为水泥(或沥青)混凝土用集料,应严格按级配理论组成一定要求的矿质混合料。 (　　)

3. 石料的真实密度是指石料在 105℃±2℃下烘干至恒重,25℃下烘干石料矿质单位体积的质量。 (　　)

4. 石料真实密度计算中所用体积是矿质实体加闭口孔隙的体积。 (　　)

5. 石料的孔隙率是指孔隙体积占石料总体积的百分率。 (　　)

6. 桥梁用岩石抗压强度的标准试件是边长为 3cm 的立方体试件。 (　　)

7. 岩石的抗压强度是以标准试件在吸水饱和状态下单轴受压时的极限抗压强度表示的。 (　　)

8. 岩石的孔隙率越大,吸水率也越大,抗冻性亦越差。 (　　)

9. 岩石的密度是指岩石在规定条件下单位实体体积的质量。 (　　)

10. 岩石吸水率和饱水率之比可表征耐冻性,比值越接近 1,其耐冻性越好。 (　　)

11. 岩石吸水率和饱水率指在规定条件下,岩石试样的最大吸水质量与吸水饱和岩石质量之比。 (　　)

12. 岩石耐候性的两项指标为抗冻性和坚固性。 (　　)

13. 确定岩石等级的两个性质为抗压强度和吸水率。 (　　)

14. 岩石饱水系数越大,抗冻性越差。 (　　)

15. 岩石软化系数越大,耐水性越差。 (　　)

16. 通常以石料饱水状态下,能经受冻融循环的次数表示抗冻性。 (　　)

17. 一般要求冻融合石料的质量损失不大于 3%。 (　　)

18. 一般要求冻融合强度降低不大于 25%。 (　　)

19. 我国现行试验规程规定,石料磨耗试验以狄法尔磨耗试验法为标准方法。 (　　)

20. 我国现行试验规程规定,石料磨耗试验以洛杉矶式磨耗试验法为标准方法。 (　　)

21. 我国现行试验规程规定,只有当不具备搁板式磨耗试验条件时,才允许用狄法尔式磨耗试验法。 (　　)

22. 石料的化学成分中 SiO_2 的含量大于 65%的石料为酸性石料。 (　　)

23. 石料的化学成分中 SiO_2 的含量大于 52%的石料为碱性石料。 (　　)

24. 在选择与沥青结合的石料时,应考虑石料的酸碱性对沥青与石料黏结的影响。 (　　)

25. 沥青混合料中的细集料是指粒径小于 4.75mm 的天然砂、人工砂。 (　　)

26. 水泥混凝土中的细集料是指粒径小于 4.75mm 的天然砂、人工砂。 (　　)

27. 细集料的细度模数越大,表示细集料越细。 (　　)

28. 粗砂是指细度模数 M_x 为 3.7～3.1 的砂。 (　　)

29. 细砂是指细度模数 M_x 为 3.0～2.3 的砂。 (　　)

30. 沥青混合料的粗集料是指粒径不大 4.75mm 的碎砾石等。 (　　)

31. 计算粗集料的表观密度时用的体积为矿质实体体积。 (　　)

32. 计算粗集料的毛体积密度时用的体积为矿质实体和孔隙的总体积。（　　）

33. 计算粗集料的松方密度时用的体积为矿质实体和集料空隙的总体积。（　　）

34. 在粗集料筛分试验中，0.075mm 的筛不计分计筛余量。（　　）

35. 粗集料坚固性试验是指选取规定数量的粗集料，装入金属网篮浸入饱和 Na_2SO_4 溶液进行干湿循环试验。（　　）

36. 集料磨光值是利用加速磨光机磨光集料，并以摆式摩擦系数测定仪测定摩擦系数值来确定的。（　　）

37. 石料磨光值越高，抗滑性越差。（　　）

38. 对于高速公路、一级公路，磨光值不小于 35。（　　）

39. 矿渣的分类根据化学成分的构成，采用酸碱度作为分类基础。（　　）

40. CaO、Al_2O_3的含量较低，而 SiO_2 的含量较高的路用矿渣，一般活性较大，质量较好。（　　）

41. 矿渣的酸碱性模数 $M_{bc}>1$ 时，为碱性矿渣。（　　）

42. 矿渣的酸碱性模数 $M_{ac}<1$ 时，为酸性矿渣。（　　）

43. 各筛的分计筛余量和底盘中剩余量的总质量与筛分前试样总量相比，相差不得超过 1%。（　　）

44. 各号筛的质量通过百分率等于 100 减去该号筛的累计筛余百分率，准确至 0.01%。（　　）

45. 在进行细度模数的确定时，应进行两次试验，如果两次试验所得细度模数之差大于 0.1，则应重新进行试验。（　　）

46. 粗集料表观密度重复试验的精密度两次结果相差不得超过 0.02。（　　）

47. 粗集料表干密度重复试验的精密度两次结果相差不得超过 0.01。（　　）

48. 粗集料毛体积相对密度重复试验的精密度两次结果相差不得超过 0.02。（　　）

49. 粗集料的吸水率试验中，重复试验的精密度不得超过 0.1%。（　　）

50. 可以利用水洗法测定集料中小于 0.075mm 的细粉部分质量。（　　）

四、简答题

1. 石料的物理性质包括哪些项目？

2. 石料主要的物理常数有哪些项目？简述其含义。

3. 石料的吸水性指标有哪些？两者有何不同？

4. 简述石料抗冻性的基本概念和测定抗冻性常用的方法。它们有何区别？

5. 影响石料抗压强度的主要因素有哪些？

6. 石料应具备哪些力学性质？采用什么指标来反映这些性质？

7. 路用石料的技术等级怎样确定？

8. 常用的道路路面建筑用石料制品有哪些？

9. 常用的桥梁建筑用石料制品有哪些？

10. 简述集料的定义。集料是如何分类的？

11. 集料主要的物理常数有哪几项？与石料的物理常数有何区别？

12. 石料和集料常用的密度概念有哪些？公式如何表示？主要用途有哪些？

13. 压碎值、磨光值、磨耗值及冲击值分别表征粗集料的什么性质？它们对路面工程有何实用意义？

14. 什么是集料的级配？如何确定集料的级配？有哪几项参数表示集料的级配？

15. 什么是连续级配？什么是间断级配？

16. 简述富勒级配理论的公式及公式的含义。

17. 简述泰波理论的含义。

18. 简述我国级配组成计算简化公式及公式中各符号的含义。

19. 简述魏矛斯级配理论的基本内容。

20. 简述建立半对数坐标的步骤。

21. 确定矿质混合料配合比的设计方法有哪几种？

22. 确定矿质混合料的组成设计之前必须具备的已知条件是什么？

23. 简述试算法计算配合比的基本原理。

24. 简述试算法计算配合比的计算步骤。

25. 简述修正平衡面积法的设计步骤。

五、计算题

1. 对工地现有的500g砂做筛分试验，筛分结果见下表所列，计算该砂试样的细度模数，并评价粗细程度。

筛分结果

筛孔尺寸/mm	4.75	2.36	1.18	0.6	0.3	0.15	底盘
存留量/g	5.0	15.0	50.0	105.0	135.0	155.0	35.0

2. 现有碎石、砂和矿粉三种集料，经筛分试验得各集料的分计筛余百分率见下表所列，用试算法求各种材料所占比例。

分计筛余百分率

筛孔尺寸 d_i/mm	碎石分计筛余 $a_{A(i)}$/%	砂分计筛余 $a_{B(i)}$/%	矿粉分计筛余 $a_{C(i)}$/%	矿质混合料要求的级配范围/%
9.5	0.6	—	—	100
4.75	65.0	—	—	65～78
2.36	22.5	11.5	—	40～63
1.18	11.6	23.9	—	30～53
0.6	0.3	22.4	—	22～45
0.3	—	35.8	—	15～35
0.15	—	3.9	5.5	12～30
0.075	—	1.5	3.5	10～20

（续表）

筛孔尺寸 d_i/mm	碎石分计筛余 $a_{A(i)}$/%	砂分计筛余 $a_{B(i)}$/%	矿粉分计筛余 $a_{C(i)}$/%	矿质混合料要求的级配范围/%
<0.075	—	1.0	87.8	—

3. 试用图解法设计某高速公路用细粒式(AC-10)沥青混凝土矿质混合料的配比。

【设计资料】

现有碎石、砂和矿粉三种矿料，筛分试验得到各粒径通过百分率见表。

各粒径通过百分率

材料名称	筛孔尺寸d_i/mm								
	13.2	9.5	4.75	2.36	1.18	0.6	0.3	0.15	0.75
	通过百分率/%								
碎石	100	95	40	10	2	1	0	0	0
砂	100	100	100	100	90	60	35	10	1
矿粉	100	100	100	100	100	100	100	97	88
规范要求级配范围	100	90～100	45～75	30～58	20～44	13～32	9～23	6～16	4～8
规范要求的级配中值	100	95	60	44	32	22.5	16	11	6

第二章　石灰、水泥及稳定土专项练习题

一、单项选择题

1. 消石灰又称“熟石灰”，其主要的化学成分为（　　）。

A. CaO　　B. $CaCO_3$　　C. $Ca(OH)_2$　　D. $CaCl_2$

2. 石灰熟化过程中的“陈伏”是为了（　　）。

A. 有利于结晶　　B. 蒸发多余水分

C. 有利于消解　　D. 强度增长

3. 生石灰的化学成分为（　　）。

A. CaO　　B. $CaCO_3$　　C. $Ca(OH)_2$　　D. $CaCl_2$

4. 石灰的消化过程是（　　）过程，其体积可增大 1.0～2.5 倍。

A. 吸热反应　　B. 放热反应　　C. 水化反应　　D. 氧化反应

5. 生石灰消化后，未能消化而留在（　　）圆孔筛内的残渣质量占试样质量的百分率为未消化残渣含量。

A. 5mm　　B. 2.5mm　　C. 0.125mm　　D. 0.9mm

6. 控制石灰中 CO_2 的含量是为了检验石灰石在煅烧时“欠火”造成的未分解的（　　）的含量。

A. 硫酸盐　　B. 硅酸盐　　C. 碳酸盐　　D. 铝酸盐

7. 水泥熟料的主要矿物中，对水泥抗折强度起重要作用的是（　　）。

A. 硅酸三钙　　B. 硅酸二钙　　C. 碳酸三钙　　D. 铁铝酸四钙

8. 硅酸盐水泥熟料矿物中水化硬化速度最快的是（　　）。

A. C_3S　　B. C_2S　　C. C_3A　　D. C_4AF

9. 生石灰在消化过程中加入的水是理论需水量的（　　），所以应对消石灰粉的游离水含量加以限制。

A. 1～2 倍　　B. 2～3 倍　　C. 3～4 倍　　D. 5～10 倍

10. 常用的各种水泥首先（　　）必须合格，才能使用，否则不宜使用。

A. 强度　　B. 凝结时间　　C. 安定性　　D. 烧失量

11. 采用试杆法测定水泥净浆标准稠度时，试杆距离底板（　　）时的水泥净浆稠度为“标准稠度”。

A. 4mm±1mm　　B. 6mm±1mm　　C. 8mm±1mm　　D. 10mm±1mm

12. 水泥凝结时间测定，临近初凝时每隔（　　）测一次，临近终凝时每隔（　　）测定一次。

A. 5min　　B. 10min　　C. 15min　　D. 20min
E. 30min　　F. 60min

13. 水泥初凝状态是指试针自由沉入标准稠度的水泥净浆，试针至底板(　　)的稠度状态。

A. 4mm±1mm　　B. 5mm±1mm　　C. 6mm±1mm　　D. 10mm±1mm

14. 普通硅酸盐水泥凝结时间，初凝不得早于(　　)，终凝不得迟于(　　)。

A. 60min　　B. 45min　　C. 6.5h　　D. 10h

15. 沸煮法主要检验水泥中是否含有过量的游离(　　)。

A. Na_2O　　B. MgO　　C. CaO　　D. SO_3

16. 用雷氏夹法测水泥的安定性，沸煮时指针朝向为(　　)。

A. 朝下　　B. 水平悬空
C. 朝上　　D. 以夹子能稳定放置为准

17. 水泥安定性制作试件，做好后应立即(　　)养护。

A. 自然　　B. 放入蒸煮箱内　　C. 放入养护箱内　　D. 放入养生室内

18. 水泥安定性试件成型 24h 后，置于沸煮箱内，加热至沸，再连续沸煮(　　)。

A. 3h　　B. 6h　　C. 4h　　D. 8h

19. 水泥终凝状态是指试针沉入试体(　　)即环形附件开始不能在试体上留下痕迹时的稠度状态。

A. 0.5mm　　B. 1.0mm　　C. 2mm　　D. 4mm

20. 用雷氏夹法测水泥的安定性时，当两个试件沸煮后指针尖端增加距离($C-A$)的平均值不大于(　　)时，则安定性合格。

A. 3.0mm　　B. 4.0mm　　C. 5.0mm　　D. 6.0mm

21. 水泥胶砂强度检验成型试件水泥与标准砂的质量比为(　　)。

A. 1∶2.5　　B. 1∶2.45　　C. 1∶30　　D. 1∶3

22. 水泥胶砂强度检验成型试件水灰比按同种水泥固定，硅酸盐、矿渣水泥为(　　)。

A. 0.45　　B. 0.44　　C. 0.5　　D. 0.47

23.《水泥胶砂强度检验方法(ISO 法)》规定，试件在(　　)的水中养护，试件之间间隔或试件表面的水深不得小于 5mm。

A. 20℃±5℃　　B. 20℃±3℃　　C. 20℃±2℃　　D. 20℃±1℃

24. 在测定石灰的有效氧化钙试验中，滴加酚酞试剂溶液出现粉红色，滴至粉红色消失并在(　　)内不再复现即为达到滴定终点。

A. 10s　　B. 20s　　C. 30s　　D. 50s

25. 硅酸盐水泥凝结时间，初凝不得早于(　　)，终凝不得迟于(　　)。

A. 60min　　B. 45min　　C. 6.5h　　D. 12h

26. 我国现行标准规定：水泥细度的检验采用(　　)筛筛析法。

A. 50μm　　B. 80μm　　C. 100μm　　D. 200μm

27. 水泥抗压强度计算是以 6 个抗压强度测定值的平均值作为结果，如 6 个测定值中有 1 个超出平均值的(　　)，则应取剩下 5 个值的平均数作为结果；如 5 个测定值中再有超出平均值的(　　),则结果作废。

A. ±10%　　B. ±15%　　C. ±20%　　D. ±30%

28. 矿渣硅酸盐水泥抗硫酸盐侵蚀能力比普通硅酸盐水泥强,其原因是矿渣水泥水化产物中(　　)含量少。

A. $Ca(OH)_2$　　B. C—S—H 凝结　　C. Aft　　D. (A+C)

29. (　　)水泥适用于海水浸蚀混凝土工程。

A. P. L　　B. P. Ⅱ.　　C. P. O.　　D. P. S.

30. 下列水泥中,(　　)需水量大,干缩大,抗冻性差,抗渗性好。

A. 矿渣水泥　　B. 火山灰水泥　　C. 粉煤灰水泥　　D. 普通水泥

31. 紧急抢修工程宜选用(　　)。

A. 硅酸盐水泥　　B. 普通硅酸盐水泥　　C. 硅酸盐膨胀水泥　　D. 快硬硅酸盐水泥

32. 我国现行标准规定:水泥中有害物三氧化硫含量不得超过(　　)。

A. 3%　　B. 3.5%　　C. 4%　　D. 4.5%

33. 用于耐热要求混凝土结构应优先选用(　　)。

A. 硅酸盐水泥　　B. 火山灰水泥　　C. 粉煤灰水泥　　D. 矿渣水泥

34. 按照我国现行的标准,石灰按其(　　)的含量划分为钙质石灰和镁质石灰两类。

A. CaO　　B. $CaCO_3$　　C. MgO　　D. $MgCO_3$

35. 凡由硅酸盐水泥的熟料、(　　)石灰石或粒化高炉矿渣、适量石膏磨制成的水硬性胶凝材料称为硅酸盐水泥。

A. 0%~5%　　B. 6%~15%　　C. 15%~20%　　D. 20%~50%

36. 为调节水泥的凝结速度,在熟料中加入(　　)左右的石膏磨细制得硅酸盐水泥。

A. 1%　　B. 3%　　C. 5%　　D. 10%

37. 水泥强度等级分为 42.5、42.5R、52.5、52.5R、62.5、62.5R 的水泥品种有(　　)。

A. 硅酸盐水泥　　B. 普通硅酸盐水泥

C. 复合硅酸盐水泥　　D. 矿渣硅酸盐水泥

38. 早强型水泥 3d 抗压强度较同强度等级的普通型强度提高 10%~24%,早强型水泥 3d 抗压强度可达到 28d 抗压强度的(　　)。

A. 10%　　B. 24%　　C. 30%　　D. 50%

39. 水硬性胶凝材料不仅能在空气中硬化,还能更好地在水中硬化,且在水中或适宜的环境中保持并提高强度,如(　　)。

A. 石灰　　B. 石膏　　C. 水泥　　D. 水玻璃

40. 某水泥 6 个胶砂强度试件 28d 抗压强度测值分别为 35.0MPa、41.0MPa、43.0MPa、42.0MPa、46.0MPa、39.0MPa,那么该水泥 28d 强度为(　　)。

A. 43MPa　　B. 41MPa　　C. 42.2MPa　　D. 该组试件作废

41.《水泥胶砂强度检验方法(ISO 法)》规定,进行抗压强度试验时试件的受压面积为(　　)mm^2。

A. 1600　　B. 2500　　C. 3600　　D. 10000

42. 由于稳定土材料具有较大的抗变形能力，故称为(　　)基层材料。

A. 柔性　　B. 半刚性　　C. 刚性　　D. 普通

43. 试验表明，除有机质或(　　)含量高的土外，砾土、砂土、粉土和黏土均可用无机结合料稳定。

A. 硫酸盐　　B. 碳酸盐　　C. 钾盐　　D. 钠盐

44. 采用石灰粉煤灰做基层或底基层时，石灰与粉煤灰的比例常用(　　)。

A. 1∶2～1∶4　　B. 1∶5～1∶6　　C. 1∶3～1∶4　　D. 1∶6～1∶7

45. 通常在保证土的性质能起根本变化，且保证稳定土能达到所规定的强度和稳定性的前提下，取尽可能(　　)的水泥剂量。

A. 多　　B. 少　　C. 中值　　D. 大量

46. 对于稳定剂进行测定试验，下列选项中，不是常规试验的是(　　)。

A. 筛分　　B. 水泥胶砂强度　　C. 凝结时间　　D. 钙镁含量

47. 工地实际采用的石灰剂量应比室内确定的剂量多(　　)。

A. 5%～10%　　B. 1.0%～1.5%　　C. 0.5%～1.0%　　D. 20%～30%

48. 粗粒料掺加量为(　　)时可以提高强度，减少缩裂。

A. 10%～20%　　B. 20%～30%　　C. 40%～50%　　D. 60%～70%

49. 重黏土中(　　)含量多，不易粉碎和拌和。

A. 黏土颗粒　　B. 砂粒　　C. 粉粒　　D. 砾粒

50. 水泥稳定中粒土、粗粒土作为基层材料时，水泥剂量不宜超过(　　)。

A. 3%　　B. 4%　　C. 5%　　D. 6%

51. 无机结合料稳定材料的强度试验是试件在规定温度下湿养(　　)、浸水(　　)后进行的无侧限抗压强度试验。

A. 1d　　B. 6d　　C. 7d　　D. 28d

52. 凡以硅酸盐水泥熟料和适量石膏磨细制成，以(　　)抗压强度表示强度等级的水硬性材料为快硬硅酸盐水泥。

A. 3d　　B. 7d　　B. 14d　　D. 28d

53. 无机结合料稳定土的无侧限抗压强度试验时试件的养生温度，在北方地区为(　　)，南方地区为(　　)。

A. 20℃±1℃　　B. 20℃±2℃　　C. 20℃±1℃　　D. 25℃±2℃

二、多项选择题

1. 石灰在空气中硬化的原因是(　　)。

A. 水化作用　　B. 氧化作用　　C. 碳化作用　　D. 结晶作用

2. 评价石灰质量的主要指标是(　　)。

A. 有效 CaO　　B. $Ca(OH)_2$　　C. MgO　　D. $Mg(OH)_2$

3. 生石灰根据(　　)指标划分为优等品、一等品和合格品三个等级。

A. 有效 CaO 和 MgO　　B. 产浆量

C. 未消化残渣含量　　D. CO_2 含量

4. 硅酸盐水泥的主要矿物组成是(　　)。

A. 硅酸三钙　　B. 硅酸二钙　　C. 铝酸三钙　　D. 铁铝酸四钙

5. 当水泥的(　　)等指标不符合要求时,将该水泥判定为不合格品水泥。

A. 游离 MgO　　B. 初凝时间　　C. 安定性　　D. CO_2含量

6. 道路水泥的抗折强度较高,故应提高(　　)的含量。

A. 硅酸三钙　　B. 硅酸二钙　　C. 铝酸三钙　　D. 铁铝酸四钙

7. 就同一强度等级而言,道路水泥与普通水泥相比,其优点是(　　)。

A. 抗压强度高　　B. 抗折强度高　　C. 耐磨性能好　　D. 需水量小

8. 大坝水泥发热量低,故应提高水泥熟料中(　　)的含量,降低(　　)的含量。

A. 硅酸三钙　　B. 硅酸二钙　　C. 铝酸三钙　　D. 铁铝酸四钙

9. 我国现行标准规定:凡(　　)中的一项不符合标准规定时,水泥为不合格产品。

A. 细度　　B. 终凝时间　　C. 不溶物或烧失量　　D. 强度

10. 水泥强度等级是在一定的试验条件下按规定龄期的(　　)来确定的。

A. 抗压强度　　B. 抗折强度　　C. 抗剪强度　　D. 抗拉强度

11. 对编号为 A、B、C、D 的四个雷氏夹进行用前标定,由(　　)结果写出可使用的雷氏夹的编号。

A. $2x$=14.8mm　　B. $2x$=16.6mm

C. $2x$=17.5mm　　D. $2x$=20.5mm

12. 影响水泥安定性的因素有(　　)。

A. CaO 含量　　B. SO_3含量　　C. MgO 含量　　D. CO_2含量

13. 评定水泥强度等级的指标有(　　)。

A. 抗挠度　　B. 抗压强度　　C. 抗剪强度　　D. 抗折强度

14. 水泥胶砂强度试验是以试件达到规定龄期(　　)的抗压、抗折强度最低值来评定水泥强度等级。

A. 3d　　B. 7d　　C. 28d　　D. 90d

15. 硅酸盐水泥适合于(　　)工程。

A. 早期强度要求高的混凝土　　C. 有抗冻性要求的混凝土

C. 大体积混凝土　　D. 抗硫酸盐的混凝土

16. 水泥强度等级分为 32.5、32.5R、42.5、42.5R、52.5、52.5R 的水泥品种有(　　)。

A. 硅酸盐水泥　　B. 普通硅酸盐水泥

C. 复合硅酸盐水泥　　D. 火山灰水泥

17. 适用于大体积混凝土工程的水泥品种有(　　)。

A. 复合硅酸盐水泥　　B. 普通硅酸盐水泥

C. 中热硅酸盐水泥　　D. 矿渣硅酸盐水泥

18. (　　)适用于耐硫酸盐侵蚀的水工或海港工程。

A. 铝酸盐水泥　　B. 粉煤灰水泥　　C. 硅酸盐水泥　　D. 普通水泥

19. 掺入水泥中常用的活性混合料有(　　)。

A. 粒化高炉矿渣　　B. 粉煤灰

C. 石膏　　D. 火山灰质材料

20.(　　)水泥和硅酸盐水泥相比,其早期强度低而后期强度高。

A. 普通水泥　　B. 矿渣水泥

C. 火山灰水泥　　D. 粉煤灰水泥

21. 下列指标中,判定水泥为不合格产品的指标有(　　)。

A. SO_3含量　　B. 包装标志中无水泥品种

C. 生产者名称不详　　D. 出厂期较长

22. 稳定土强度形成原理有(　　)。

A. 离子交换作用　　B. 碳酸化作用

C. 结晶作用　　D. 外力作用

23. 稳定土是在粉碎的或原来松散的土(包括各种粗、中、细粒土)中,掺入足量的(　　),经拌和、压实及养生后,得到的具有较高后期强度、整体较好的一种材料。

A. 石灰　　B. 水泥　　C. 石膏　　D. 沥青

24. 石灰稳定土常用的种类有(　　)。

A. 石灰稳定细粒土　　B. 石灰稳定天然砂砾土

C. 石灰稳定级配砂砾　　D. 石灰稳定级配碎石

三、判断题

1. 石灰和水泥一般不单独使用的主要原因是防止收缩开裂。(　　)

2. 在硅酸盐水泥中,硅酸二钙支配水泥的早期强度。(　　)

3. 在硅酸盐水泥中,硅酸三钙支配水泥的后期强度。(　　)

4. 普通硅酸盐水泥比掺混合料水泥的早期强度低。(　　)

5. 无机胶凝材料按照硬化条件不同可分为水硬性胶凝材料和气硬性胶凝材料。(　　)

6. 水泥技术性质中,凡 MgO、SO_3、终凝时间、体积安定性中的指标不符合国家标准规定,则水泥为不合格品。(　　)

7. 欠火石灰因熟化缓慢,所以石灰使用时必须提前消解。(　　)

8. 按照现有规范,体积安定性不合格的水泥为废品。(　　)

9. 按照现有规范,水泥的凝结时间达不到要求按不合格品处理。(　　)

10. 对同一水泥细度的测定,如果用负压筛法与比表面积法测定的结果发生争议,应以比表面积法的结果为准。(　　)

11. 按规定方式取得的水泥样品,应将其分成两等份,一份用于检验,一份密封保管 3 个月,以备有疑问时复检。(　　)

12. 我国行业规范规定:石灰的有效氧化钙含量采用中和滴定法测定,氧化镁含量采用络合滴定法测定。(　　)

13. 测定水泥标准稠度用水量是确定水泥混凝土的拌和用水量。(　　)

14. 标准稠度用水量试验的目的是确定水泥混凝土的拌和用水量。(　　)

15. 水泥标准稠度用水量,可用调整水量和不变水量两种方法中的任一种测定,发生

争议时以前者为准。 (   )

16. 水泥的标准稠度用水量、凝结时间、安定性检验方法，按 GB 1346—1977 规定的方法进行。 (   )

17. 水泥的初凝时间达不到要求的可以在非关键性工程中使用。 (   )

18. 水泥性能检验方法中，试验用水必须是洁净的淡水，有争议时也可用蒸馏水。 (   )

19. 水泥强度测定采用标准稠度的水泥净浆来制作试件。 (   )

20. 硅酸盐水泥的初凝时间不得迟于 45min，终凝时间不得早于 6.5h。 (   )

21. 普通硅酸盐水泥的初凝时间不得早于 45min，终凝时间不得迟于 10h。 (   )

22. 生产硅酸盐水泥时，必须掺入适量石膏，其目的是防止水泥过早凝结。 (   )

23. 测定水泥的凝结时间所用仪器，用标准的稠度仪进行测定时，仪器下端装试杆，净浆的试模为圆模。 (   )

24. 水泥的细度，用 0.080mm 方孔筛筛余不得超过 10%。 (   )

25. 用沸煮法检验水泥的安定性，主要是检验水泥中因 MgO 引起的体积不安定。 (   )

26. 在水泥安全性试验中，为了保证在整个煮沸过程中水一直能淹没试件，需要在煮沸过程中添补试验用水。 (   )

27. 水泥中掺入的石膏量越大，缓凝的效果越明显。 (   )

28. 水泥中硅酸二钙含量越大，水泥凝结硬化越快。 (   )

29. 水泥颗粒越细，比表面越大，水化越快，强度越高。 (   )

30. 各种水泥得到相同稠度所需要的水量是不相同的。 (   )

31. 水泥标准稠度用水量的多少与水泥细度有关，与熟料矿物成分无关。 (   )

32. 凡由硅酸盐水泥的熟料和粒化高炉矿渣、适量石膏磨制成的水硬性胶凝材料称为普通硅酸盐水泥。 (   )

33. 水泥胶砂搅拌时先将称好的水泥、标准砂倒入搅拌锅内，开动搅拌机，拌和 5s 后徐徐加水，60s 内加完，自开动机器起搅拌 5min 停机。 (   )

34. 水泥试验室的温度为 17～25℃，相对湿度是大于 90%。 (   )

35. 矿渣水泥适用于耐硫酸盐侵蚀的水工或海港工程。 (   )

36. 在普通气候环境中的混凝土优选用普通水泥，也可以使用矿渣水泥、火山灰水泥、粉煤灰水泥。 (   )

37. 有抗渗性能要求的混凝土优先选用矿渣水泥，不宜使用火山灰水泥。 (   )

38. 矿渣水泥、火山灰水泥、粉煤灰水泥的水化热低，适用于大体积混凝土工程。 (   )

39. 水泥的安全性测定有试饼法、雷氏法两种，试饼法是观察水泥净浆试饼煮沸后的外形变化，雷氏法是测定水泥净浆在雷氏夹中沸煮后的膨胀值。 (   )

40. 无机结合料稳定土结构层一般在高温季节修筑，成形初期的基层内部含水量大，且尚未被面层封闭，基层内部的水分必须蒸发，从而主要发生由表及里的干燥收缩。 (   )

41. 稳定土材料的耐磨性差，不适宜作为路面的基层，常用作路面的面层。（　）

42. 级配良好的土用无机结合料稳定时，既可节约无机结合料用量，又可取得较好的效果。（　）

43. 稳定土中一般规定土的液限不大于10%。（　）

44. 水泥的作用是水泥在加入塑性土中后能大大降低土的塑性，还能增加土的强度和稳定性。（　）

45. 混合材料的掺量越大，水泥的早期强度越高。（　）

46. 用水泥稳定重黏土时，不易粉碎和拌和，会造成水泥用量过高而不经济。（　）

47. 各种化学组成的石灰均可用于稳定土，钙质石灰比镁质石灰稳定强度低。（　）

48. 重黏土中黏土颗粒含量多，不易粉碎和拌和，用石灰稳定时，容易使路面缩裂。（　）

49. 通常在保证土的性质能起根本变化，且保证稳定土能达到所规定的强度和稳定性的前提下，取尽可能高的水泥剂量。（　）

50. 道路水泥具有抗折强度高、耐磨性好、干缩性小、抗冲击性好、抗冻性好等特性，适用于道路工程中。（　）

51. 硅酸盐水泥和铝酸盐水泥混合使用，可大大提高使用效果。（　）

52. 我国现行标准将水泥分为普通型和早强型(或称 R 型)两个型号，在条件允许时优先选用早强型水泥。（　）

53. 在硅酸盐水泥熟料中掺加适量的活性混合材料是为了改善水泥的某种性能、增加产量和降低成本。（　）

54. 粉煤灰水泥水化热低、和易性好，适用于道路水泥混凝土工程。（　）

55. 水泥石产生腐蚀的原因是水化产物中含有 CaO。（　）

56. 为了确保水泥的强度等级，水泥出厂应满足 28d 抗压强度，并有一定的富余强度。（　）

57. 水泥强度等级是由标准试件 28d 极限抗压强度确定的。（　）

58. 硅酸盐水泥的强度等级分为 42.5、42.5R、52.5、52.5R、62.5、62.5R 六个。（　）

四、简答题

1. 什么是气硬性胶凝材料？什么是水硬性胶凝材料？

2. 简述石灰的消化过程。

3. 简述石灰的硬化原理。

4. 石灰在煅烧过程中会产生“过火石灰”，说明其形成的原因及危害。

5. 为什么使用时要在石灰浆中掺入砂子？

6. 简述石灰的生产过程。

7. 石灰消化后为什么要“陈伏”一段时间再使用？

8. 简述测定石灰有效氧化钙和氧化镁的意义和方法。

9. 硅酸盐水泥熟料是由哪些矿物成分组成的？它们对水泥的强度、反应速度和释热量有何影响？

10. 在生产水泥时为什么要加入适量的石膏？

11. 硅酸盐水泥的生产工艺是怎样的？

12. 简述硅酸盐水泥的凝结和硬化过程。

13. 什么是水泥的初凝时间、终凝时间？凝结时间对道路与桥梁施工有何意义？

14. 什么是水泥的体积安定性？影响水泥的体积安定性的因素是什么？测定方法是什么？

15. 在水泥熟料中氧化镁、三氧化硫是如何影响水泥安定性的？

16. 什么是水泥标准稠度用水量？采用什么方法进行测定？

17. 水泥的强度等级是如何确定的？

18. 在水泥胶砂强度试验中，如何进行抗压强度和抗折强度的结果评定？

19. 为什么同强度等级的水泥要分为普通型和早强型(R 型)两种型号？道路路面选用水泥时，应优先选用哪种型号的水泥？为什么？

20. 什么是水泥的合格品、不合格品？

21. 水泥石腐蚀的主要原因是什么？

22. 为什么矿渣硅酸盐水泥的早期强度低而后期强度高？

23. 什么是活性混合材料？什么是非活性混合材料？

24. 矿渣硅酸盐水泥具有哪些特性？具有哪些适用范围？

25. 火山灰硅酸盐水泥具有哪些性能？具有哪些适用范围？

26. 粉煤灰硅酸盐水泥具有哪些性能？具有哪些适用范围？

27. 什么是道路硅酸盐水泥？其技术性质有什么特点？

28. 什么是稳定土材料？它具有什么特点？

29. 试述稳定土强度形成原理。

30. 影响稳定土强度的因素有哪些？

31. 影响稳定土水稳定性的主要因素有哪些？这些因素是如何影响稳定土水稳定性的？

32. 简述稳定土材料组成设计步骤。

33. 什么是快硬硅酸盐水泥？它的矿物组成和技术性质有什么特点？

34. 铝酸盐水泥具有哪些特性？应如何正确使用？

35. 试述膨胀水泥自应力产生的原因。

五、计算题

1. 一组水泥砂试件，测得三个试件 28d 抗折强度分别为 7.8、6.8、7.4(单位为 MPa)，抗压破坏荷载分别为 57.4、58.4、58.8、57.7、56.8、60.2(单位为 kN)，抗压夹具的压板长度为 40mm，试计算该组件的抗折强度与抗压强度。

2. 一组水泥胶砂试件，测得三个试件的 3d 抗折强度分别为 3.9、3.6、3.5(单位为 MPa)，抗压强度分别为 16.1、18.6、16.5、17.2、16.1、16.1(单位为 MPa)，试确定该组试件的抗折强度与抗压强度。

3. 硅酸盐水泥强度测试值见下表。请确定该硅酸盐水泥的强度等级。

硅酸盐水泥强度测试值

序号	抗折强度/MPa		抗压强度/MPa	
	3d	28d	3d	28d
1	4.0	7.4	24.5、25.2	55.7、56.2
2	4.1	8.0	25.6、24.7	56.1、55.2
3	4.1	7.6	24.7、24.1	54.8、54.1

4. 某单位购买了一批强度等级为 42.5 的普通水泥，因存放期超过 3 个月，需要试验室重新确定强度等级。已测得该水泥试件 3d 的抗折强度、抗压强度均符合强度等级为 42.5 的规定，又测得 28d 的抗折强度、抗压强度，具体见下表，求该水泥实际强度等级。

水泥试件 28d 的抗折、抗压强度

编号	抗折强度/MPa	抗压强度/MPa
1	6.55	42、44
2	6.46	44.8、45.2
3	6.51	42.4、43.2

第三章　水泥混凝土及砂浆专项练习题

一、单项选择题

1. 测定混凝土强度用的标准试件尺寸是(　　)。

A. 70.7mm×70.7mm×70.7mm　　B. 100mm×100mm×100mm

C. 150mm×150mm×150mm　　C. 200mm×200mm×200mm

2. 用高强度等级水泥配制低强度混凝土时，为保证工程的技术经济要求，应采用(　　)措施。

A. 掺混合材料　　B. 减少砂率

C. 增大粗集料粒径　　D. 增加砂率

3. 设计钢筋混凝土预应力板，板厚为 200mm，钢筋净距为 40mm，应选用碎石最大粒径为(　　)mm。

A. 20　　B. 40　　C. 60　　D. 10

4. 混凝土配合比设计的三个主要技术参数是(　　)。

A. 单位用水量、水泥用量、砂率　　B. 水灰比、水泥用量、砂率

C. 水泥强度、水灰比、砂率　　D. 单位用水量、水灰比、砂率

5. 某集料在 19mm 与 16mm 筛孔的通过率均为 100%，在 13.2mm 筛孔上的筛余为 6%，在 9.5mm 筛孔上的筛余为 30%，由此集料的最大粒径及公称最大粒径分别为(　　)mm。

A. 19,16　　B. 16,13.2　　C. 19,13.2　　D. 19,9.5

6. 水泥根据其熟料成分不同，其特性也有所不同，其中不适用于大体积混凝土工程的是(　　)。

A. 火山灰水泥　　B. 粉煤灰水泥

C. 普通硅酸盐水泥　　D. 矿渣硅酸盐水泥

7. 对水泥混凝土耐久性主要从(　　)两方面来控制。

A. 最大水灰比、最小水泥用量　　B. 最大水灰比、最大水泥用量

C. 最小水灰比、最小水泥用量　　D. 最小水灰比、最大水泥用量

8. 普通混凝土抗压强度测定时，若采用 100mm×100mm×100mm 的试件，试验结果应乘以尺寸换算系数(　　)。

A. 0.90　　B. 0.95　　C. 1.05　　D. 1.00

9. C30 表示的含义为混凝土(　　)。

A. 立方体抗压强度为 30MPa　　B. 立方体抗压强度标准值为 30MPa

C. 轴心抗压强度为 30MPa　　　　D. 抗弯拉强度为 30MPa

10. 若某硅酸盐水泥初凝时间为 40min，则该水泥应（　　）。

A. 不在工程中使用　　　　B. 降级使用

C. 用于大体积混凝土　　　　D. 进行人工养护

11. 欲设计 C30 普通混凝土，则其试配强度为（　　）。

A. 39.9MPa　　B. 38.2MPa　　C. 26.6MPa　　D. 40MPa

12. 普通混凝土抗压强度测定时，若采用 200mm×200mm×200mm 的试件，试验结果应乘以尺寸换算系数（　　）。

A. 0.90　　B. 0.95　　C. 1.05　　D. 1.00

13. 混凝土中细骨料最常用的是（　　）。

A. 山砂　　B. 海砂　　C. 河砂　　D. 人工砂

14. 普通混凝土用砂的细度模数范围一般为（　　），以其中的中砂为宜。

A. 3.7～3.1　　B. 3.0～2.3　　C. 2.2～1.6　　D. 3.7～1.6

15. 泵送混凝土施工选用的外加剂是（　　）。

A. 早强剂　　B. 速凝剂　　C. 减水剂　　D. 缓凝剂

16. 影响混凝土拌合物流动性的主要因素是（　　）。

A. 砂率　　B. 水泥浆数量　　C. 集料的级配　　D. 水泥品种

17. 在水和水泥用量相同的情况下，用（　　）水泥拌制的混凝土拌合物的和易性最好。

A. 普通　　B. 火山灰　　C. 矿渣　　D. 粉煤灰

18. 混凝土配合比的试配调整中规定，在混凝土强度试验时至少采用三个不同的配合比，其中一个应为（　　）配合比。

A. 初步　　B. 实验室　　C. 施工　　D. 基准

19. 抗渗混凝土是指其抗渗等级等于或大于（　　）级的混凝土。

A. P4　　B. P6　　C. P8　　D. P10

20. 抗冻混凝土是指其抗冻等级等于或大于（　　）级的混凝土。

A. F25　　B. F50　　C. F100　　D. F150

21. 高强度混凝土是指混凝土强度等级为（　　）及其以上的混凝土。

A. C30　　B. C40　　C. C50　　D. C60

22. 流动性混凝土拌合物的坍落度是指坍落度为（　　）mm 的混凝土。

A. 10～40　　B. 50～90　　C. 100～150　　D. 大于 160

23. 水泥强度等级的选择一般以其强度为混凝土强度等级的（　　）倍为宜。

A. 1.0～2.0　　B. 1.5～2.0　　C. 2.0～2.5　　D. 2.5～3.0

24. 影响混凝土和易性的主要因素为（　　）。

A. 单位体积用水量　　B. 砂率的影响　　C. 水泥细度　　D. 集料特性

25. 混凝土强度等级根据（　　）确定。

A. 棱柱体抗压强度　　　　B. 立方体抗压强度标准值

C. 抗拉强度　　　　D. 抗弯强度

26. 抗拉强度一般为抗压强度的(　　)。

A. 1/20～1/10　　B. 1/20～1/15　　C. 1/25～1/20　　D. 1/25～1/10

27. 检查混凝土设计强度等级的试块标准养护时间为(　　)d。

A. 28　　B. 30　　C. 21　　D. 7

28. 防水混凝土的水灰比不大于0.55,当采用泵送混凝土时,入泵坍落度宜为(　　)。

A. 50～60mm　　B. 60～80mm　　C. 80～100mm　　D. 100～140mm

29. 普通混凝土材料抗拉强度和抗压强度的关系通常是(　　)。

A. 抗拉强度为抗压强度的1/10～1/5　　B. 抗拉强度为抗压强度的1/20～1/10

C. 抗拉强度不足抗压强度的1/20　　D. 抗拉强度在抗压强度的1/5以上

30. 对混凝土极细微裂缝可用(　　)处理。

A. 水泥灌浆　　B. 化学灌浆　　C. 水泥砂浆　　D. 环氧砂浆

31. 1m^3的混凝土中,其各组成成分的质量比为水泥∶砂∶石子∶水＝324∶646∶1255∶175,其砂率为(　　)。

A. 646/(324＋646＋1255＋175)　　B. (646＋1255)/(324＋646＋1255＋175)

C. 646/(646＋1255)　　D. 646/1255

32. 混凝土面板施工中,混凝土振捣间距不得大于40cm,深度应达到新浇筑层底部以下(　　)。

A. 3cm　　B. 4cm　　C. 5cm　　D. 6cm

33. 混凝土的抗渗等级分为(　　)五个等级。

A. P2、P4、P6、P8、P10　　B. P4、P6、P8、P10、P12

C. P6、P8、P10、P12、P14　　D. P8、P10、P12、P14、P16

34. 采用特细砂配制混凝土时,以下措施中不可取的是(　　)。

A. 采用较小砂率　　B. 适当增加水泥用量

C. 采用较小的坍落度　　D. 掺减水剂

35. 以下不属于混凝土耐久性的指标是(　　)。

A. 抗渗性　　B. 抗冻性　　C. 保温性　　D. 抗侵蚀性

36. 荷载作用下的变形有(　　)。

A. 塑性收缩　　B. 碳化收缩　　C. 干湿变形　　D. 徐变

37. 根据(　　)的抗压强度将硅酸盐水泥分为42.5、52.5、62.5三个强度等级。

A. 3d　　B. 7d　　C. 28d　　D. 3d和28d

38. 以下关于水泥和混凝土凝结时间的叙述,正确的是(　　)。

A. 水泥浆凝结的主要原因是水分蒸发

B. 温度越高,水泥凝结得越慢

C. 混凝土的凝结时间与配制该混凝土所用水泥的凝结时间并不一致

D. 水灰比越大,凝结时间越短

39. 按国家标准《混凝土物理力学性能试验方法标准》养护标准条件,湿度要求为大于(　　)%。

A. 90　　B. 92　　C. 95　　D. 98

40. 按国家标准《混凝土物理力学性能试验方法标准》养护标准条件，温度要求为(　　)℃。

A. 20±2　　B. 18±3　　C. 20±3　　D. 20±5

41. 细集料为混凝土的基本组成之一，其粒径一般为(　　)。

A. 0.08～2.5mm　　B. 0.16～5mm

C. 0.315～5mm　　D. 0.16～10mm

42. Ⅰ区砂属于粗砂范畴，用Ⅰ区砂配制混凝土时，比较Ⅱ区砂采用(　　)砂率。

A. 较大的　　B. 较小的　　C. 一样的　　D. 无法确定

43. 外加剂能使混凝土拌合物在不增加水泥用量的条件下，改善拌合物的和易性和黏聚性，降低(　　)。

A. 保水性　　B. 泌水性　　C. 耐久性　　D. 流动性

44. 混凝土的强度等级是根据立方体抗压强度标准值来确定的，现有规范将其强度划分为(　　)个等级。

A. 10　　B. 14　　C. 12　　D. 16

45. 混凝土立方体抗压强度标准值是指，按照标准的方法制作和养护的边长为 150mm 的立方体试件，在 28d 龄期，用标准试验方法测得具有(　　)%保证率的抗压强度。

A. 90　　B. 92　　C. 95　　D. 98

46. 规范规定，混凝土立方强度等级级差为(　　)。

A. 5MPa　　B. 10MPa　　C. 5Pa　　D. 10Pa

47. 混凝土强度等级是用边长为(　　)立方体试块确定的。

A. 50mm　　B. 100mm　　C. 150mm　　D. 75mm

48. 影响混凝土抗渗性的关键因素是(　　)。

A. 混凝土的密实度　　B. 水泥品种　　C. 骨料级配　　D. 养护条件

49. C20 表示(　　)。

A. 混凝土强度为 20MPa　　B. 砂浆强度为 20MPa

C. 混凝土强度为 20Pa　　C. 砂浆强度为 20Pa

50. 砂浆的强度等级用(　　)表示。

A. MU　　B. C　　C. M　　D. R

51. 规范规定，砂浆强度等级分为(　　)。

A. 四级　　B. 五级　　C. 六级　　D. 七级

52. 当验算正在砌筑或砌完不久但砂浆边沿未硬结，以及在严寒地区采用冻结法施工的砌体抗压强度时，砂浆强度取(　　)。

A. 0　　B. 1　　C. 2.5　　D. 5

53. 新拌混凝土的和易性是一项综合性技术性质，包括(　　)三方面的含义。

A. 流动性、保水性、耐久性　　B. 流动性、保水性、黏聚性

C. 流动性、黏聚性、耐久性　　D. 黏聚性、耐久性、耐冻性

54. 混凝土立方体抗压强度标准值是指，按照标准的方法制作和养护的边长为 150mm 的立方体试件，在(　　)d 龄期，用标准试验方法测得的具有 95%保证率的抗压强度。

A. 14　　B. 28　　C. 7　　D. 3

55. 砂浆的强度等级是用边长为(　　)立方体试件，经 28d 标准养护，测得一组六块的抗压强度值来评定的。

A. 70mm　　B. 100mm　　C. 70.7mm　　D. 75mm

56. 普通混凝土棱柱体强度 f_c 与立方体强度 f_{cu} 两者数值的关系是(　　)。

A. $f_c = f_{cu}$　　B. $f_c \approx f_{cu}$　　C. $f_c > f_{cu}$　　D. $f_c < f_{cu}$

57. 用维勃稠度法测定混凝土拌合物流动性时，其值越大，表示混凝土的(　　)。

A. 游动性越大　　B. 流动性越小　　C. 黏聚性越好　　D. 保水性越差

58. 试拌混凝土时，拌合物的流动性低于设计要求，宜采用的调整方法是(　　)。

A. 增加用水量　　B. 降低砂率

C. 增加水泥用量　　D. 增加水泥浆量(W/C 不变)

59. 原材料品质完全相同的 4 组混凝土试件，它们的表观密度分别为 2360kg/m³、2400kg/m³、2440kg/m³ 及 2480kg/m³，通常其强度最高的是表观密度为(　　)kg/m³ 的那一组。

A. 2360　　B. 2400　　C. 2440　　D. 2480

60. 设计混凝土配合比时，单位用水量的确定原则是(　　)。

A. 流动性和粗集料种类规格　　B. 和易性和耐久性要求

C. 和易性和强度要求　　D. 强度和耐久性要求

61. 反映砂浆保水性的指标是(　　)。

A. 坍落度　　B. 沉入度　　C. 分层度　　D. 针入度

62. 在确定混凝土配合比例时，如果使混凝土的配制强度值等于混凝土的强度等级值，则混凝土的强度保证率为(　　)。

A. 95%　　B. 84%　　C. 70%　　D. 50%

63. 轻集料混凝土与普通混凝土相比，其更适宜用于(　　)。

A. 有抗震要求的结构　　B. 水工建筑

C. 地下工程　　D. 防射线工程

64. 混凝土配合比设计时，确定用水量的主要依据是(　　)。

A. 集料的品种与粗细、所要求的流动性大小

B. 集料的品种与粗细、水灰比、砂率

C. 混凝土拌合物的流动性或水灰比、混凝土的强度

D. 集料的品种与粗细、水泥用量

65. 影响合理砂率的主要因素是(　　)。

A. 集料的品种与粗细、混凝土拌合物的流动性或水灰比

B. 集料的品种与粗细、混凝土的强度

C. 混凝土拌合物的流动性或水灰比、混凝土的强度

D. 集料的品种与粗细、水泥用量

66. 加气混凝土主要用于(　　)。

A. 承重结构　　B. 承重结构和非承重结构

C. 非承重保温结构　　D. 承重保温结构

67. 高强度混凝土工程,应优选(　　)。

A. 硅酸盐水泥　　B. 矿渣水泥　　C. 自应力水泥　　D. 高铝水泥

68. 配制混凝土用砂的要求是尽量采用(　　)的砂。

A. 空隙率小　　B. 总表面积小

C. 总表面积大　　D. 空隙率和总表面积均较小

69. 混凝土中的水泥浆,在混凝土硬化前起(　　)作用。

A. 胶结　　B. 润滑和填充　　C. 保水　　D. 提供早期强度

70. 砂浆的流动性是用(　　)表示的。

A. 分层度　　B. 稠度　　C. 坍落度　　D. 针入度

71. 用低标号水泥配制高强度混凝土时,最有效的措施是(　　)。

A. 减少砂率　　B. 增大砂率

C. 增大粗集料的粒径　　D. 掺减水剂、降低水灰比

72. 当混凝土拌合物流动性大于设计要求时,应采用的调整方法为(　　)。

A. 保持水灰比不变,减少水泥浆量

B. 减少用水量

C. 保持砂率不变,增加砂石用量

D. 混凝土拌合物流动性越大越好,无须调整

73. 普通混凝土轴心抗压强度f_{cp}和立方体抗压强度f_{cu}之间的关系为(　　)。

A. $f_{cp}=f_{cu}$　　B. $f_{cp}>f_{cu}$

C. $f_{cp}<f_{cu}$　　D. $f_{cp}=(1/10\sim1/20)f_{cu}$

74. 下列情况中,混凝土的徐变较小的是(　　)。

A. 水灰比较大　　B. 水泥用量较大

C. 集料的弹性模量较大　　D. 以上徐变均较大

75. 下列指标中,不属于砌筑砂浆性能指标的是(　　)。

A. 坍落度　　B. 沉入度　　C. 分层度　　D. 黏结性

76. 大体积混凝土工程,当只有硅酸盐水泥供应时,为保证工程质量,应采取除(　　)外的技术措施。

A. 掺入一定量非活性混合材　　B. 掺入一定量的活性混合材

C. 增加拌和用水量　　D. 掺用缓凝高效减水剂

77. 普通混凝土的配制强度大小的确定,除与要求的强度等级有关外,主要与(　　)有关。

A. 强度保证率　　B. 强度保证率和强度标准差

C. 强度标准差　　C. 施工管理水平

78. 配制混凝土时,对砂的要求是(　　)。

A. 堆积空隙率小　　B. 总表面积小　　C. 总表面积大　　D. A 和 B

79. 下列情况中,混凝土的徐变较大的是(　　)。

A. 水灰比较大　　B. 水泥用量较小

C. 集料的弹性模量较大　　　　D. 荷载作用时大气湿度大

80. 混凝土碱集料反应是指(　　)。

A. 水泥中碱性氧化物与集料中活性氧化硅之间的反应

B. 水泥中氢氧化钙与集料中活性氧化硅之间的反应

C. 水泥中 C_3S 与集料中 $CaCO_3$ 的反应

D. 水泥中 C_3S 与集料中活性氧化硅之间的反应

81. 下列情况中,混凝土的徐变较小的是(　　)。

A. 水泥用量较大　　　　B. 水灰比较大

C. 集料的弹性模量较小　　　　D. 荷载作用时大气湿度大

82. 海水不得用于钢筋混凝土和预应力混凝土,主要是因为海水中含有大量盐,会(　　)。

A. 使混凝土腐蚀　　　　B. 导致水泥快速凝结

C. 导致水泥凝结变慢　　　　D. 促使钢筋被腐蚀

83. 下列情况中,混凝土的徐变较大的是(　　)。

A. 水灰比较小　　　　B. 水泥用量较小

C. 荷载作用时大气湿度大　　　　D. 集料的弹性模量较小

84. 混凝土原材料中水泥、掺合料每盘称量的允许偏差为(　　)。

A. ±1%　　B. ±2%　　C. ±3%　　D. ±4%

85. 混凝土原材料中粗、细集料每盘称量的允许偏差为(　　)。

A. ±1%　　B. ±2%　　C. ±3%　　D. ±4%

86. 混凝土原材料中水、外加剂每盘称量的允许偏差为(　　)。

A. ±1%　　B. ±2%　　C. ±3%　　D. ±4%

87. 下面关于混凝土原材料每盘称量的允许偏差检查数量的说法,正确的是(　　)。

A. 每工作班抽查不应少于一次　　　　B. 每工作班抽查不应少于两次

C. 每工作班抽查不应少于三次　　　　D. 每工作班抽查不应少于四次

88. 下列情况中,混凝土的徐变较大的是(　　)。

A. 水灰比较小　　　　B. 水泥用量较小

C. 荷载作用时大气湿度小　　　　D. 集料的弹性模量较大

89. 混凝土用砂可分为天然砂与(　　)。

A. 粗砂　　B. 中砂　　C. 细砂　　D. 人工砂

90. 配制混凝土时,宜优先选择级配在(　　)区的砂,使混凝土拌合物获得良好的和易性。

A. Ⅰ　　B. Ⅱ　　C. Ⅲ　　D. Ⅳ

91. 粗集料中针状颗粒,是指卵石和碎石颗粒的长度大于该颗粒所属相应粒级的平均粒径(　　)倍者。

A. 2　　B. 1.5　　C. 2.4　　D. 1

92. 坚固性是指卵石、碎石在自然风化和其他外界物理、化学因素作用下抵抗(　　)的能力。

A. 拉伸　　B. 破裂　　C. 压缩　　D. 弯曲

93. 砂率是指混凝土拌合物中砂的质量占(　　)的百分数。

A. 砂、石子总质量　　B. 石子总质量

C. 混凝土总质量　　D. 水泥质量

94. 合适的砂率既能保证拌合物具有良好的流动性，而且能使拌合物的黏聚性、保水性良好，这一砂率称为“(　　)”。

A. 合适砂率　　B. 最低砂率　　C. 最大砂率　　D. 合理砂率

95. 在硬化前，水泥浆与外加剂起(　　)作用。

A. 润滑　　B. 支撑　　C. 骨架　　D. 填充

96. 在混凝土中，砂、石称为(　　)，起(　　)作用。

A. 集料，润滑　　B. 集料，骨架

C. 粗集料，支撑　　D. 细集料，填充

97. 配制混凝土时，水泥强度等级的选择应与(　　)相适应。

A. 结构形式　　B. 荷载情况

C. 结构截面形式　　D. 混凝土的设计强度等级

98. 棱柱体抗压强度，又称轴心抗压强度，是以尺寸为(　　)的标准试件，在标准养护条件下养护 28d 测得的抗压强度。

A. 150mm×150mm×300mm　　B. 150mm×150mm×150mm

C. 100mm×100mm×100mm　　D. 200mm×200mm×200mm

99. 配制混凝土限制最大水灰比和最小水泥用量是为了满足(　　)的要求。

A. 强度　　B. 变形　　C. 耐久性　　D. 和易性

100. 混凝土和易性的三个指标是(　　)。

A. 黏聚性、抗渗性、保水性　　B. 流动性、黏聚性、保水性

C. 流动性、可塑性、保水性　　D. 流动性、连续性、均匀性

101. 砂浆的沉入度越大，说明砂浆的流动性就(　　)。

A. 越好　　B. 越差　　C. 无关　　D. 不变

102. 轻混凝土通常的干表观密度为(　　)kg/m^3以下。

A. 900　　B. 1900　　C. 2400　　D. 2900

103. 坍落度小于(　　)的新拌混凝土，采用维勃稠度仪测定其工作性。

A. 20mm　　B. 15mm　　C. 10mm　　D. 5mm

104. 通常情况下，混凝土的水灰比越大，其强度(　　)。

A. 越大　　B. 越小　　C. 不变　　D. 不一定

105. (　　)是既满足强度要求又满足工作性要求的配合比设计。

A. 初步配合比　　B. 基本配合比　　C. 试验室配合比　　D. 工地配合比

106. 立方体抗压强度标准值是混凝土抗压强度总体分布中的一个值，强度低于该值的百分率不超过(　　)。

A. 15%　　B. 10%　　C. 5%　　D. 3%

107. 在混凝土中掺入(　　)，对混凝土抗冻性有明显改善。

A. 引气剂　　B. 减水剂　　C. 缓凝剂　　D. 早强剂

二、多项选择题

1. 普通混凝土由(　　)组成。

A. 水泥　　B. 水　　C. 集料　　D. 土

E. 外加剂

2. 配制普通混凝土时常用的水泥有(　　)。

A. 铝酸盐水泥　　B. 普通硅酸盐水泥

C. 矿渣硅酸盐水泥　　D. 硅酸盐水泥

E. 火山灰质硅酸盐水泥和粉煤灰硅酸盐水泥

3. 配制混凝土对细集料的质量要求包括(　　)。

A. 砂的坚固性　　B. 碱活性集料

C. 颗粒形状及表面特征　　D. 砂的颗粒级配及粗细程度

E. 砂的强度

4. 配制混凝土对粗集料的质量要求包括(　　)。

A. 颗粒形状及表面特征

B. 碎石和卵石中泥、黏土块和有害物质含量

C. 强度及坚固性

D. 最大粒径及颗粒级配

5. 砂按其形成环境可分为(　　)。

A. 河砂　　B. 海砂　　C. 山砂　　D. 湖砂

E. 泥砂

6. 配制普通混凝土时常用的粗集料有(　　)。

A. 中石　　B. 碎石　　C. 卵石　　D. 大石

E. 石子

7. 在砂浆中掺入(　　),应经检验和试配符合要求后,方可使用。

A. 保水剂　　B. 有机塑化剂　　C. 缓凝剂　　D. 早强剂

E. 防冻剂

8. 混凝土原材料中每盘称量的允许偏差的规定为(　　)。

A. 水泥、掺合料±3%　　B. 水泥、掺合料±2%

C. 粗、细集料±3%　　D. 水、外加剂±1%

9. 混凝土结构的优点是(　　)。

A. 耐久性好　　B. 抗裂性强　　C. 自重大　　D. 耐火性好

E. 维护费用低

10. 砂浆按组成材料的不同,可以分为(　　)。

A. 纯水泥砂浆　　B. 水泥混合砂浆

C. 石灰砂浆、石膏砂浆　　D. 麻刀灰砂浆

E. 纸筋灰砂浆

11. 配制混凝土对粗集料的质量要求应从(　　)方面考虑。

A. 碎石、卵石中泥、黏土块和有害物质含量

B. 颗粒形状及表面特征

C. 最大粒径及颗粒级配

D. 强度及坚固性

E. 掺合料

12. 和易性是一项综合的技术性质，包括(　　)。

A. 流动性　B. 黏聚性　C. 保水性　D. 稠度

E. 可塑性

13. 影响混凝土拌合物和易性的主要因素有(　　)。

A. 单位体积用水量　B. 时间和温度的影响

C. 砂率的影响　D. 外加剂和掺合料的影响

E. 流动性

14. 影响混凝土强度的因素有(　　)。

A. 水泥强度与水灰比　B. 集料

C. 养护温度和湿度　D. 龄期

E. 粗集料最大料径

15. 非荷载型混凝土变形有(　　)。

A. 温度变形　B. 化学收缩　C. 碳化收缩　D. 干湿变形

E. 徐变

16. 混凝土外加剂的主要功能分为(　　)。

A. 改善混凝土拌合物流变性能的外加剂

B. 减水剂、引气剂和泵送剂

C. 调节混凝土凝结时间、硬化性能的外加剂

D. 改善混凝土耐久性的外加剂

E. 改善混凝土其他性能的外加剂

17. 外加剂按化学成分分类，可分为(　　)。

A. 无机化合物　B. 有机化合物　C. 表面活性剂　D. 水剂类

E. 粉剂类

18. 砂浆的和易性包括(　　)。

A. 流动性　B. 黏聚性　C. 保水性　D. 泌水性

E. 离析性

19. 混凝土配合比计算中，试配强度高于混凝土的设计强度，其提高幅度取决于(　　)。

A. 混凝土强度保证率要求　B. 施工和易性要求

C. 耐久性要求　D. 施工控制水平

20. 混凝土流动性降低的原因可能是(　　)。

A. 拌制时间长　B. 温度升高

C. 水泥浆数量增大

D. 水灰比增大

E. 集料体积增大

21. 砂率增大,产生的影响包括(　　)。

A. 集料的空隙率下降

B. 集料的总表面积增大

C. 黏聚性变好

D. 流动性增大

E. 总表面积下降

22. 影响混凝土强度的因素包括(　　)。

A. 水泥强度与水灰比

B. 集料

C. 养护温度和湿度

D. 龄期

E. 砂率

23. 下列混凝土变形中,不属于物理及化学因素引起的变形的是(　　)。

A. 徐变

B. 短期荷载下的变形

C. 塑性收缩

D. 干湿变形

E. 温度变形

24. 混凝土的耐久性通常包括(　　)。

A. 抗冻性　B. 抗渗性　C. 抗侵蚀性　D. 抗老化性

E. 抗碱-集料反应

25. 砌筑砂浆的技术要求指标包括(　　)。

A. 流动性　B. 保水性　C. 强度　D. 黏结力

E. 砂浆细度

26. 按坍落度的大小将混凝土拌合物分为(　　)几个级别。

A. 低塑性混凝土

B. 塑性混凝土

C. 流动性混凝土

D. 大流动性混凝土

E. 普通混凝土

27. 按维勃稠度的大小,将混凝土拌合物的级别按从大到小的顺序排列为(　　)。

A. 超干硬性混凝土

B. 特干硬性混凝土

C. 干硬性混凝土

D. 半干硬性混凝土

28. 改善混凝土拌合物流变性能的外加剂有(　　)。

A. 减水剂　B. 缓凝剂　C. 引气剂和泵送剂　D. 早强剂

E. 防水剂

29. 外加剂的作用是(　　)。

A. 可改善拌合物的和易性

B. 减轻体力劳动强度

C. 有利于机械化作业

D. 提高混凝土的强度

30. 外加剂按外加剂的化学成分可以分为(　　)。

A. 无机物类　B. 有机物类　C. 复合型类　D. 离子类

E. 聚合物类

31. 混凝土的耐久性是一个综合性概念,包含(　　)等内容。

A. 抗渗性　B. 抗冻性　C. 耐腐蚀性　D. 抗高温性

E. 抗碳化性

32. 以下各种情况中，可能引起混凝土离析的是(　　)。

A. 混凝土自由下落高度为3m　　B. 混凝土温度过高

C. 振捣时间过长　　D. 运输道路不平

E. 振捣棒慢插快拔

33. 混凝土拌合物的和易性包括(　　)三方面的含义。

A. 流动性　　B. 密实性　　C. 经济性　　D. 黏聚性

E. 保水性

34. 配制混凝土对细集料的质量要求应从(　　)考虑。

A. 砂中泥、黏土块、有害物质含量　　B. 砂的坚固性、碱活性集料

C. 颗粒形状及表面特征　　D. 砂的颗粒级配及粗细程度

E. 外加剂

35. 影响混凝土拌合物和易性的主要因素有(　　)。

A. 标准稠度用水量　　B. 砂率

C. 外加剂和掺合料　　D. 集料的特性

E. 时间和温度

36. 施工中可能造成混凝土强度降低的因素有(　　)。

A. 水灰比过大　　B. 养护时间不足

C. 混凝土产生离析　　D. 振捣时间短

E. 洒水过多

37. 影响混凝土强度的主要因素有(　　)。

A. 水泥强度　　B. 水灰比　　C. 水泥用量　　D. 养护温度、湿度

E. 砂石用量

38. 对水泥混凝土耐久性主要从(　　)两方面控制。

A. 最大水灰比　　B. 最大水泥用量

C. 最小水泥用量　　C. 最小水灰比

E. 水灰比

39. 混凝土配合比设计的三个主要技术参数是(　　)。

A. 单位用水量　　B. 水泥用量　　C. 水泥强度　　D. 水灰比

E. 砂率

40. 分析混凝土开裂原因，正确的是(　　)。

A. 因水泥水化产生体积膨胀开裂　　B. 因干缩变形而开裂

C. 因水化热导致内外温差而开裂　　D. 因水泥安全性不良而开裂

E. 因抵抗温度应力的钢筋配置不足而开裂

41. 进行混凝土配合比设计时，确定水灰比的根据是(　　)。

A. 强度　　B. 和易性　　C. 耐久性　　D. 坍落度

E. 集料品种

42. 配制混凝土，在条件许可时，尽量选用最大粒径大的粗集料，这是为了(　　)。

A. 节省细集料　　B. 节省水泥
C. 节省粗集料　　D. 减少混凝土干缩
E. 提高混凝土强度

43. 混凝土配合比的设计包括(　　)。
A. 计算“初步配合比”　　B. 提出“基准配合比”
C. 确定“试验室配合比”　　D. 换算“施工配合比”
E. 求解“试配配合比”

44. 混凝土拌合物的工作性选择可依据(　　)。
A. 工程结构物的断面尺寸　　B. 钢筋配置的疏密程度
C. 捣实的机械类型　　D. 施工方法和施工水平
E. 水泥的用量

45. 混凝土配合比设计时必须按耐久性要求校核(　　)。
A. 砂率　　B. 单位水泥用量　　C. 浆集比　　D. 水灰比

46. 对于砖、多孔混凝土或其他多孔材料用砂浆,其强度主要取决于(　　)。
A. 水灰比　　B. 单位用水量　　C. 水泥强度　　D. 水泥用量

三、判断题

1. 因为卵石表面光滑拌制的混凝土和易性好,因此在相同条件下卵石混凝土的强度较碎石混凝土高。(　　)

2. 配制中等强度等级以下的混凝土时,在条件允许的情况下应尽量采用最大粒径的粗集料。(　　)

3. 间断级配能降低集料的空隙率,节约水泥,故在建筑工程中应用较多。(　　)

4. 因为水资源短缺,所以应尽可能采用污水和废水养护混凝土。(　　)

5. 测定混凝土拌合物流动性时,坍落度试验比维勃稠度试验更准确。(　　)

6. 水灰比为 0.4～0.8,且当混凝土中用水量一定时,水灰比变化对混凝土拌合物的流动性影响不大。(　　)

7. 选择坍落度的原则应当是在满足施工要求的条件下,尽可能采用较小的坍落度。(　　)

8. 砌筑砂浆可视为无粗集料的混凝土,影响其强度的主要因素应与混凝土的基本相同,即水泥度和水灰比。(　　)

9. 对水泥混凝土耐久性主要从最小水灰比和最大水泥用量进行控制。(　　)

10. 水泥混凝土掺合料坍落度越大,表示掺合料的流动性越大。(　　)

11. 混凝土拌和后必须保持适当的温度和湿度,使水泥充分水化,以保证强度不断提高。(　　)

12. 水泥混凝土耐久性主要用最大水灰比和最小水泥用量来控制。(　　)

13. 其他条件相同,碎石拌制的混凝土比卵石拌制的混凝土强度低。(　　)

14. C30 表示的混凝土立方体抗压强度标准值为 30MPa。(　　)

15. 混凝土的水灰比过大使水泥浆变稀,但易产生流浆、离析,甚至影响强度。(　　)

16. 集料粒径越大，和易性越好。 ( )

17. 混凝土应用的基本要求是满足强度、工作性、耐久性和经济性的要求，这些要求也是混凝土配合比设计的基本目标。 ( )

18. 混凝土的工作性仅仅是指流动性。 ( )

19. 混凝土和易性包括流动性、黏聚性和保水性三方面的含义。 ( )

20. 维勃稠度试验适用于干硬性混凝土的稠度测定。 ( )

21. 在水灰比一定的条件下，水泥浆越多，流动性越小。 ( )

22. 在保证混凝土强度和耐久性的条件下，应根据流动性来确定单位用水量。 ( )

23. 砂率是指混凝土中砂用量与石子用量的比例。 ( )

24. 砂率反映了粗细集料的相对比例，它影响混凝土集料的空隙和总表面积。 ( )

25. 混凝土按体积密度不同，可分为特重混凝土、重混凝土、轻混凝土、特轻混凝土。 ( )

26. 水泥混凝土存在着抗拉强度低、受拉时变形能力小、容易受温度湿度变化而开裂、自重大等缺点。 ( )

27. 水泥混凝土主要由水泥、水、砂、石集料和外加剂配制而成。 ( )

28. 配制混凝土时，宜优先选择在Ⅱ区的砂，使混凝土拌合物获得良好的和易性。 ( )

29. 混凝土用砂只要求砂的颗粒的总表面积小，即砂尽可能粗即可。 ( )

30. 混凝土用砂只要求砂的颗粒间的空隙率小。 ( )

31. 混凝土用砂的粗细程度和颗粒级配由砂的筛分试验来进行测定。 ( )

32. 混凝土粗集料的基本要求是颗粒的总表面积小和颗粒大小搭配合理，以达到节约水泥和逐级填充形成最大的密实度。 ( )

33. 混凝土粗集料的最大粒径在一定程度上反映了粗集料的平均粗细程度。混凝土拌合物中粗集料的最大粒径加大，总表面积减小，单位用水量有效减少。 ( )

34. 海水可用于拌制钢筋混凝土。 ( )

35. 流动性是指混凝土拌合物在本身自重或机械振捣作用下产生流动，能均匀密实流满模板的性能，它反映了混凝土拌合物的稀稠程度及充满模板的能力。 ( )

36. 黏聚性是指混凝土拌合物的各种组成材料在施工过程中具有一定的黏聚力，能保持成分的均匀性，在运输、浇筑、振捣、养护过程中不发生离析、分层现象。它反映了混凝土拌合物的均匀性。 ( )

37. 保水性是指混凝土拌合物在施工过程中具有一定保持水分的能力，不产生严重泌水的性能。 ( )

38. 混凝土拌合物的工作性常用的测定法有坍落度试验法和维勃稠度法两种。 ( )

39. 水灰比即水和混凝土质量之比。 ( )

40. 砂率的高低说明混凝土拌合物中细集料所占比例的多少。 ( )

41. 混凝土的配合比一般有单位用量表示法和相对用量表示法两种表示方法。 ( )

42. 混凝土轴心抗压强度大于立方体抗压强度。（　）

43. 混凝土抗拉强度与抗压强度近似相等。（　）

44. 混凝土轴心抗压强度大于立方体抗压强度。（　）

45. 在水泥混凝土等级相同情况下，水灰比越小，水泥混凝土强度越高。（　）

46. 在水灰比相同的条件下，在达到最优浆集比后，混凝土的强度随着浆集比的增加而提高。（　）

47. 混凝土配合比设计中的三个基本参数是水灰比、砂率、单位用水量。（　）

48. 试验室配合比在基准配合比的基础上做强度试验时，应采用三个不同的配合比，其中一个为初步配合比中的水灰比。（　）

49. 徐变为非荷载作用变形。（　）

50. 砂浆的和易性包括流动性、黏聚性和保水性三方面要求。（　）

51. 在拌制混凝土中砂越细越好。（　）

52. 试拌混凝土时若测定混凝土的坍落度满足要求，则混凝土的工作性良好。（　）

53. 卵石混凝土比同条件配合比拌制的碎石混凝土的流动性好，但强度低一些。（　）

54. 混凝土拌合物中水泥浆越多，和易性越好。（　）

55. 普通混凝土的强度与其水灰比成线性关系。（　）

56. 在混凝土中掺入引气剂，则混凝土密实度降低，因而其抗冻性亦降低。（　）

57. 计算混凝土的水灰比时，要考虑使用水泥的实际强度。（　）

58. 普通水泥混凝土配合比设计计算中，可以不考虑耐久性的要求。（　）

59. 混凝土施工配合比的水灰比和试验室配合比的水灰比相同。（　）

60. 混凝土外加剂是一种能使混凝土强度大幅提高的填充料。（　）

61. 混凝土的强度平均值和标准差，都是说明混凝土质量离散程度的。（　）

62. 在混凝土施工中，统计得出混凝土强度标准差越大，表明混凝土生产质量越不稳定，施工水平越差。（　）

63. 高性能混凝土就是指高强度的混凝土。（　）

64. 砂浆的流动性是用分层度表示的。（　）

四、简答题

1. 水泥混凝土的流动性是什么？测定水泥混凝土流动性的方法有哪两种？

2. 混凝土配合比设计包括哪些步骤？

3. 混凝土应用的基本要求是什么？

4. 普通混凝土是由哪四种基本组成材料组成的？它们各起什么作用？

5. 配制混凝土时，水泥的选用主要考虑哪些因素？

6. 混凝土用砂是如何分类的？

7. 混凝土对砂的基本要求有哪些？

8. 混凝土对粗集料的基本要求有哪些？这两项要求分别用什么表示？

9. 对混凝土拌和用水有何要求？混凝土拌和用水各有什么适用范围？

10. 什么是混凝土拌合物的工作性？混凝土拌合物的工作性有哪些方面有所体现？混凝土拌合物的工作性包括哪三个方面的技术要求？

11. 什么是混凝土拌合物的流动性、黏聚性与保水性？它们各反映了混凝土拌合物的什么性质？

12. 混凝土拌合物的和易性常用的测定法有哪两种？它们各有何作用？根据坍落度的大小可将混凝土拌合物分为哪四类？

13. 如何通过坍落度试验法测定混凝土拌合物的流动性、黏聚性和保水性？

14. 什么是水灰比？水灰比的大小代表什么？

15. 合理砂率的定义有哪两种表述形式？如何选择合理砂率？

16. 改善混凝土拌合物和易性的措施有哪些？

17. 普通混凝土受压破坏的特点是什么？

18. 影响混凝土强度的因素有哪些？

19. 提高混凝土强度的措施主要有哪些？

20. 混凝土的耐久性主要由哪些性能综合评定？

21. 什么是混凝土的抗渗性？改善混凝土抗渗性的主要技术措施有哪些？

22. 什么是混凝土的碳化？提高混凝土抗碳化的主要技术措施有哪些？

23. 产生碱集料反应的原因是什么？解决碱集料反应的技术措施主要有哪些？

24. 什么是混凝土外加剂？混凝土外加剂按其主要功能可分为哪四类？

25. 什么是减水剂？减水剂的作用效果有哪些？

26. 提高混凝土耐久性的措施有哪些？

27. 混凝土的配合比一般有哪两种表示方法？

28. 混凝土配合比设计的步骤大致可分为哪四个设计阶段？各阶段的作用和任务是什么？

29. 混凝土配合比设计中的三个基本参数是什么？它们分别由哪些因素确定？

30. 混凝土初步配合比的计算步骤是什么？

31. 基准配合比的搅拌量如何选取？调整的原则是什么？

32. 试验室配合比在基准配合比的基础上做强度试验时，应采用哪几个不同的配合比？

33. 混凝土生产的质量控制包括哪些方面？

34. 混凝土徐变的影响因素有哪些？

35. 砂子标准筛分曲线图中的Ⅰ区、Ⅱ区、Ⅲ区说明什么问题？三个区以外的区域又说明什么？配制混凝土时选用哪个区的砂好些？为什么？

36. 如何确定混凝土的强度等级？混凝土强度等级如何表示？普通混凝土划分为几个强度等级？

37. 简述影响混凝土弹性模量的因素。

38. 混凝土抗冻性的指标是什么？解释 D200 的含义。

39. 什么是碱集料反应？混凝土发生碱集料反应的必要条件是什么？防治措施有哪些？

40. 配制混凝土时掺入减水剂，可取得哪些效果？

41. 用于吸水基面和不吸水基面的两种砂浆，影响其强度的决定性因素各是什么？

42. 为什么不宜用高强度等级水泥配制低强度等级的混凝土，也不宜用低强度等级水泥配制高强度等级的混凝土？

43. 混凝土的流动性如何表示？工程上如何选择流动性的大小？

44. 现场浇灌混凝土时严禁施工人员随意向混凝土拌合物中加水，试从理论上分析加水对混凝土质量的危害。

45. 某工地施工人员拟采用下述方案提高混凝土拌合物的流动性。哪些方案可行？哪些方案不可行？简要说明原因。

(1)多加水。

(2)保持水灰比不变，适当增加水泥浆量。

(3)加入氯化钙。

(4)掺加减水剂。

(5)适当加强机械振捣。

五.计算题

1. 某实验室 $1m^3$ 混凝土的各材料用量：水泥为 310kg，砂为 682kg，碎石为 1333kg，水为 155kg。若工地所用砂的含水率为 3%，碎石的含水率为 1%，求该混凝土的施工配合比。

2. 已知混凝土 $W/C=0.50$，每立方米混凝土用水量为 180kg，砂率为 32%。假定每立方米混凝土质量为 2400kg，试求初步配合比。

3. 设计要求的混凝土强度等级为 C20，要求强度保证率 $P=95\%$。

(1)当强度标准差 $\sigma=5.5$MPa 时，混凝土配制强度应为多少？

(2)若提高施工质量管理水平，$\sigma=3.0$MPa 时，混凝土配制强度又为多少？

(3)若采用强度等级为 42.5 的水泥、卵石，用水量为 180L，试问混凝土标准差从 5.5MPa 降至 3.0MPa，每立方米混凝土可节约多少水泥？$\left(r_c=1.13;a_a=0.48;a_b=0.33;\dfrac{W}{C}=\dfrac{a_a f_{ce}}{f_{cu}+a_a a_b f_{ce}}\right)$

4. 混凝土拌合物经试拌调整后，和易性满足要求。试拌材料用量：水泥为 4.5kg，水为 2.7kg，砂为 9.9kg，碎石为 18.9kg。实测混凝土拌合物体积密度为 $2400kg/m^3$。

(1)试计算 $1m^3$ 混凝土各项材料用量。

(2)假定上述配合比可以作为试验室配合比。如施工现场砂的含水率为 4%，石子含水率为 1%，求施工配合比。

5. 某混凝土的试验室配合比为 1∶2.1∶4.3(水泥∶砂∶石子)，$W/C=0.54$。已知水泥密度为 $3.1g/cm^3$，砂、石子的表观密度分别为 $2.6g/cm^3$ 及 $2.65g/cm^3$。试计算 $1m^3$ 混凝土中各项材料用量(不含引气剂)。

6. 某工地采用强度等级为 52.5 的普通水泥和卵石配制混凝土。施工时 $1m^3$ 各材料用量：水泥为 336kg，砂为 696kg，卵石为 1260kg，水为 129kg。已知现场砂的含水率为 3.5%，卵石的含水率为 1%。试问该混凝土能否满足 C30 强度等级要求？$\left(假定\ r_c=1.13;a_a=0.48;a_b=0.33;\dfrac{W}{C}=\dfrac{a_a f_{ce}}{f_{cu}+a_a a_b f_{ce}}\right)$

7. 室内用的钢筋混凝土梁，截面最小尺寸为 250mm，钢筋净距为 35mm，混凝土强度等级为 C25，用 42.5 号水泥，密度为 $3.10g/cm^3$，中砂密度为 $2.60g/cm^3$，卵石密度为 $2.70g/cm^3$，机械振捣，质量保证率为 95%。求理论配制 $1m^3$ 混凝土时的配合比。

8. 钢筋混凝土板厚为 120mm，钢筋净距为 200mm，南方、露天、无水流冲刷，混凝土强度等级为 C20，用 42.5 号水泥，密度为 $3.10g/cm^3$，中砂密度为 $2.60g/cm^3$，卵石密度为 $2.70g/cm^3$，机械振捣，质量保证率为 95%。求理论配制 $1m^3$ 混凝土时的配合比。

9. 某砌筑工程采用水泥石灰混合砂浆，要求强度等级为 M5，稠度为 7～10cm。所用原料：32.5 矿渣水泥，标号富余系数为 1.0；石灰膏稠度 10cm，换算系数为 0.97。中砂，堆积密度为 $1450kg/m^3$，含水率为 2%，施工水平一般。试计算砂浆的配合比。

10. 用强度等级为 32.5 的普通水泥拌制普通混凝土，混凝土配合比为 1∶2.1∶4.0，$W/C=0.59$，实测混凝土拌合物的体积密度 $\rho_{oh}=2450kg/m^3$。

(1)试计算 $1m^3$ 混凝土各项材料用量。

(2)如果需要拌制此混凝土 $100m^3$，需要水泥多少千克？砂、石各多少立方米？（已知：砂的堆积密度为 $1480kg/m^3$，石的堆积密度为 $1550kg/m^3$）。

11. 混凝土计算配合比为 1∶2.13∶4.13，水灰比为 0.58，在试拌调整时，增加了 10% 的水泥浆用量。

(1)试求该混凝土的基准配合比。

(2)若已知以基准配合比配制的混凝土，每立方米需用水泥 320kg，求 $1m^3$ 混凝土中其他材料的用量。

12. 某试验室试配混凝土，经试拌调整达到设计要求后，各材料用量：水泥为 4.5kg，水为 2.7kg，砂为 9.9kg，碎石为 18.9kg，测得混凝土拌合物的表观密度为 $2380kg/m^3$。

(1)求配制 $1m^3$ 混凝土时各项材料用量。

(2)当施工现场实测砂的含水率为 3.5%，石子的含水率为 1.0%时，试计算施工配合比。

13. 某试样经调整后，各种材料用量：水泥为 3.1kg，水为 1.86kg，砂子为 6.24kg，碎石为 12.8kg，并测得混凝土拌合物的表观密度 $\rho_o=2400kg/m^3$。若施工现场砂子含水率为 4%，石子含水率为 1%，试求其施工配合比。

14. 混凝土试验室配合比为 1∶2.28∶4.47，水灰比为 0.64，每立方米混凝土水泥用量为 286kg。实测施工现场砂子的含水量为 3%，石子的含水量为 1%。试计算施工配合比及每立方米混凝土各项材料的用量。

15. 某单位采用 52.5 号普通硅酸盐水泥及碎石配制混凝土，其试验室用量：水泥为 336kg，砂为 660kg，水为 148kg。该混凝土能否满足 C30 的强度等级要求？

16. 某混凝土配合比（水泥∶水∶砂∶石）为 C∶W∶S∶G=1∶0.66∶2.17∶4.14，测得砂含水率为 3%，石子含水率为 1%。试求一次投料为一袋水泥 50kg 时，水、砂、石的用量各是多少。

17. 某混凝土经试拌调整后，得到的配合比为 1∶2.20∶4.40，$W/C=0.60$，已知 $\rho_c=3.10g/cm^3$，$\rho_s=2.26g/cm^3$，$\rho_g=2.65g/cm^3$。试计算每立方米混凝土的各项材料用量。

18. 已知一试验室配合比，其每立方米混凝土的用料量如下：水泥为 332kg，河砂为 652kg，卵石为 1206kg，水为 190kg。测得工地上砂的含水率为 3%，卵石的含水率为 1%。

若工地搅拌机容量为 0.4m^3（出料），为了施工方便，每次投料以两包水泥（100kg）为准，计算每次拌和混凝土的施工配合比。

19. 试设计某桥下部基础用混凝土的配合比。

【设计资料】

(1)已知混凝土设计强度等级为C20，无历史统计资料，$\sigma=5.0$MPa。坍落度为10～30mm。

(2)组成材料。

① 水泥：32.5 普通水泥，密度 $\rho_c=3.0g/cm^3$。

② 砂：中砂，表观密度 $\rho_s=2.60g/cm^3$。

③ 碎石：最大粒径为40mm，表观密度 $\rho_g=2.70g/cm^3$。

④ 水：自来水。

【设计要求】

(1)计算初步配合比。

(2)经试拌，坍落度为10mm，采取措施：增加5%水泥浆，和易性满足要求。基准配合比为多少？

【提供参数】

(1)耐久性要求 $[W/C]_{max}=0.7$，$[m_{co}]_{min}=225kg/m^3$。

(2)试验系数 $a_a=0.46$，$a_b=0.07$。

(3)单位用水量及砂率选用表如下。

混凝土单位用水量(kg/m^3)选用表

所需坍落度/mm	碎石最大粒径/mm			
	16	20	31.5	40
10～30	200	185	175	165
30～50	210	195	185	175
50～70	220	205	195	185
70～90	230	215	205	195

混凝土砂率(%)选用表

水灰比(W/C)	碎石最大粒径/mm		
	16	20	40
0.40	30～35	29～34	27～32
0.50	33～38	32～37	30～35
0.60	36～41	35～40	33～38
0.70	39～44	38～43	36～41

20. 某框架结构工程现浇钢筋混凝土梁，混凝土设计强度等级为C30，施工要求混凝土坍落度为30～50mm，根据施工单位历史资料统计，混凝土强度标准差$\sigma=5MPa$。可供应以下原料。

(1)水泥：42.5普通硅酸盐水泥，水泥密度为$\rho_c=3.10g/cm^3$，水泥的富余系数为1.08。

(2)中砂：级配合格，砂子表观密度$\rho_s=2.60g/cm^3$。

(3)石子：5～30mm碎石，级配合格，石子表观密度$\rho_g=2.65g/cm^3$。

【设计要求】

(1)计算混凝土配合比。

(2)若经试配混凝土的和易性和强度等均符合要求，无须调整，又知现场砂子的含水率为3%，石子的含水率为1%，试计算混凝土施工配合比。

第四章 沥青材料专项练习题

一、单项选择题

1. 石油沥青老化后，其延度较原沥青将(　　)。

A. 保持不变　　B. 升高　　C. 降低　　D. A、B、C 三项都有可能

2. 下列溶剂中，能将沥青中裂解出的油分完全溶解的溶剂是(　　)。

A. 乙醇　　B. 乙醚　　C. 石油醚　　D. 乙醚和石油醚

3. 石油沥青老化后，其软化点较原沥青将(　　)。

A. 保持不变　　B. 升高　　C. 降低　　D. 先升高后降低

4. 沥青针入度试验属于条件黏度试验，其条件为(　　)。

A. 温度　　B. 时间　　C. 针的质量　　D. A、B、C 三项均是

5. 目前，国内外测定沥青蜡含量的方法很多，但我国标准规定的是(　　)。

A 蒸馏法　　B. 硫酸法　　C. 组分分析法　　D. 化学分析法

6. 石油沥青经老化后，其针入度值较原沥青将(　　)。

A. 保持不变　　B. 升高　　C. 降低　　D. 变化不定

7. 影响沥青路面抗滑性能的因素是(　　)。

A. 集料耐磨光性　　B. 沥青用量

C. 沥青含蜡量　　D. A、B、C 三项均是

8. 沥青材料老化后其质量将(　　)。

A. 减少　　B. 增加

C. 不变　　D. 有的沥青减少，有的增加

9. 通常软化点较高的沥青，则其(　　)较好(含蜡量高的沥青除外)。

A. 气候稳定性　　B. 温度稳定性　　C. 黏结性　　D. 塑性

10. 延度较大的沥青，则其(　　)较好。

A. 气候稳定性　　B. 温度稳定性　　C. 黏结性　　D. 塑性

11. 路用优质沥青属于(　　)结构。

A. 溶胶结构　　B. 凝胶结构

C. 溶-凝胶结构　　D. 以上都不是

12. 路用沥青一般选用针入度值(PI)为(　　)的沥青。

A. $PI<-2$　　B. $PI>+2$

C. $-1<PI<+1$　　D. $-2<PI<+2$

13. 实验表明(　　)材料与沥青的化学吸附作用较强。

A. 碱性石料　B. 酸性石料　C. 中性石料　D. 碳水化合物

14. 沥青玛蹄脂碎石混合料简称（　　）。

A. DVFA　B. VCA　C. SMA　D. ATB

15. 一般情况下，测定的沥青密度的标准温度为（　　）。

A. 5℃　B. 15℃　C. 25℃　D. 35℃

16. 我国现行使用的黏稠沥青技术标准中，（　　）是划分沥青技术等级的主要指标。

A. 针入度　B. 延度　C. 软化点　D. 劲度模量

17. 由芳香族碳氢化合物及其氧、氮和硫的衍生物所组成的沥青是（　　）。

A. 石油沥青　B. 煤沥青　C. 乳化沥青　D. 天然沥青

18. 适用于各个等级的公路，适用于任何场合和层次的属于沥青等级中（　　）。

A. A级　B. B级　C. C级　D. 以上都不是

19. 氧化沥青属于（　　）。

A. 凝胶结构　B. 溶胶结构　C. 溶-凝胶结构　D. 以上都不是

20. 当（　　）增多时，树脂含量少时，沥青的胶体结构为凝胶结构。

A. 树脂　B. 沥青质　C. 油脂　D. 芳香酚

21. 用蜡质量与蜡含量关系图确定沥青的含蜡量，关系直线方向正确的应该是（　　）。

A. 零　B. 正值　C. 负值　D. 可正可负

22. 石油沥青的塑性用（　　）表示。

A. 针入度　B. 软化点　C. 脆点　D. 延度

23. 石油沥青的黏滞性用（　　）来表示。

A. 针入度　B. 软化点　C. 脆点　D. 延度

24. 延度是将沥青试样制成"8"字形标准试模，在规定速度和温度下拉伸到断时的长度，以（　　）表示。

A. m　B. cm　C. mm　D. km

25.《公路沥青路面施工技术规范》规定，A、B级沥青采用（　　）延度评定沥青的低温塑性指标。

A. 25℃　B. 15℃　C. 10℃　D. 20℃

26. 软化点（　　）表明沥青耐热性好，即温度稳定性好。

A. 高　B. 低　C. 先高后低　D. 先低后高

27. 在工程实际应用中，要求沥青具有（　　）的软化点和（　　）脆点，否则容易发生沥青材料夏季流淌或冬季脆甚至开裂等现象。

A. 较高，较高　B. 较低，较低　C. 较低，较高　D. 较高，较低

28. 闪点、燃点温度一般相差（　　）左右。

A. 5℃　B. 15℃　C. 6℃　D. 10℃

29. 沥青的溶解度是指沥青在（　　）中溶解的百分率。

A. 三氯乙烯　B. 甲苯　C. 二硫化碳　D. 三氯甲烷

30. 沥青膜完全保存，剥落面积百分率接近于0%，黏附性等级为（　　）。

A. 2 级　　B. 5 级　　C. 4 级　　D. 3 级

二、多项选择题

1. 以下四种同标号沥青，老化试验结果按质量损失、针入度比、25℃延度的顺序排列如下，其中两种抗老化性能较好的沥青是(　　)。

A. －0.7％，42％，60cm　　B. 0.8％，50％，68cm

C. 0.8％，50％，70cm　　D. 0.7％，38％，50cm

2. 四个检测单位对同一个沥青试样按规定方法对针入度、延度和软化点进行了试验，其结果如下，你认为哪家结果较可信？(　　)(单位略)

A. 80，＞100，42　　B. 100，＞100，45

C. 70，＞100，40　　D. 90，＞100，41

3. 软化点试验时，软化点在 80℃以下和 80℃以上其加热起始温度不同，分别是(　　)。

A. 室温　　B. 5℃　　C. 22℃　　D. 32℃

4. 用乳化沥青作透层油时，要通过试洒试验确定乳化沥青的(　　)。

A. 渗透深度　　B. 稠度(黏度)

C. 破乳速度　　D. 单位面积洒布量

5. 针入度试验属于条件性试验，其条件主要有三项，即(　　)。

A. 时间　　B. 温度

C. 针质量　　D. 试样数量

6. 对于中、轻交通量道路石油沥青，除须检验常规三大指标外，还须检验(　　)指标。

A. 含蜡量　　B. 溶解度

C. 闪点　　D. 蒸发损失试验

7. 乳化沥青的主要组成材料包括(　　)。

A. 沥青　　B. 乳化剂　　C. 稳定剂　　D. 早强剂

E. 水

8. 引起沥青老化的直接因素包括(　　)。

A. 热的影响　　B. 氧的影响　　C. 光的影响　　D. 水的影响

9. 乳化沥青中乳化剂包括(　　)。

A. 阳离子型　　B. 阴离子型　　C. 两性离子型　　D. 酸液型

10. 石油沥青“三大指标”包括(　　)。

A. 针入度　　B. 延度　　C. 脆点　　D. 软化点

11. 石油沥青胶体结构类型包括(　　)。

A. 溶胶结构　　B. 密实结构　　C. 凝胶结构　　D. 骨架结构

E. 溶-凝胶结构

12. 利用四组分分析法，可将沥青分为(　　)。

A. 沥青质　　B. 油分　　C. 饱和分　　D. 胶质

E. 芳香酚

13. C_{Td}表示(　　)。

A. 黏度　　B. 试验温度　　C. 流孔直径　　D. 针入度

E. 时间

14. 沥青在加热或长时间加热过程中,会发生轻质馏分(　　)等一系列物理及化学变化,使沥青化学组成及性质相应的发生变化,这种性质称为沥青热稳定性。

A. 挥发　　B. 氧化　　C. 裂化　　D. 聚合

E. 分解

15. 沥青的劲度 S_b 与(　　)等参数有关。

A. 温度 T　　B. 荷载作用时间

C. 针入度指数 PI　　D. 直径 d

E. 黏度

16. 道路石油沥青分为(　　)几个等级。

A. E级　　B. C级　　C. A级　　D. D级

E. B级

17. 液体石油沥青按液体沥青的凝固速度分为(　　)几个等级。

A. 快凝　　B. 缓快凝　　C. 中凝　　D. 慢凝

18. 对于液体石油沥青加热稳定性采用蒸馏试验,测定(　　)蒸馏体积的变化、蒸馏后残留物的性质。

A. 225℃前　　B. 350℃前　　C. 315℃前　　D. 300℃前

E. 360℃前

19. 对于道路石油沥青加热稳定性采用(　　)。

A. 克利夫兰开口杯法　　B. 沥青薄膜加热试验

C. 脆点仪试验　　D. 旋转薄膜烘箱试验

E. 延度仪

20. 石油沥青"三大指标"的单位是(　　)。

A. ℃　　B. mm　　C. 0.1mm　　D. cm

E. s

21. 石油沥青"三大指标"是分别用于测定石油沥青的(　　)。

A. 黏性　　B. 塑性　　C. 安全性　　D. 加热稳定性

E. 温度稳定性

22. 按针入度指数(PI)值可将沥青分为(　　)几种结构类型。

A. 凝胶结构　　B. 悬浮-密实结构

C. 溶胶结构　　D. 骨架-空隙结构

E. 溶-凝胶结构

23. 对于沥青的安全性能,必须测定沥青的(　　)。

A. 软化点　　B. 脆点　　C. 闪点　　D. 燃点

E. 溶解度

24. 沥青与粗集料黏附性试验方法规定根据沥青混合料的最大粒径可分为(　　)。

A. 开口杯法　　B. 燃点法　　C. 水煮法　　D. 脆点法

E. 水浸法

25. 改善沥青的性能通常的采用方法包括(　　)。

A. 氧化法　　B. 外加剂法　　C. 掺配法　　D. 还原法

E. 加热法

三、判断题

1. 评价黏稠石油沥青路用性能最常用的三大指标为针入度、软化点、脆点。(　　)

2. 沥青老化试验后的质量损失,其计算结果可正可负。(　　)

3. 沥青针入度越大,其温度稳定性越好。(　　)

4. 沥青软化点试验时,当升温速度超过规定的升温速度时,试验结果将偏高。(　　)

5. 石油沥青的标号是根据沥青规定条件下的针入度、延度及软化点值来确定的。(　　)

6. 沥青延度试验中,如果发现沥青细丝浮于水面,则应及时利用酒精,将水的密度调整至与试样相近后,继续进行试验。(　　)

7. 中、轻交通量石油沥青的老化评定采用薄膜加热试验。(　　)

8. 沥青老化后,其质量肯定会减少。(　　)

9. 用现行沥青含蜡量的测定方法测得的含蜡量值不随冷却过滤所取油分质量多少而变化。(　　)

10. 为使试验结果具有代表性,在沥青取样时,应用取样器按液面上、中、下位置各取规定数量,并将取出的三个样品分别进行检验。(　　)

11. 进行黏稠沥青性质常规检验时,沥青的取样数量不少于 1.5kg。(　　)

12. 沥青的蒸发损失试验和薄膜加热试验除盛样容器不同外,其他试验条件完全相同。(　　)

13. 测定沥青闪点的加热速率为 14～17℃/min,而测定燃点的升温速率为 5.5℃/min ±0.5℃/min。(　　)

14. 与运动黏度相比,沥青针入度由于能准确地反映沥青真实黏稠性而被广泛应用于工程中。(　　)

15. 沥青延度试验时,拉伸速度大于规定的速度时,所测结果偏高。(　　)

16. 沥青的闪点是受热沥青试样所挥发的油分气体,遇到用规定方法与之接触的试验火焰,初次发生一瞬即灭闪火时的试样温度。(　　)

17. 沥青溶解度试验的目的是检验沥青产品的纯净度。(　　)

18. 沥青的闪点是表征其热稳定性能的一项指标。(　　)

19. 黏稠沥青针入度≤300(0.1mm),针入度>300(0.1mm)则为液体沥青。(　　)

20. 道路石油沥青标号的划分是各项指标满足要求时根据 25℃时针入度的大小来确定的。(　　)

21. 现行含蜡量试验方法,脱蜡所用油分质量越多,测得的沥青含蜡量越小。(　　)

22. 沥青材料老化后其针入度值将变大。(　　)

23. 闪点是保证沥青加热质量和施工安全的一项重要的指标。 (　　)

24. 通常沥青针入度越小，表示沥青越硬。 (　　)

25. 沥青的相对密度是指在规定温度下，沥青质量与同体积的水质量的比值。 (　　)

四、简答题

1. 简述沥青材料的分类。

2. 石油沥青有哪些技术性质？

3. 沥青三大指标的单位如何表示？

4. 沥青的温度稳定性用什么指标评定？在工程中对温度稳定性如何考虑？

5. 简述蜡对沥青路用性能的影响。

6. 什么是沥青“老化”？请说明“老化”过程。

7. 胶体结构类型是如何判定的？

8. 沥青“老化”对路面性能有何影响？

9. 道路石油沥青结构由溶胶型向凝胶型转变的过程中，其针入度、延度、软化点有何变化规律？

10. 石油沥青胶体结构的胶团是如何构成的？

11. 简述道路石油沥青的化学组分与路用性能的关系。

12. 沥青和水是不相溶的，为什么乳化沥青中的沥青却能分散在水中，形成稳定体系？

13. 什么叫作沥青材料的化学组分？

14. 自然因素对沥青的性能有何影响？

15 道路石油沥青的标号是根据什么指标划分的？共有几个标号？其三大指标的变化如何？

16. 为什么煤沥青与石料的黏附力较石油沥青好？

17. 沥青材料在使用、运输、保管时应注意哪些事项？

18. 简述乳化沥青的分裂原理。

19. 沥青几乎不溶于水，为什么沥青中仍有一定的含水量？含水量对沥青性质有何影响？

20. 什么是沥青加热稳定性？用什么指标表示？规范是如何规定的？

21. 石油沥青的胶体结构有哪三种类型？各有何特点？

22. 为什么要控制沥青的加热温度和加热时间？

23. 目前沥青外加剂主要有几种？对沥青性质的作用如何？

24. 简述煤沥青与石油沥青的差异。

25. 什么是乳化沥青？有什么特点？

26. 表征黏稠石油沥青的黏滞性指标是什么？其常用试验条件是什么？

27. 黏稠沥青的三大指标是什么？它们表示沥青的什么性质？

28. 乳化沥青中的沥青为什么能高度分散在水中？

29. 沥青薄膜加热试验是如何测定的？

30. 煤沥青有哪些组分？这些组分给煤沥青带来哪些主要性能？

31. 对沥青材料安全性能有什么要求？
32. 液体石油沥青蒸馏试验是如何测定的？
33. 石油沥青按加工方法不同，分为哪几种？
34. 改善沥青的性能通常采用哪几种方法？
35. 简述石油沥青延度试验的试验条件及注意事项。
36. 简述沥青黏附性的测定方法。

第五章　沥青混合料专项练习题

一、单项选择题

1. 在沥青混合料中，细集料是指粒径小于(　　)的天然砂、人工砂及石屑。

A. 5mm　　B. 2.36mm　　C. 4.75mm　　D. 2.5mm

2. 下列沥青混合料中，具有较高的黏聚力，同时具有较大内摩擦角的是(　　)。

A. AC　　B. OGFC　　C. SMA　　D. AM

3. 某地夏季炎热、冬季温暖且雨量较为充沛，则该地气候分区可能是(　　)。

A. 1—4—1　　B. 1—1—2　　C. 2—4—2　　D. 1—4—2

4. 沥青混凝土中掺入矿粉，其主要作用是(　　)。

A. 增加沥青混合料的密实度　　B. 改善混合料和易性

C. 强化沥青活性　　D. 提高沥青与矿料的黏附性

5. 高温时，沥青混合料(　　)，引起塑性变形过大(塑性变形为不可恢复变形，随着时间产生累积)，使路面产生波浪、车辙、拥包与推移等高温变形破坏。

A. 抗剪强度不足　　B. 抗压强度不足

C. 抗拉强度不足　　D. 抗弯强度不足

6. 马歇尔稳定度试验，将沥青混合料制备成规定尺寸的(　　)试件。

A. 正方体　　B. 圆柱状　　C. 长方体　　D. 小梁

7. 沥青混合料路面在低温时产生破坏，主要是由于(　　)。

A. 抗拉强度不足或变形能力较差　　B. 抗剪强度不足

C. 抗压强度不足　　D. 抗弯强度不足

8. 现规范推荐沥青混合料低温抗裂性的评价方法是(　　)。

A. 间接拉伸试验　　B. 直接拉伸试验

C. 低温蠕变弯曲试验　　D. 马歇尔稳定度试验

9. 沥青碎石混合料可能不包括(　　)。

A. 粗集料　　B. 细集料　　C. 填料　　D. 沥青

10. 沥青路面试验路铺筑属于(　　)阶段。

A. 施工准备　　B. 沥青混合料摊铺

C. 沥青混合料压实　　D. 沥青混合料运输

11. 沥青混凝土和沥青碎石的区别是(　　)。

A. 压实后剩余空隙率不同　　B. 矿粉用量不同

C. 集料最大粒径不同　　D. 油石比不同

12. 将具有密实-骨架结构的沥青混合料与其他结构的沥青混合料相比，黏聚力 C 和内摩擦角 φ 的差别为(   )。

A. C 与 φ 均较大　　B. C 与 φ 均较小

C. C 较大，φ 较小　　D. C 较小，φ 较大

13. 车辙试验检验沥青混合料(   )性能。

A. 变形　　B. 抗裂　　C. 抗疲劳　　D. 热稳定

14. 大型马歇尔试件两面各击(   )。

A. 100 次　　B. 125 次　　C. 50 次　　D. 75 次

15. 沥青混合料配合比设计中，沥青含量为(   )质量比的百分率。

A. 沥青与沥青混合料　　B. 沥青与矿料

C. 沥青与集料

16. 在沥青与粗集料的黏附性试验中水煮法试验宜将集料过(   )筛，水浸法试验宜将集料过(   )筛。

A. 13.2～19mm，9.5～13.2mm　　B. 9.5～13.2mm，13.2～19mm

C. 13.2～16mm，9.5～13.2mm　　D. 9.5～13.2mm，13.2～16mm

17. 可以测定沥青混合料水稳定性的试验是(   )。

A. 车辙试验　　B. 沥青混合料保水率试验

C. 浸水马歇尔试验　　D. 马歇尔稳定度试验

18. SMA 的主要优点有(   )。

A. 抗滑耐磨　　B. 空隙率小　　C. 抗疲劳　　D. 高温抗车辙

19. 可以用来检测沥青混合料水稳定性的试验为(   )。

A. 冻融劈裂试验　　B. 车辙试验

C. 马歇尔稳定度试验　　D. 饱水率试验

20. 我国现行规范采用(   )等指标表示沥青混合料的耐久性。

A. 空隙率、饱和度、残留稳定度　　B. 稳定度、流值和马歇尔模数

C. 空隙率、含蜡量和含水量　　D. 针入度

21. 沥青混合料稳定度试验中试件加载速度是(   )。

A. 10mm/min　　B. 0.5mm/min　　C. 1mm/min　　D. 50mm/min

22. 沥青混合料稳定度试验温度是(   )。

A. 50℃　　B. 60℃　　C. 65℃　　D. 80℃

23. 随着沥青含量增加，沥青混合料试件密度将(   )。

A. 保持不变　　B. 出现峰值　　C. 减少　　D. 增大

24. 随沥青含量的增加，沥青混合料试件饱和度将(   )。

A. 保持不变　　B. 先出现峰值后出现谷值

C. 减少　　D. 增大

25. 随沥青含量的增加，沥青混合料试件空隙率将(   )。

A. 增加　　B. 出现谷值　　C. 减少　　D. 保持不变

26. 利用离心分离法测定沥青混合料中沥青含量试验中，应考虑泄漏到抽提液中矿粉

的含量，如果忽略该部分矿粉质量，则测得结果较实际值（　　）。

A. 大　　B. 小　　C. 相同　　D. 前三项都对

27. 沥青与集料的黏附性等级评定采用水煮法和水浸法，是按（　　）大小来划分等级的，最好为5级，最差为1级。

A. 黏附面积　　B. 剥离面积

C. 黏附的沥青层厚度　　D. 前三项都不对

28. 沥青路面试验路铺筑属于（　　）阶段。

A. 施工准备　　B. 沥青混合料摊铺

C. 沥青混合料压实　　D. 沥青混合料运输

29. 马歇尔稳定度是在标准试验条件下，试件破坏时的（　　）。

A. 最大应力　　B. 最大荷载

C. 单位变形的荷载　　D. 前三项都不对

30. 沥青混合料用粗集料与细集料的分界粒径尺寸为（　　）。

A. 1.18mm　　B. 2.36mm　　C. 4.75mm　　D. 5mm

31. 车辙试验检验沥青混合料的（　　）性能。

A. 变形　　B. 抗裂　　C. 抗疲劳　　D. 热稳定

32. 公路工程中最常用的沥青混合料是（　　）。

A. 热拌沥青混合料　　B. 冷拌沥青混合料

C. 再生沥青混合料　　D. 前三项都不是

33. 沥青混合料中最理想的结构类型是（　　）。

A. 悬浮-密实结构　　B. 骨架-空隙结构

C. 骨架-密实结构

34. 流值是在标准试验条件下，试件破坏时的（　　）。

A. 最大应力　　B. 垂直变形　　C. 最大荷载　　D. 最大压强

35. 沥青混合料的高温稳定性是指混合料在（　　）的条件下，经车辆荷载长期重复作用后，不产生车辙和波浪等病害的性能。

A. 60℃　　B. 100℃　　C. 135℃　　D. 68℃

36. 按矿质材料的级配类型分类，沥青混合料分为连续级配沥青混合料和（　　）沥青混合料。

A. 密级配　　B. 开级配　　C. 间断级配　　D. 前三项都不对

37. 只有当矿料与沥青材料之间产生（　　）时，混合料的水稳定性才能得到保证。

A. 物理吸附　　B. 化学吸附　　C. 不吸附　　D. 吸附

38. 沥青旋转薄膜加热试验后的沥青性质试验应在（　　）内完成。

A. 72h　　B. 90h　　C. 63h　　D. 50h

39. 对温度日差、年差大的地区宜选用（　　）的沥青。

A. 针入度指数大　　B. 针入度指数小

C. 针入度大　　D. 针入度小

40. 沥青混合料中使用的粉煤灰烧失量应小于（　　）。

A. 10%　　B. 5%　　C. 3%　　D. 12%

41. 沥青混合料的粗集料要求洁净、干燥、无风化、无杂质，形状要接近(　　)且要求表面粗糙、有一定的棱角。

A. 圆柱体　　B. 棱柱体　　C. 立方体　　D. 球体

42. 沥青混合料的试验室配合比设计可分为矿质混合料配合组成设计和(　　)确定两部分。

A. 最佳沥青用量　　B. 沥青用量

C. 沥青含量　　D. 沥青比例

43. 对于高速公路、一级公路、城市快速路、主干路用沥青混合料，还应通过(　　)试验检验其抗车辙能力。

A. 马歇尔稳定度　　B. 车辙

C. 针入度　　D. 黏度

44."自由沥青"过多，沥青混合料的强度会(　　)。

A. 增加　　B. 减小　　C. 不变　　D. 先增后减

45. 沥青路面使用性能分区中第一个数字代表(　　)。

A. 高温分区　　B. 低温分区　　C. 雨量分区　　D. 稳定性分区

46. SMA 中的细集料常常是(　　)。

A. 石屑　　B. 天然砂　　C. 河砂　　D. 机制砂

47. 沥青混合料使用粉煤灰为填料时，其用量不能超过填料总量的(　　)。

A. 30%　　B. 70%　　C. 50%　　D. 10%

48. 标准马歇尔试件的尺寸是(　　)。

A. 直径 101.6mm±0.2mm　　B. 直径 100.6mm±0.1mm

C. 高 63.5mm±0.3mm　　D. 高 63.5mm±0.1mm

49. 标准马歇尔试验一组试件的数量不少于(　　)个。

A. 6　　B. 10　　C. 4　　D. 2

50. 车辙试件同试模一起，置于达到试验温度的恒温室中保温不少于(　　)h，也不多于(　　)h。

A. 1,10　　B. 5,20　　C. 6,10　　D. 3,10

二、多项选择题

1. 沥青混合料的技术指标包括(　　)。

A. 稳定度和流值　　B. 残留稳定度

C. 空隙率　　D. 饱和度

2. 沥青路面的优点是(　　)。

A. 表面抗滑性能好　　B. 施工方便

C. 经济耐久性好　　D. 便于再生利用

3. 沥青混合料主要由(　　)组成。

A. 沥青　　B. 粗集料　　C. 细集料　　D. 矿粉填料

E. 外加剂

4. 耐久性是指沥青混合料在使用过程中抵抗环境因素及行车荷载反复作用的能力，它包括沥青混合料的(　　)等综合性质。

A. 抗老化性　B. 抗疲劳性　C. 抗裂性　D. 高温稳定性

5. 马歇尔试验用于测定沥青混合料试件的破荷载和抗变形能力，得到(　　)。

A. 马歇尔稳定度　B. 流值

C. 马歇尔模数　D. 动稳定度

6. 沥青混合料的体积特征参数有(　　)等指标表征。

A. 密度　B. 空隙率　C. 矿料间隙率　D. 饱和度

7. 密级配热拌沥青混合料配合比设计三个阶段为(　　)。

A. 基准配合比设计阶段　B. 目标配合比设计阶段

C. 生产配合比设计阶段　D. 生产配合比验证

8. 沥青混合料按其矿料级配组成特点，可形成(　　)结构，分别具有不同的强度特征和稳定性。

A. 悬浮-密实结构　B. 骨架-空隙结构

C. 骨架-密实结构　D. 悬浮-空隙结构

9. 沥青混合料的组成结构有(　　)两种相互对立的理论。

A. 结构理论　B. 密实理论　C. 表面理论　D. 胶浆理论

10. 沥青混合料的缺点是(　　)。

A. 沥青易老化　B. 温度敏感性较差

C. 低温易发脆　D. 噪声大

11. 最常用的评价沥青混合料高温稳定性的方法是(　　)。

A. 马歇尔试验　B. 车辙试验

C. 直接拉伸试验　D. 应力松弛试验

12. 沥青混合料的矿料合成级配曲线宜尽量接近设计级配中值，尤其应使(　　)筛孔的通过量尽量接近设计级配范围的中限。

A. 0.075mm　B. 2.36mm　C. 4.75mm　D. 13.2mm

13. 沥青混凝土混合料是由(　　)适当比例组成的符合规定级配的矿料，与沥青结合料拌和而制成的符合技术标准的混合料。

A. 粗集料　B. 细集料　C. 填料　D. 水泥

14. 沥青混合料的主要技术性质有(　　)。

A. 高温稳定性　B. 低温抗裂性　C. 耐久性　D. 抗滑性

15. 矿质混合料的最大密度曲线是通过试验提出的一种(　　)。

A. 实际曲线　B. 理论曲线　C. 理想曲线　D. 理论直线

16. 沥青混合料密度测定方法有(　　)等。

A. 表干法　B. 水中重法　C. 蜡封法　D. 体积法

17. 某地夏季炎热、冬季温暖且雨量充沛，则该地气候分区可划分为(　　)。

A. 1—4—1　B. 1—4—2　C. 3—1—1　D. 3—1—2

18. 某地夏季较热、冬季严寒且干旱少雨，则该地气候分区可能是(　　)。

A. 2—1—4　　B. 2—1—3　　C. 3—2—1　　D. 2—3—1

19. 沥青混合料的施工和易性与(　　)有关。

A. 矿料级配　　B. 沥青品种　　C. 沥青用量　　D. 施工环境

20. 沥青混合料路面抗滑性与(　　)有关。

A. 矿料表面性质　　B. 矿料级配

C. 沥青用量　　D. 沥青品种

三、判断题

1. 沥青混合料的空隙率越大，环境介质对沥青的作用就越强烈，其老化程度也越高。(　　)

2. 沥青黏度增大，沥青混合料黏结力明显增大，内摩擦角稍有增加。(　　)

3. 矿料尺寸近似立方体，粗糙，多棱角，矿料间嵌挤索结能力好，φ 较大；采用碱性石料，混合料中矿料间黏结力大，混合料强度高。(　　)

4. 沥青混合料车辙试验的测定温度应控制为 40℃±1℃。(　　)

5. 根据沥青混合料中所用沥青结合料的不同，沥青混合料可分为石油沥青混合料和煤沥青混合料，但煤沥青对环境污染严重，一般工程中很少采用煤沥青混合料。(　　)

6. 连续密级配沥青混凝土混合料空隙率较低。(　　)

7. 沥青混合料的空隙率越大，环境介质对沥青的作用就越强烈，其老化程度也越高。(　　)

8. 沥青黏度增大，沥青混合料黏结力明显增大，内摩阻角稍有增加。(　　)

9. 沥青混合料残留稳定度指标是指试件浸水 7h 后的稳定度。(　　)

10. 沥青混合料马歇尔稳定度试验中，一组试件的数量不得少于 4 个。(　　)

11. 在沥青混合料中，粗集料是指粒径大于 4.75mm 的碎石、破碎砾石、筛选砾石与矿渣等；在水泥混凝土中，粗集料是指粒径大于 5mm 的碎石、砾石、破碎砾石。(　　)

12. 沥青路面平整，表面粗糙，有一定的粗、细纹理构造，能保证车辆高速安全行驶。(　　)

13. 开级配压实空隙率较大，往往对水稳定性不利。当沥青用量不足时，即使是密级配的沥青混合料也会出现水稳定性不好的问题。(　　)

14. 酸性花岗石集料与沥青的黏附性明显低于碱性集料石灰岩与沥青的黏附性，也明显低于中性集料玄武岩与沥青的黏附性。(　　)

15. 表层的粗集料应选用粗糙、坚硬、耐磨、抗冲击性好、磨光值小的碎石或破碎石集料。(　　)

16. 路面用沥青混合料如果沥青用量过多或矿粉质量不好，则容易使混合料结团，不易摊铺。(　　)

17. 沥青混合料在低温下破坏弯拉应变越大，低温柔韧性越好，抗裂性越好。(　　)

18. 随着沥青用量的增加，沥青膜增厚，自由沥青比例增加，在高温条件下，易发生明显的流动变形，从而导致沥青混合料抗高温变形能力降低。(　　)

19. 马歇尔稳定度试验试件成型击实次数根据公路等级、混合料类型、气候条件选择，一般为100次或50次。 ( )

20. 在我国沥青路面工程中，马歇尔稳定度与流值既是沥青混合料配合比设计的主要指标，也是沥青路面施工质量控制的重要实验项目。 ( )

21. 车辙试验是一种模拟车辆轮胎在路面上滚动形成车辙的工程试验方法，试验结果较为直观，与沥青路面车辙深度之间有着较好的相关性。 ( )

22. 沥青混合料高温稳定性的形成主要来源于矿质集料颗粒间的嵌锁作用及沥青的高温黏度。 ( )

23. 连续半开级配沥青混合料的特点：空隙率较大，一般采用10%左右，粗细集料含量相对密级配要多，填料较少或不加填料。 ( )

24. 间断级配沥青混合料的特点：采用间断级配，即矿料级配组成中缺少一个或几个档次而形成的级配，粗集料和填料含量较少，中间集料含量较多。 ( )

25. 沥青混合料的抗剪强度的内因取决于沥青混合料的内摩擦角和黏聚力，其值越大，抗剪强度越大。 ( )

26. 沥青材料的黏结性对黏聚力的影响：沥青的黏度越大，混合料的黏滞阻力也越大，抵抗剪切变形的能力越强，则混合料的黏聚力就越大。 ( )

27. 矿料颗粒间的联结形式对黏聚力的影响：沥青用量过少，沥青不足以包裹矿粉表面，沥青混合料的黏聚力就差。沥青用量过多，自由沥青过多，混合料的黏聚力开始逐渐降低。 ( )

28. 混合料中矿质集料的尺寸大，内摩擦角较大。 ( )

29. 沥青含量对内摩擦角的影响：沥青含量越少，矿料表面形成的沥青膜越薄，内摩擦角越大；反之亦然。 ( )

30. 沥青碎石中矿料级配有一定要求，但没有沥青混凝土的要求严格，其中没有或较少使用矿粉，空隙率较小。 ( )

31. 一般沥青路面均具有良好的受力特性，具有路面平整、无裂缝或接缝、柔韧舒适、货物损失率低、噪声小等优点。 ( )

32. 矿质混合料的合成级配曲线要求必须符合设计级配范围的要求，不得有过多的犬牙交错。 ( )

33. 矿质混合料的合成级配曲线对于交通量大、轴载重的道路，可以考虑偏向级配范围的上限，而对于中、轻交通量或人行道路等，合成级配宜偏向级配范围下限。 ( )

34. 沥青混合料，当空隙率较大、沥青膜较薄时，其水稳定性较差。 ( )

35. 沥青路面施工时，若混合料的加热温度过高或过低，则易造成沥青路面的泛油。 ( )

36. 用表干法测定压实沥青混合料密度试验时，水温不为25℃时，应对沥青芯样密度进行水温修正。 ( )

37. 车辙试验主要用来评价沥青混合料的低温抗裂性。 ( )

38. 沥青混合料中矿料的有效密度应大于表观密度。 ( )

39. 马歇尔稳定度试验时的温度越高，则稳定度越大，流值越小。 ( )

40. 蜡封法适用于测定较密实、吸水率小的沥青混合料试件的毛体积相对密度。（　）

41. 我国现行标准规定，采用马歇尔稳定度试验来评价沥青混合料的高温稳定性。（　）

42. 沥青混合料的试验配合比设计可分为矿质混合料组成设计和沥青最佳用量确定两部分。（　）

43. 沥青混合料试件的高度变化不影响所测流值，仅对稳定度的试验结果有影响。（　）

44. 沥青路面施工时，若混合料的加热温度过高或过低，则易造成沥青路面的泛油。（　）

45. 沥青混合料中粗集料是指粒径大于2.36mm的碎石、破碎砾石等。（　）

46. SMA沥青用量较高，为防止施工时混合料中沥青偏离，应向混合料中加入纤维等稳定剂。（　）

47. 沥青混合料用集料筛分应用“干筛法”。（　）

48. 车辙试验主要用来评价沥青混合料的低温抗裂性。（　）

49. 为提高高温稳定性，南方地区选用的沥青标号通常要比北方地区适当低一些。（　）

50. 在拌制沥青混合料时优先选用碱性岩石。（　）

51. 在拌制沥青混合料时优先选用酸性岩石。（　）

52. 骨架-空隙结构的沥青混合料，其黏聚力和内摩擦角都较大。（　）

53. 沥青混合料加入的矿粉应以酸性矿粉为好。（　）

54. 沥青混合料空隙率越小，越密实，路用性能越好。（　）

55. 沥青混合料中，沥青含量越高，沥青混合料的稳定度越高，强度越大。（　）

56. 选用道路沥青材料时，寒冷地区宜选用针入度较大、延度较大的沥青，炎热地区宜选用针入度较小、软化点较高的沥青。（　）

57. 公路工程中最常用的沥青混合料是热拌沥青混合料。（　）

58. 沥青混合料抗剪强度取决于黏聚力和内摩擦角的大小。（　）

四、简答题

1. 骨架-密实结构的组成特点、代表类型、力学性能特点、路用性能特点是什么？
2. 骨架-空隙结构的组成特点、代表类型、力学性能特点、路用性能特点是什么？
3. 悬浮-密实结构的组成特点、代表类型、力学性能特点、路用性能特点是什么？
4. 矿质集料和沥青含量如何影响沥青混合料的内摩擦角？
5. 简述沥青和矿料颗粒对沥青混合料黏聚力的影响。
6. 简述沥青用量对沥青混合料剪切强度的影响。
7. 什么是高温稳定性？简述高温稳定性的意义。
8. 简述沥青用量对高温稳定性的影响。
9. 试述我国现行热拌沥青混合料配合组成的设计方法。矿质混合料的组成和沥青最佳用量是如何确定的？

10. 简述沥青混合料的矿质混合料的合成级配曲线要求。

11. 如何根据气候条件和道路等级、交通性质、路面类型、施工方法选择沥青？

12. 简述环境温度和荷载作用特性对混合料强度的影响。

13. 简述马歇尔稳定度试验的特点、试验方法、结果。

14. 简述空隙率大小对沥青混合料性能的影响。

15. 什么是沥青混合料的耐久性？其影响因素和控制指标是什么？

16. 沥青混合料的组成结构有哪两种理论？

17. 简述沥青适用性气候的分区原则和分区方法。

18. 简述确定最佳沥青用量的步骤。

19. 成型马歇尔试件的温度控制有什么要求？

20. 确定一个标准马歇尔试件拌合物用量计算方法是什么？

21. 简述马歇尔稳定度试验的条件。

22. 沥青混合料车辙试验需要哪些基本试验仪器？

23. 简述沥青混合料马歇尔稳定度试验方法。

第六章　建筑钢材专项练习题

一、单项选择题

1. 钢结构设计时，碳素结构钢以(　　)作为设计计算取值的依据。

A. 屈服强度　　B. 比例强度　　C. 抗拉强度　　D. 规定塑性延伸强度

2. 碳素结构钢随着钢号增大，含碳量增加，其延性和冲击韧性呈现(　　)。

A. 先低后高　　B. 逐渐提高　　C. 不变　　D. 逐渐降低

3. 钢筋冷拉后(　　)提高。

A. 屈服强度　　B. 抗拉强度

C. 屈服强度和抗拉强度　　D. 塑性

4. 钢结构设计时，对直接承受动荷载的结构应选用(　　)。

A. 平炉或氧气转炉镇静钢　　B. 平炉沸腾钢

C. 氧气转炉半镇静钢　　D. 氧化转炉沸腾钢

5. 钢与铁的含碳量以(　　)%为界，含碳量小于这个值时为钢，反之为铁。

A. 0.25　　B. 0.60　　C. 0.80　　D. 2.0

6. 牌号为 HRB400、公称直径 d 为 28mm 的钢筋做冷弯试验时，其弯心直径应是(　　)。

A. $3d$　　B. $4d$　　C. $5d$　　D. $2d$

7. 钢筋混凝土用热轧带肋钢筋、光圆钢筋按批次进行检查和验收，每批次为(　　)。

A. ≤30t　　B. ≤50t　　C. ≤60t　　D. ≤200t

8. 钢筋反向弯曲试验，先正向弯曲 90°，经正向弯曲后的试样在 100℃±10℃温度下保温不少于 30min，经自然冷却后再反向弯曲(　　)。

A. 90°　　B. 180°　　C. 30°　　D. 20°

9. 钢筋的公称横截面面积为 $113.1mm^2$，拉伸试验时的最大拉力为 55.6kN，抗压强度应为(　　)。

A. 492MPa　　B. 490MPa　　C. 495MPa　　D. 500MPa

10. 有较高要求的抗震结构，对钢筋的特殊要求表述正确的是(　　)。

A. 实测抗拉强度与实测屈服强度之比≤1.25

B. 钢筋的抗拉强度≤400MPa

C. 钢筋的最大力总伸长率≥9%

D. 实测屈服强度与标准屈服强度之比≥1.30

二、多项选择题

1. 带肋钢筋力学性能试验取样应从(　　)取一组试样，一组试样拉力、冷弯(　　)。

A. 一根钢筋上　　B. 不同根的钢筋上　C. 各一根　　　　D. 各两根

2. 利用图解法测定钢筋屈服强度的方法是从力-位移曲线上读取(　　),除以试样原始横截面面积。

A. 曲线首次下降的最小力

B. 不计初始瞬时效应时的最小力

C. 曲线首次下降的最大力

D. 屈服平台的恒定力

3. 钢筋的一般检验项目包括(　　)。

A. 屈服强度　　B. 延伸率　　C. 弯曲　　D. 极限强度

4. 预应力混凝土用钢绞线的力学性能检测有(　　)。

A. 抗拉强度　　B. 整根钢绞线的最大力

C. 规定非比例延伸力　　D. 最大力总延伸率

5. HRB400 钢筋表示(　　)。

A. 热轧带肋钢筋　　B. 冷轧带肋钢筋

C. 钢筋屈服强度最小值　　D. 钢筋抗拉强度

6. 闪光对焊钢筋接头外观检查的内容与要求是(　　)。

A. 接头处不得有横向裂纹

B. 与电极接触处的钢筋表面不得有明显烧伤

C. 接头处的弯折角不得大于 3°

D. 接头处的轴线偏移不得大于钢筋直径的 0.1 倍,且不得大于 2mm

7. 钢筋闪光对焊接头的外观质量应符合(　　)要求。

A. 钢筋表面不得有明显的烧伤或裂纹

B. 接头弯折的角度不得大于 4°

C. 接头轴线的偏移不得大于 0.1d,且不得大于 2mm

D. 接头周缘应有适当的镦粗部分

8. 有明显流幅的钢筋,其性能的基本指标有(　　)。

A. 屈服强度　　B. 抗拉强度　　C. 伸长率　　D. 屈强比

E. 弯曲性能

9. GB/T 1499.2—2018 特征值检验规则中,下列说法正确的是(　　)。

A. 当试验性能规定为最大或最小值时,15 个试样测定的所有结果应符合要求,此时,应认为该试验批符合要求

B. 当最多有 2 个试验结果不符合条件时,应继续进行试验,此时,应从该试验批的不同根钢筋上另取 45 个试样进行试验,这样可得到总计 60 个试验结果,如果 60 个试验结果中最多有 2 个不符合条件,该试验批符合要求

C. 当试验性能规定为最大或最小值时,20 个试样测定的所有结果应符合要求,此时,应认为该试验批符合要求

D. 当最多有 2 个试验结果不符合条件时,应继续进行试验,此时,应从该试验批的不同根钢筋上,另取 50 个试样进行试验,这样可得到总计 60 个试验结果,如果 60 个试验结

果中最多有 2 个不符合条件，该试验批符合要求

10. 钢筋化学成分有(　　)。

A. C　　B. Si　　C. Mg　　D. P

11. 有较高要求的抗震结构的钢筋，除满足(　　)的要求外，其他要求与相对应的已有牌号钢筋相同。

A. 钢筋实测抗拉强度与实测屈服强度之比不小于 1.25

B. 钢筋实测屈服强度与屈服强度特性值之比不大于 1.30

C. 钢筋的最大力总延伸率不小于 9%

D. 对于没有明显屈服强度的钢，屈服强度特性值 R_{eL} 应采用规定非比例伸长应力 R_p0.2

三、判断题

1. 依据《钢筋焊接接头试验方法标准》(JGJ/T 27—2014)规定，当直径为 25mm、HRB400 的钢筋闪光对焊接头进行弯曲试验时，弯曲压头直径应为 125mm。　(　　)

2. 焊接或热切割过程中，钢筋母材因受热的影响(但未熔化)，使金属组织和力学性能发生变化的区域称为热影响区。钢筋闪光对焊接头的热影响区一般为 0.5d 范围。(　　)

3. 闪光对焊接头有 1 个试件抗拉强度小于钢筋规定强度值，或有 2 个试件均在焊缝或热影响区发生脆性断裂时，其抗拉强度均小于规定强度的 1.10 倍，则一次性判定该批接头不合格。　(　　)

4. 伸长率大的钢材，其冷弯性能一定好。　(　　)

5. 钢筋牌号 HRB400 中的 400 指钢筋的极限抗拉强度。　(　　)

6.《钢筋混凝土用钢　第 2 部分：热轧带肋钢筋》(GB/T 1499.2—2018)对抗震结构用钢规定了钢筋实测屈服强度与屈服强度特征值之比不小于 1.30。　(　　)

7. HRB335ϕ25mm 的钢筋做冷弯试验时其弯心直径为 75mm。　(　　)

8. 热轧光圆钢筋测量重量偏差时，试样应从不同根钢筋上截取，数量不小于 5 支，每支试样长度不小于 1000mm。　(　　)

9. 冲击韧性是指钢材抵抗其他较硬物体压入的能力。　(　　)

10. 钢材试样在试验过程中拉力不增加仍能继续伸长的应力称为屈服强度。　(　　)

11. 钢筋的屈服强度指的是上屈服强度。　(　　)

12. 钢筋的屈强比越大，说明钢筋在结构中的安全性和可靠性越高。　(　　)

13. 抗拉强度是钢材开始丧失对变形的抵抗能力时所承受的最大拉应力。　(　　)

14. 硫是钢中的有害元素，含量高时钢具有冷脆性。　(　　)

15. 钢材试验可以在任意温度下进行。　(　　)

16. 与沸腾钢比较，镇静钢的冲击韧性和焊接性较差，特别是低温冲击韧性的降低更为显著。　(　　)

17. 在结构设计时，屈服点是确定钢材容许应力的主要依据。　(　　)

18. 钢材的伸长率公式 $A=(L_1-L_0)L_0\times100$ 中，L_1 为试件拉断后的标距部分长度，L_0 为试件原标距长度。　(　　)

19. A_5 和 A_{10} 分别表示标距为 5 倍钢筋直径和 10 倍钢筋直径试样的伸长率，用同样钢

筋取样做拉伸试验时，其伸长率$A_{10}>A_5$。（ ）

20. 钢材屈强比越大，表示结构使用安全度越高。（ ）

21. 钢筋冲击韧性a_k值越大，表示钢筋抵抗冲击载荷的能力越低。（ ）

22. 碳素结构钢的标号越大，其强度越高，塑性越好。（ ）

23. 钢材中含磷较多呈热脆性，含硫较多呈冷脆性。（ ）

24. 钢材焊接时产生热裂纹，主要是含磷较多引起的，为消除其不利影响，可在炼钢时加入一定量的碳元素。（ ）

25. 对钢筋进行冷拉处理是为了改善其工艺性能。（ ）

26. 某厂生产钢筋混凝土梁，配筋需用冷拉钢筋，但现有冷拉钢筋不够长，因此将此钢筋对焊接长使用。（ ）

27. 钢筋腐蚀主要是化学腐蚀，其结果是钢材表面生成氧化铁或硫化铁等而失去金属光泽。（ ）

28. 钢材检验时，开机前试验的指针在零点时就不再进行调整。（ ）

29. 钢材受力达到屈服强度后，变形迅速发展，已不能满足使用要求，故设计中一般以屈服强度作为强度取值的依据。（ ）

30. 钢材拉伸试验一般在室温为10～35℃时进行，对温度要求严格的试验温度应为23℃±5℃。（ ）

31. 测定断后伸长率，原则上只有断裂处与最接近标距标记的距离不小于原始标距的二分之一时方为有效。若断后伸长率大于或等于规定值，不管断裂位置处于何处，测量均为有效。（ ）

四、简答题

1. 为什么说屈服强度、抗拉强度和伸长率是钢材的重要技术性能指标？什么是屈强比？什么是屈屈比？它们在建筑设计中有何实际意义？

2. 什么是钢材的冷弯性能？它的表示方法及实际意义是什么？

3. 试比较Q235－A、Q235－B、Q235－C和Q235－D在性能和应用上的区别。

4. 简述低合金高强度结构钢的用途及被广泛采用的原因。

5. 预应力混凝土用钢绞线的规格都有哪些？

五、计算题

一组HRB400钢材试件，其直径为18mm，拉伸试验结果见下表。已知最大力延伸率合格，计算并评定该组钢筋拉伸性能是否合格。

拉伸试验结果

试件编号	屈服荷载/kN	屈服强度/MPa	极限载荷/kN	极限强度/MPa	断后标距/mm	伸长率/%
1	108.5	426	145.2	571	121.0	34.4
2	109.2	429	148.1	582	122.2	35.8

【砂石材料专项练习题参考答案】

一、单项选择题

1. A	2. D	3. A	4. D	5. D	6. A	7. A	8. D
9. D	10. A	11. B	12. A	13. A	14. A	15. C	16. C
17. D	18. A	19. D	20. B	21. B	22. B	23. C	24. C
25. D	26. C	27. A	28. C	29. C	30. D	31. A	32. B
33. A	34. B	35. D	36. A	37. C	38. A	39. B	40. C
41. D	42. D	43. B	44. C	45. C	46. B	47. B	48. A
49. C	50. B	51. C	52. D	53. C	54. C	55. C	56. B
57. B	58. D	59. B	60. A	61. D	62. B	63. A	64. B

二、多项选择题

1. ACD	2. BCD	3. ABC	4. AC	5. AB	6. ABC
7. BC	8. AC	9. ABCD	10. AB	11. AD	12. BC
13. ABC	14. AB	15. ABCD	16. ACD	17. ABC	18. ABCD
19. ABC	20. ABCD	21. ABC	22. ABC	23. ABCD	24. ABC
25. ABC	26. ABCD	27. ABC	28. ABCD	29. ABC	30. ABCD
31. ABD	32. BCD	33. CD	34. BC	35. ABC	36. AB
37. ABCD	38. ABC	39. AC	40. AB		

三、判断题

1. 正确	2. 正确	3. 错误	4. 错误	5. 正确	6. 错误
7. 正确	8. 错误	9. 正确	10. 错误	11. 错误	12. 正确
13. 错误	14. 正确	15. 错误	16. 正确	17. 错误	18. 正确
19. 错误	20. 正确	21. 正确	22. 正确	23. 错误	24. 正确
25. 错误	26. 正确	27. 错误	28. 正确	29. 错误	30. 正确
31. 错误	32. 正确	33. 错误	34. 正确	35. 错误	36. 正确
37. 错误	38. 错误	39. 正确	40. 错误	41. 正确	42. 正确
43. 正确	44. 错误	45. 错误	46. 正确	47. 错误	48. 正确
49. 错误	50. 正确				

四、简答题

1. 石料的物理性质包括物理常数(如真实密度、毛体积密度和孔隙率)、吸水性(如吸水率、饱水率)和耐候性(耐冻性、坚固性)。

2. 主要的物理常数包括真实密度、毛体积密度和孔隙率。通过这些指标可以间接预测石料有关的物理性质和力学性质。

(1)真实密度。真实密度是指在规定条件(在105℃±5℃下烘干至恒重,温度为20℃)下,烘干石料矿质实体单位真实体积(不包括开口与闭口孔隙)的质量,计算公式为

$$\rho_t=\frac{m_s}{V_s}$$

式中,ρ_t——石料的真实密度,g/cm³;

m_s——石料矿质实体的质量,g;

V_s——石料矿质实体的体积,cm³。

(2)毛体积密度。毛体积密度是指在规定条件下,烘干石料矿质实体包括孔隙(闭口、开口孔隙)体积在内的单位毛体积的质量,计算公式为

$$\rho_h=\frac{m_s}{V_s+V_h+V_i}$$

式中,ρ_h——石料的毛体积密度,g/cm³;

m_s——石料矿质实体的质量,g;

V_s——石料矿质实体的体积,cm³;

V_h——石料矿质实体中闭口孔隙的体积,cm³;

V_i——石料矿质实体中开口孔隙的体积,cm³。

(3)孔隙率。孔隙率是指石料孔隙体积占石料总体积(包括开口孔隙和闭口孔隙体积)的百分率,由公式 $n=\left(1-\frac{\rho_h}{\rho_t}\right)\times 100$ 计算,即采用石料的真实密度和毛体积密度计算其孔隙率。式中,n——石料的孔隙率,%;ρ_t——石料的真实密度,g/cm³;ρ_h——石料的毛体积密度,g/cm³。

3. 吸水性是指石料吸水能力的大小,这一性质用吸水率和饱和吸水率(饱水率)两种形式表示。前者指常温、常压条件下石料最大吸水质量是干燥试样质量的百分率;而后者是在一定真空条件下石料最大吸水质量是干燥试样质量的百分率。后者往往要大于前者。两者可采用下式计算

$$w_x=\frac{m_2-m_1}{m_1}\times 100$$

式中,w_x——石料试样的吸水率或饱和吸水率,%;

m_1——烘至恒重时的试样质量,g;

m_2——吸水(或饱水)至恒重时试样质量,g。

4. 抗冻性是指石料在饱水状态下，能够经受反复冻结和融化而不破坏，并且不严重降低强度的能力。

这一性质优劣的判定采用直接冻融法和硫酸钠溶液法两种方法，分别利用低温时结冰产生的冻胀和硫酸钠从液态离子状态转变为固体结晶状态产生的晶胀来考验石料的抗冻性。硫酸钠溶液法测出的质量损失率更大，测出的抗冻性较直接冻融法低。

5. 内因：石料的组成结构（如岩石矿物组成、岩石的结构和构造、裂缝的分布等）。外因：试验的条件（如试件尺寸和形状、加载速度、试验状态等）。

6. 所谓石料应具备的力学性质是指石料在工程应用中所表现出的抗压、抗剪、抗弯拉强度的能力，以及抵抗荷载冲击、剪切和摩擦作用的能力。

实践中石料的力学性质常用抗压强度和磨耗率两项指标来表示。以单轴加荷的方法对规定形状的石料试样以标准方式进行抗压试验所得出的结果即石料的抗压强度。砂石材料磨耗率是指其抵抗撞击、边缘剪力和摩擦等联合作用的能力。

7. 石料分级的方法首先根据造岩矿物成分含量以及组织结构来确定岩石名称，然后将不同名称的岩石按其物理、力学性质（主要为饱水状态的抗压强度和磨耗率）分为以下四个等级：1 级——最坚强的岩石；2 级——坚强的岩石；3 级——中等强度岩石；4 级——较软的岩石。

8. ①高级铺砌用整齐块石；②路面铺砌用半整齐块石；③铺砌用不整齐块石；④锥形块石。

9. ①片石；②块石；③方块石；④粗料石；⑤细料石；⑥镶面石。

10. 集料是指在混合料中起骨架或填充作用的粒料。

(1)总分类：包括天然砂、人工砂、卵石、碎石和工业冶金矿渣。

(2)根据集料形成的过程不同，集料分为卵石（又称砾石）和碎石。

(3)根据粒径大小的不同，集料分为粗集料和细集料，水泥混凝土用集料的粗细界限尺寸为 4.75mm，沥青混合料用集料粗细界限尺寸为 2.36mm，大于或等于以上尺寸的颗粒为粗集料，小于为细集料。

11. 集料主要的物理常数有表观密度、毛体积密度、空隙率等。考虑到集料颗粒自身的孔隙和颗粒之间的空隙，集料的密度也有几种不同形式。

(1)表观密度。

(2)毛体积密度。毛体积密度与石料相应密度在概念上相同，仅在实际的密度测定方法上有所区别。集料测定的表干密度又称作饱和面干毛体积密度，它的计算体积与毛体积密度相同，但计算质量为集料颗粒的表干质量（饱和面干状态，包括吸入开口孔隙中的水），由下式计算：

$$\rho_s = \frac{m_a}{V_s + V_n + V_i}$$

式中，ρ_s——集料的表干密度，g/cm^3；

m_a——集料颗粒的表干质量（矿质实体质量与吸入开口孔隙中水的质量之和），g；

V_s——集料颗粒矿质实体的体积，cm^3；

V_n、V_i——集料颗料矿质实体中闭口孔隙和开口孔隙的体积，cm^3。

(3)松方密度。松方密度根据装样方法的不同可为堆积密度、振实密度和捣实密度。该密度是指烘干集料颗粒矿质实体的单位装填体积(包括集料颗粒间空隙体积、集料矿质实体及其闭口、开口孔隙体积)的质量,计算公式为

$$\rho=\frac{m_s}{V_s+V_n+V_i+V_v}$$

式中,ρ——矿质集料的装填密度,g/cm^3;

m_s——集料颗粒矿质实体的质量,g;

V_s——集料颗粒矿质实体的体积,cm^3;

V_n、V_i——集料颗粒矿质实体中闭口孔隙和开口孔隙的体积,cm^3;

V_v——集料颗粒间的空隙体积,cm^3。

(4)空隙率。空隙率是指集料在某种装填状态下的空隙体积(含开口孔隙)占装填体积的百分率,计算公式为

$$n=\left(1-\frac{\rho}{\rho_a}\right)\times 100$$

式中,ρ——集料的装填密度,g/cm^3;

ρ_a——集料的表观密度,g/cm^3。

12.

密度类型	真密度	表观密度	毛体积密度	表干密度	松方密度
定义	石料矿质实体单位真实体积质量	石料矿质实体包括闭口孔隙在内的单位表观体积质量	石料矿质实体包括孔隙(闭口、开口孔隙)体积在内的单位毛体积质量	单位毛体积(包括集料矿质实体体积及全部孔隙体积)的饱和干密度	烘干集料颗粒矿质实体的单位装填体积(包括集料颗粒间空隙体积、集料矿质实体及其闭口、开口孔隙体积)的质量
计算公式	$\rho_t=\frac{m_s}{V_s}$	$\rho_a=\frac{m_s}{V_s+V_n}$	$\rho_h=\frac{m_s}{V_s+V_n+V_i}$	$\rho_s=\frac{m_a}{V_s+V_n+V_i}$	$\rho=\frac{m_s}{V_s+V_n+V_i+V_v}$
主要用途	确定石水泥及矿粉的密度,计算石料的孔隙率和混合料的配合比	确定粗细集料的密度,用于混合料的配合比和空隙率的计算	计算石料的孔隙率	可用于集料磨耗值计算	计算集料的空隙率

13. 在结构层或混合料中,粗集料起骨架作用,应具备一定的强度、耐磨、抗磨耗和抗冲击性能等,这些性能用压碎值、磨光值、磨耗值和冲击值等指标表示。

(1)压碎值。压碎值是指按规定的方法测得石料抵抗压碎的能力,也是集料强度的相对指标,用以鉴定集料品质。压碎值是通过对石料的标准试样在标准条件下进行加荷,测

试石料被压碎后，标准筛上筛余质量的百分率测定的。

(2)磨光值。磨光值是反映石料抵抗轮胎磨光作用能力的指标，它是采用加速磨光机磨光石料，并用摆式摩擦系数测定仪测得的磨光后集料的摩擦系数测定的。用高磨光值的石料来铺筑道路路面表层，可以提高路面的抗滑能力，保障车辆的安全行驶。试验测出的磨光值以 PSV 表示，该值越大，表明集料的抗磨光性能越好。

(3)磨耗值。磨耗值用于确定石料抵抗表面磨损的能力，适用于对路面抗滑表层所用集料抵抗车轮磨耗。试验测出的磨耗值以 AAV 表示，该值越小，表明集料的抗磨耗能力越好。

(4)冲击值。冲击值反映石料抵抗冲击荷载的能力。由于路表集料直接承受车轮荷载的冲击作用，这一指标对道路表层用集料非常重要。试验测出的冲击值以 LSV 表示，该值越小，表明集料的抗冲击性能越好。

14. 级配是集料各级粒径颗粒的分配情况。砂的级配可通过砂的筛分试验确定。

级配有关参数如下。

(1)分计筛余百分率。分计筛余百分率是指某号筛上的筛余质量占试样总质量百分率，按 $a_i=\frac{m_i}{M}\times 100\%$计算。式中，$m_i$——存留在某号筛上的试样质量，g；$M$——集料风干试样的总质量，g。

(2)累计筛余百分率。累计筛余百分率 A 是指某号筛的分计筛余百分率和大于该号筛的各筛分计筛余百分率之总和，可按 $A_i=a_1+a_2+\cdots+a_i$ 计算。式中，$a_1,a_2,\cdots,a_i$——各筛的分计筛余百分率，%。

(3)通过百分率。通过百分率 p_i 是指通过某号筛的试样质量占试样总质量的百分率，即 100 与某号筛累计筛余百分率之差，按 $p_i=100-A_i$ 计算。式中，A_i——某号筛累计筛余百分率，%。

15. 粗细不同的粒径按照一定的比例组合搭配在一起，以达到较高的密实程度和最大摩擦力的要求。根据搭配组成的结果，可采用两类级配形式。

(1)连续级配。连续级配是某一矿料在标准套筛中进行筛分后，矿料的颗粒由大到小连续分布，每级都占有适当的比例的级配。这种由大到小逐级粒径都有，并按比例互相搭配组成的矿质混合料，称为连续级配混合料。

(2)间断级配。在矿质混合料中剔除其中一个或连续几个粒级形成一种不连续的级配，称为间断级配。

16. 该理论认为当矿料的颗粒级配曲线越接近抛物线，则其密度越大。根据该理论，当矿料的级配曲线为抛物线时，最大密度理想曲线可用颗粒粒径与通过量按公式 $P=\sqrt{dk}$ 计算。式中，P——各级颗粒粒径集料的通过量，%；d——矿料各级颗粒粒径，mm；k——常数。

当颗粒粒径 d 等于最大粒径 D 时，则通过量 $P=100\%$，即 $d=D$ 时，$P=100$，所以，$k=100^2\cdot\frac{1}{D}$。当希望计算任何一级颗粒粒径 d 的通过量 P 时，计算公式为

$$P=100\left(\frac{d}{D}\right)^{0.5}$$

式中，d——矿质混合料的最大粒径，mm；

D——矿质混合料的最大粒径，mm；

P——希望计算的某级集料的通过量，%。

17. 泰波认为富勒曲线是一种理想曲线，实际矿料的级配应允许有一定的波动范围，应用过程中，最大密度曲线公式改为采用 n 次幂的通式来表达这一公式的指数，即 $P=100\left(\frac{d}{D}\right)^n$。所以当某一矿料的最大粒径、相应的指数确定时，则该矿料在各级上的颗粒数量就可通过此公式计算得到，矿料的级配计算公式的指数通常为 0.3～0.6。

实际中由于矿料在轧制生产过程中的不均匀性，以及混合料在配制时的波动误差等原因，所配制的混合料难以与理论级配完全一致。因此，必须允许配料时的合成级配可以在一定的范围内波动，从而提出级配范围的概念。即分别根据两个不同的指数确定的级配结果，以及由各级配所绘制的级配曲线，构成级配范围。实际级配合成操作时，只要得出的合成级配结果位于要求的级配范围内，就认为该合成级配基本满足设计级配的要求。

18. 我国级配计算公式为

$$P=100(i)^{x-1}$$

式中，P——第 X 级通过百分率，%；

x——级数，最大粒径 D 时，$x=1$，粒径按 1/2 递减，当 $d=D/2$ 时，$x=2$，依次类推；

i——通过百分率的递减率，最大粒径 D 时，$P=100\%$；当 $d=D/2$ 时，$P=100\times i$，当 $d=D/4$ 时，$P=100\times i^2$，依次类推。

19. 魏矛斯提出的粒子干涉理论，认为颗粒之间的空隙应由次一级颗粒所填充；其所余空隙又为再次一级颗粒所填充，但填隙的颗粒不得大于其间隙的距离，否则大小颗粒粒子之间势必发生干涉现象，为避免干涉，大小粒子之间应按一定比例分配。

20. (1)确定横坐标长度 S。

(2)确定横坐标对数间距系数 K。

$$K=S/(\lg D_{\max}-\lg d_{\min})$$

(3)确定各颗粒在横坐标上距最小粒径颗粒的位置 S_x。

$$S_x=(\lg D_x-\lg d_{\min})\cdot K$$

21. 矿料配合比设计就是根据实际工程中现有的各种集料的级配参数（即筛分结果），针对设计要求或技术规范要求，采用一定的方法确定各规格集料在合成矿料中所占比例的操作过程。

常用的设计方法有试算法、图解法（修正平衡面积法）。两种方法各有特点，前者操作简便、快捷，但要熟练掌握级配参数的含义，对三种以内的矿料设计较适宜；后者简单、易掌握，适用于多种矿料操作，但操作稍显麻烦。

22. ①各种集料的筛析结果；②按技术规范（或理论级配）要求矿质混合料的级配范围。

23. 试算法适用于 2 或 3 种矿料组成的混合料，是最简单的一种方法。在矿质混合料中，假定混合料中某一级粒径的颗粒仅由几种集料中的一种集料来提供，而其他集料中不含有这一粒径的颗粒，此时这两种集料相应的分计筛余百分率为0。例如设在 i 料级上A集料在此粒级上存在分计筛余，其他两个集料(B集料和C集料)的分计筛余全部是0，从而简化计算过程。

24.(1)建立基本计算方程。设有A、B、C三种集料在某一筛孔 i 上的分计筛余百分率分别为 $a_{A(i)}$、$a_{B(i)}$、$a_{C(i)}$，打算配制质混合料M，混合料M的相应筛孔上的分计筛余百分率为 $a_{M(i)}$。设A、B、C三种集料在混合料中的比例分别是 X、Y、Z，则得到下面两式：

$$X+Y+Z=100 \quad ①$$

$$a_{A(i)}X+a_{B(i)}Y+a_{C(i)}Z=a_{M(i)} \quad ②$$

(2)根据式①，假设混合料M中某一级粒径 i 主要由A集料提供，忽略其他集料在此粒径中的含量，即可求出A集料在混合料中的用量比例。

即 $a_{B(i)}=a_{C(i)}=0$，代入式②得

$$a_{A(i)}X=a_{M(i)}$$

则A集料在混合料中所占的比例为

$$X=\frac{a_{M(i)}}{a_{A(i)}}\times 100$$

(3)同理，假设在计算C集料在混合料中的比例时，其他两个集料A和B在该粒径上的分计筛余百分率也是0，则有

$$a_{C(j)}Z=a_{M(j)}$$

即C集料在混合料中的比例是

$$Z=\frac{a_{M(j)}}{a_{C(j)}}\times 100$$

(4)最后得到B集料在混合料中的比例

$$Y=100-X-Z$$

(5)校核调整。对以上计算得到的各集料的比例(即配合比)进行验算，如得到的合成级配不在所要求的级配范围，应调整初步配合比重新验算，直到满足级配要求为止。如经数次调整仍不能达到要求，可掺加单粒级集料或调换其他集料。

25.(1)绘制级配曲线图。

① 对所使用的各集料进行筛分，并计算出各自的通过量百分率。明确设计级配要求的级配范围，并计算出该要求级配范围的中值。

② 根据级配范围中值确定相应的横坐标的位置。

(2)确定各种集料的用量比例。将参与级配合成的各集料的通过量绘制在框图中，用

折线的形式连成级配曲线。以四种集料进行级配合成为例，根据框图中相邻两条曲线的关系(分为重叠关系、相接关系、分离关系)，确定各集料在混合料中的掺配比例。

可以说，框图中相邻集料级配曲线的关系只可能是重叠关系、相接关系、分离关系，但实际操作过程中以重叠关系最为常见。

(3)合成级配的计算与校核。根据图解过程求得的各集料用量比例计算出合成级配的结果。当合成级配超出级配范围时，说明图解法得到的比例不是很合适，所以要调整各集料的用量，直到满足设计级配的要求为止。如经数次调整仍不能达到要求，可掺加单粒级集料或调换其他集料。

五、计算题

1. 解：

筛孔尺寸/mm	4.75	2.36	1.18	0.6	0.3	0.15	底盘
存留量/g	5.0	15.0	50.0	105.0	135.0	155.0	35.0
分计筛余/%	1.0	3.0	10.0	21.0	27.0	31.0	7.0
累计筛余/%	1.0	4.0	14.0	35.0	62.0	93.0	100.0
通过百分率/%	99.0	96.0	86.0	65.0	38.0	7.0	0.0

计算细度模数：

$$M_x=\frac{A_{0.15}+A_{0.3}+A_{0.6}+A_{1.18}+A_{2.36}-5A_{4.75}}{100-A_{4.75}}=\frac{93.0+62.0+35.0+14.0+4.0-5\times1.0}{100-1}=2.05$$

所以此砂为细砂。

2. 解：(1)先将矿质混合料要求的级配范围通过百分率换算为分计筛余百分率，计算结果见下表，并设碎石、砂、矿粉的配合比为 X、Y、Z。

(2)由表可知，碎石中 4.75mm 粒径含量占优势，假设混合料中 4.75mm 粒径全部由碎石提供，$a_{B(4.75)}=a_{C(i)}=0$，可得碎石在矿质混合料中的用量比例为

$$X=\frac{a_{M(4.75)}}{a_{A(4.75)}}\times100\%=\frac{28.5}{65}\times100\%=44\%$$

筛孔尺寸 d_i/mm	碎石分计筛余 $a_{A(i)}$/%	砂分计筛余 $a_{B(i)}$/%	矿粉分计筛余 $a_{C(i)}$/%	要求级配范围通过率的中值 $P(i)$/%	要求级配范围累计筛余中值 $A(i)$/%	要求级配范围分计筛余中值 $a(i)$/%
9.5	0.6	—	—	—	—	—
4.75	65.0	—	—	71.5	28.5	28.5
2.36	22.5	11.5	—	51.5	48.5	19.0

（续表）

筛孔尺寸 d_i/mm	碎石分计筛余 $a_{A(i)}$/%	砂分计筛余 $a_{B(i)}$/%	矿粉分计筛余 $a_{C(i)}$/%	要求级配范围通过率的中值 $P(i)$/%	要求级配范围累计筛余中值 $A(i)$/%	要求级配范围分计筛余中值 $a(i)$/%
1.18	11.6	23.9	—	41.5	58.5	10.0
0.6	0.3	22.4	—	33.5	66.5	8.0
0.3	—	35.8	—	25.0	75.0	8.5
0.15	—	3.9	5.5	21.0	79.0	4.0
0.075	—	1.5	3.5	15	85.0	3.5
<0.075	—	1.0	87.8	—	100.0	15

(3)同理，由上表可知，小于 0.075mm 粒径颗粒占优势，忽略碎石和砂中此粒径颗粒的含量，即$a_{A(i)}$，可得矿粉在矿质混合料中的用量比例：

$$Z=A_M$$

(4)可得砂的用量比例：

$$Y=100\%-(X+Z)=28\%$$

(5)校核。以试算所得配合比，按下表进行校核。

筛孔尺寸 d_i/mm	碎石			砂			矿粉			矿质混合料			
	原来级配分计筛余/%	用量比例 X	占混合料百分比/%	原来级配分计筛余/%	用量比例 Y	占混合料百分比/%	原来级配分计筛余/%	用量比例 Z	占混合料百分比/%	分计筛余	累计筛余	通过率	级配范围通过率
9.5	0.6		0.3	—		—	—		—	0.3	0 3	99.7	100
4.75	65.0		28.6	—		—	—		—	28.6	28.9	77.1	65～78
2.36	22.5		9.9	11.5		4.3	—		—	14.2	43.1	56.9	40～63
1.18	11.6		5.1	23.9		9.1	—		—	14.2	57.3	42.7	30～53
0.6	0.3	44	0.1	22.4	38	8.5	—	18	—	8.6	65.9	34.1	22～45
0.3	—		—	35.8		13.6	—		—	13.6	79.5	20.5	15～35
0.15	—		—	3.9		1.5	5.5		1.0	2.5	82	18	12～30
0.075	—		—	1.5		0.6	3.5		1.2	1.8	83.8	16.2	10～20
<0.075	—		—	1.0		0.4	87.8		15.8	16.2	100	—	—
校核	Σ=100		Σ=44	Σ=100		Σ=38	Σ=100		Σ=18	Σ=100	—	—	—

根据校核结果符合级配范围要求。

3. 解：(1)绘制级配曲线图，如下图所示。

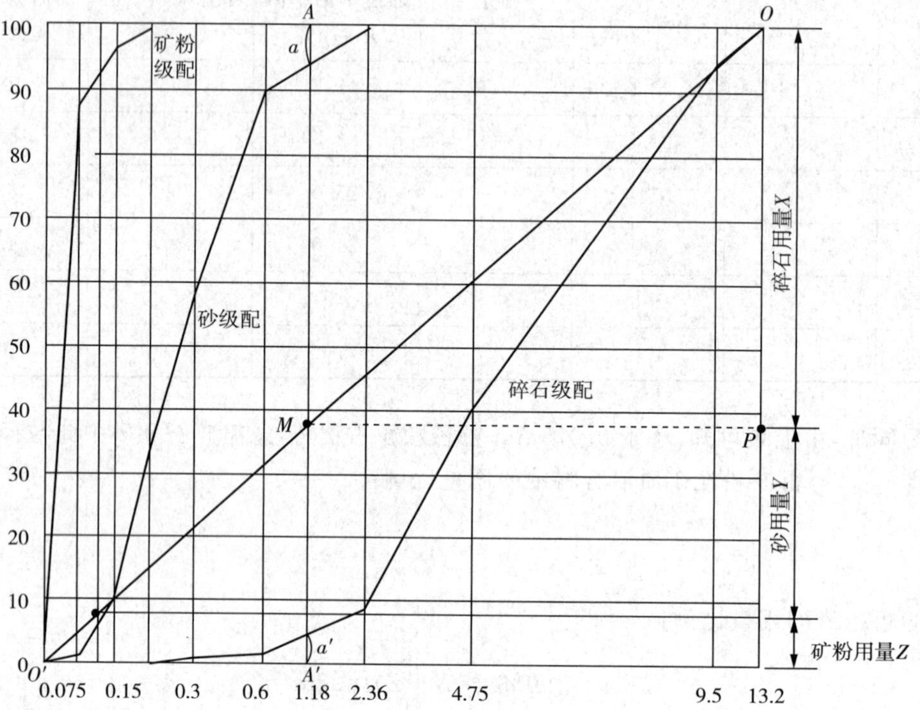

(2)在碎石和砂级配曲线相重叠部分作垂线 AA'(使 $a=a'$)，垂线 AA' 与对角线 OO' 相交于点 M，再通过点 M 作一水平线与纵坐标交于 P 点，OP 线段的几何长度 $X=62\%$ 就是碎石的用量比例。

同理，求出砂的用量比例为 30%，矿粉用量为 8%。

(3)按图解所得各集料的用量比例进行校核，见表。

从表中可以看出，按碎石∶砂∶矿粉＝62%∶30%∶8%计算结果合格，合成级配中 $P_{0.075}=7.3\%$，略大于级配中值但在级配范围内，可不进行调整。如进行调整，结果见(4)。

(4)调整。经校核，碎石∶砂∶矿粉＝63%∶30%∶7%，合格。

材料名称		筛孔尺寸 d_i/mm								
		13.2	9.5	4.75	2.36	1.18	0.6	0.3	0.15	0.075
		通过百分率/%								
原材料级配	碎石 100%	100	95	40	10	2	1	0	0	0
	砂 100%	100	100	100	100	90	60	35	10	1
	矿粉 100%	100	100	100	100	100	100	100	97	88

（续表）

材料名称		筛孔尺寸 d_i/mm								
		13.2	9.5	4.75	2.36	1.18	0.6	0.3	0.15	0.075
		通过百分率/%								
各种集料在混合料中的级配	碎石 62% （63%）	62 (63)	58.9 (59.9)	24.8 (25.2)	6.2 (6.3)	1.2 (1.3)	0.6 (0.6)	0(0)	0(0)	0(0)
	砂 30% （30%）	30 (30)	30(30)	30(30)	30(30)	27.0 (27.0)	18.0 (18.0)	10.5 (10.5)	3.0 (3.0)	0.3 (0.3)
	矿粉 8% （7%）	8(7)	8(7)	8(7)	8(7)	8(7)	8(7)	8(7)	7.8 (6.8)	7.3 (6.5)
合成级配		100 (100)	96.9 (96.9)	62.8 (62.2)	44.2 (43.3)	36.2 (36.3)	26.6 (25.6)	18.5 (17.5)	10.8 (9.8)	7.3 (6.5)
规范要求级配范围		100	90～100	45～75	30～58	20～44	13～32	9～23	6～16	4～8

注：括号中数据表示调整后的数据。

（5）将调整后的合成级配绘于规范要求的级配范围曲线中，从图中可明显看出合成级配曲线完全在规范要求的级配范围内，表明所确定的矿料组成完全符合要求。

【石灰、水泥及稳定土专项练习题参考答案】

一、单项选择题

1. C	2. C	3. A	4. B	5. A	6. C	7. D	8. C
9. B	10. C	11. B	12. A,C	13. A	14. B,D	15. C	16. C
17. C	18. A	19. A	20. C	21. D	22. C	23. D	24. C
25. B,C	26. B	27. A,A	28. A	29. D	30. B	31. D	32. B
33. D	34. C	35. A	36. B	37. A	38. D	39. C	40. C
41. D	42. B	43. A	44. A	45. B	46. A	47. C	48. D
49. A	50. D	51. B,A	52. A	53. B,D			

二、多项选择题

1. CD	2. AC	3. ABCD	4. ABCD	5. ABC	6. AD
7. BC	8. B,AC	9. ABCD	10. AB	11. BC	12. ABC
13. BD	14. AC	15. AB	16. CD	17. AD	18. AB
19. ABD	20. BCD	21. BC	22. ABC	23. AB	24. AB

三、判断题

1. 正确	2. 错误	3. 错误	4. 错误	5. 正确	6. 错误
7. 错误	8. 错误	9. 正确	10. 正确	11. 正确	12. 正确
13. 错误	14. 正确	15. 正确	16. 错误	17. 正确	18. 正确
19. 错误	20. 错误	21. 正确	22. 正确	23. 错误	24. 正确
25. 错误	26. 错误	27. 错误	28. 错误	29. 正确	30. 正确
31. 错误	32. 错误	33. 错误	34. 错误	35. 正确	36. 正确
37. 错误	38. 正确	39. 正确	40. 正确	41. 错误	42. 正确
43. 错误	44. 正确	45. 错误	46. 正确	47. 错误	48. 正确
49. 错误	50. 正确	51. 正确	52. 正确	53. 错误	54. 正确
55. 错误	56. 正确	57. 错误	58. 正确		

四、简答题

1. 气硬性胶凝材料只能在空气中硬化，保持或继续提高强度（如石灰、石膏、菱苦土和水玻璃等）。水硬性胶凝材料则不仅能在空气中硬化，而且能更好地在水中硬化，并且可以在水中或适宜的环境中保持并继续提高强度，各种水泥都属于水硬性胶凝材料。

2. 生石灰在使用前一般需加水消解，这一过程称为“消化”或“熟化”。消化后的石灰称为“消石灰”或“熟石灰”。其化学反应式如下：

$$CaO+H_2O \longrightarrow Ca(OH)_2+64.9kJ/mol$$

此反应为放热反应，消化过程体积增大 1.0～2.5 倍。在石灰的消解期间应严格控制加水量和加水速度，对消解速度快、活性大的石灰，消解时加水要快、水量要足，并加速搅拌，避免已消解的石灰颗粒包围在未消化颗粒周围，使内部石灰不易溶解。对消解速度慢的石灰，则应加入足量的水，加以搅拌，使生石灰充分消解，尽量减少未消化颗粒。石灰在消化时，为了消除“过火石灰”的危害，可在消化后“陈伏”半个月左右再使用。石灰浆在陈伏期间，在其表面应有一定高度的含水层，使之与空气隔绝，以防止碳化。

3. 石灰的硬化原理如下。

(1)结晶作用：石灰浆在干燥过程中游离水逐渐蒸发，或被周围砌体吸收，氢氧化钙从饱和溶液中结晶析出，固体颗粒互相靠拢黏紧，强度也随之提高。其反应式如下：

$$Ca(OH)_2+nH_2O \xrightarrow{\text{晶化}} Ca(OH)_2 \cdot nH_2O$$

(2)碳化作用：氢氧化钙与空气中的二氧化碳发生作用生成碳酸钙晶体。石灰的碳化作用只在有水条件下才能进行，其反应式如下：

$$Ca(OH)_2+CO_2+H_2O \xrightarrow{\text{碳化}} CaCO_3+(n+1)H_2O$$

以上说明石灰的硬化是同时进行的两种作用形成的，即表层以碳化作用为主，内部以结晶作用为主。

4. 石灰在烧制过程中由于煅烧温度过高、时间过长而使石灰表面出现裂缝或玻璃状的外壳，体积收缩明显，颜色呈灰黑色，块体密度大，消化缓慢，这种石灰称“过火石灰”。“过火石灰”使用时消解缓慢，甚至用于建筑结构物中仍能继续消化，引起体积膨胀，导致表面剥落或产生裂缝等破坏现象，故危害极大。

5. 因为纯石灰浆硬化时易发生收缩开裂，所以通常配制成石灰砂浆使用。掺入砂子后，在浆体中能构成坚强的骨架以减少收缩，并易使内部水分蒸发，并有利于外部二氧化碳进入石灰浆内部，加速硬化。

6. 石灰的生产过程是将主要成分为碳酸钙和碳酸镁的岩石经高温煅烧(加热至 900℃以上)，逸出 CO_2 气体，得到白色或灰白色的块状材料，即生石灰，其主要化学成分为氧化钙(CaO)和氧化镁(MgO)。化学反应式如下：

$$CaCO_3 \xrightarrow{900℃} CaO+CO_2\uparrow$$

7. 为了消除“过火石灰”的危害，可在石灰消化后“陈伏”3 个月左右再使用。石灰浆在陈伏期间，在其表面应有一层水分，使之与空气隔绝，以防止碳化。

8. 石灰中产生黏结性的有效成分是活性氧化钙和氧化镁。它们的含量是评价石灰质量的主要指标，含量越多，活性越高，质量也越好。

有效氧化钙和氧化镁含量的测定方法，按我国现行行业标准规定，有效氧化钙含量用中和滴定法测定，氧化镁含量用络合滴定法测定。

9. 硅酸盐水泥熟料主要矿物有硅酸三钙、硅酸二钙、铝酸三钙、铁铝酸四钙。

(1)硅酸三钙：水化速度较快，水化热高；早期强度高，28d 强度可达 1 年强度的 70%～80%。

(2)硅酸二钙：水化速度较慢，水化热很低；早期强度较低而后期强度高；耐化学侵蚀性和干缩性较好。

(3)铝酸三钙：水化速度最快，水化热最高；耐化学侵蚀性差，干缩性大。

(4)铁铝酸四钙：水化速度较快，水化热较高；强度较低，但对水泥抗折强度起重要作用；耐化学侵蚀性好，干缩性小。

10. 在水泥熟料中加入质量为 3%左右的石膏，目的是调节水泥的凝结速度，但加入的石膏过量后，水泥的强度和抗冻性等性能降低，严重时引起水泥石开裂，这主要是由于石膏在水泥石硬化后，与水泥的水化产物——水化铝酸钙继续作用，产生水化硫铝酸钙结晶，引起体积膨胀。因此加入石膏的量要适量。

11. 硅酸盐水泥的生产过程如下：

(1)把几种原材料按适当比例配合在磨机中磨成生料。

(2)将制备好的生料入窑进行煅烧，至 1450℃左右生成以硅酸钙为主要成分的硅酸盐水泥“熟料”。

(3)为调节水泥的凝结速度，在烧成的熟料中加入质量为 3%左右的石膏共同磨细，即得到硅酸盐水泥。

因此，硅酸盐水泥生产工艺概括起来为“两磨一烧”。

12. 水泥加水拌和后成为可塑的水泥浆，逐渐变稠失去流动性和可塑性而未具有强度的过程，称为水泥的“凝结”；随后产生强度逐渐发展成为坚硬的人造石的过程称为水泥的“硬化”。水泥的凝结和硬化是一个连续而复杂的物理、化学变化过程。这些变化过程可归结为两个方面：一是水化反应，水泥加水后颗粒表面的矿物成分很快与水发生水化和水解作用，产生新的水化物；二是水泥硬化物化过程，按照物态变化可以分为初始反应期、诱导期、凝结期、硬化期四个阶段来描述。各阶段是交错进行的，并无明显划分。

13. 水泥的凝结时间分为初凝时间和终凝时间。我国行业标准规定，初凝状态是指试针自由沉入标准稠度的水泥净浆，试针沉至距底板 4mm±1mm 时的稠度状态。水泥全部加入水中至初凝状态所经历的时间为初凝时间，用“min”计。终凝状态是指试针沉入试体 0.5mm，即环形附件开始不能在试体上留下痕迹时的稠度状态。水泥全部加入水中至终凝状态所经历的时间为终凝时间，用“min”计。

水泥的凝结时间对道桥施工有重要意义。初凝时间太短，将影响混凝土的搅拌、运输、浇筑等施工工序的正常运行。而一旦施工完毕就要求混凝土尽快硬化，并具有一定的强度，以加快模具的周转，缩短养护时间。所以，水泥的初凝时间不宜过短，终凝时间不宜过长。

终凝时间过长，则影响混凝土工程的施工进度。我国现行国标规定，硅酸盐水泥初凝不得早于45min，终凝不得迟于6.5h。普通硅酸盐水泥初凝不得早于45min，终凝不得迟于10h。

14. 体积安定性反映水泥浆在凝结、硬化过程中，体积膨胀变形的均匀程度。各种水泥在凝结硬化过程中，如果水泥体积安定性不良，产生不均匀变形或变形太大，则会使构件产生膨胀裂缝，影响工程质量。

影响水泥的体积安定性的因素主要为熟料中氧化镁含量、水泥中三氧化硫含量。

按行业标准规定：检验水泥体积安定性的标准法为雷氏法，以试饼法为代用法，有矛盾时以标准法为准。

15. 在水泥熟料中，常含有少量未与其他矿物结合的游离氧化镁，这种多余的氧化镁是高温时形成的方镁石，它水化为氢氧化镁的速度很慢，常在水泥硬化以后才开始水化，产生体积膨胀，导致水泥石结构产生裂缝甚至破坏。

水泥中的三氧化硫主要是在生产时为调节凝结时间加入石膏而产生的。石膏超过一定限量后，水泥性能会变差，甚至引起硬化后水泥石体积膨胀，导致结构物破坏。因此它们是引起水泥安定性不良的原因之一。

16. 我国行业标准规定：水泥净浆标准稠度的标准测定方法为试杆法，是以标准稠度试杆沉入净浆，并距离底板6mm±1mm的水泥净浆稠度作为“标准稠度”，其拌和用水量为水泥标准稠度用水量(P)，按水泥质量的百分比计；以调整水量法和不变水量方法中的任一种为代用法。采用调整水量法，拌和用水量按经验确定，以试锥下沉深度时的净浆作为标准稠度净浆。其拌和用水量为该水泥的标准稠度用水量(P)，按水泥质量的百分比计。如下沉深度超出范围则须另称试样，调整水量，重新试验，直到达到28mm±2mm为止。采用不变水量法，拌和用水量为142.5mL，根据测得的试锥下沉深度S(mm)，按$P=33.4-0.185S$计算标准稠度用水量P(%)，也可从仪器上对应标尺读出。如发生争议，则以调整水量法为准。

17.《水泥胶砂强度检验方法(ISO法)》规定，用水泥胶砂强度法作为水泥强度的标准检验方法。以1∶3的水泥和中国ISO标准砂，按规定的水灰比(0.5)，用标准制作方法，制成40mm×40mm×160mm的标准试件，达到规定龄期(3天、28天)时，测其抗折强度和抗压强度。按国家标准《通用硅酸盐水泥》(GB 175—2007)规定的最低强度值来评定其所属强度等级。在规定各龄期的抗压强度和抗折强度均符合某一强度等级的最低强度值要求时，以28d抗压强度值来划分水泥强度等级。

18. 抗折强度的评定：以一组三个试件抗折强度结果的平均值作为试验结果。当三个强度值中有超出平均值的±10%时，应剔除该强度值，再取两个符合要求的强度值的平均值作为抗折强度。

抗压强度的评定：以抗折强度试验的断块进行抗压强度试验得到的六个抗压强度测定值的算术平均值作为抗压强度。如六个测定值中有一个超出六个平均值的±10%，就应剔除这个测定值，而以剩下五个测定值的平均值作为强度值，如果五个测定值中再有超过它们平均数的±10%的，则试验作废。

19. 为提高水泥早期强度，我国现行标准将水泥分为普通型和早强型(或称R型)两个型号。早强型水泥3d抗压强度较同强度等级的普通型强度提高10%～24%；早强型水泥的3d抗压强度可达28d抗压强度的50%。水泥混凝土路面用水泥，在供应条件允许时，应尽量优先选用早强型水泥，以缩短混凝土养护时间，提早通车。

20. 我国现行标准《通用硅酸盐水泥》(GB 175—2007)规定，检验结果符合不溶物、烧失量、氧化镁、三氧化硫、氯离子、初凝时间、终凝时间、安定性及强度的规定的为合格品。检验结果不符合上述规定中的任何一项技术要求的为不合格品。

21. 水泥石腐蚀的原因如下。

(1)溶析性侵蚀：硬化后混凝土中的水泥水化产物被淡水溶解而带走。

(2)硫酸盐的侵蚀：易溶的硫酸盐类与水泥石中的氢氧化钙反应生成石膏，且石膏与水泥中的水化铝酸钙作用，生成水化硫铝酸钙(即钙矾石)，其体积可增大5倍，使水泥石产生很大的内应力，从而使混凝土结构的强度降低或破坏。

(3)镁盐侵蚀：在海水、地下水或矿泉水中，常含有较多的镁盐，其与水泥石中的氢氧化钙反应生成无胶结能力、极易溶于水的氯化钙，或生成二水石膏导致水泥石结构破坏。

(4)碳酸侵蚀：在工业污水或地下水中常溶解有较多的二氧化碳，与水泥石中的氢氧化钙作用，生成不溶于水的碳酸钙，碳酸钙再与水中的碳酸作用，生成易溶于水的碳酸氢钙，其可溶性使水泥石的强度下降。

水泥石腐蚀的防治措施：①根据腐蚀环境特点，合理选用水泥品种；②提高水泥石的密实度；③敷设耐蚀保护层。

22. 矿渣水泥的水化过程首先是熟料的水化，矿渣活性组分的水化要在熟料水化产物$Ca(OH)_2$的激发下进行。矿渣水泥中熟料含量减少，其中C_3S、C_3A的减少使水泥水化和凝结速度变慢，而矿渣中的SiO_2、Al_2O_3与$Ca(OH)_2$在常温下化学反应缓慢，因此强度增长速度较缓慢。到后期随着水化硅酸钙凝胶数量的增多，28d后的强度将超过强度等级相同的硅酸盐水泥。矿渣掺入量越多，早期强度越低，后期强度增长率越大。此外，矿渣水泥的水化反应对温度敏感，提高养护温度、湿度，有利于提高强度。若采用蒸汽养护，则强度增长较普通水泥快，且后期强度仍能很好地增长。

23. 活性混合材料是磨成细粉掺入水泥后，其成分能与水泥中的矿物成分发生化学反应，生成具有胶凝能力的水化产物，且其为既能在水中又能在空气中硬化的混合材料。

非活性混合材料是指经磨细后加入水泥中不具有或只具有微弱的化学活性，在水泥水化中基本上不参加化学反应，仅起提高产量、调节水泥强度等级、节约水泥熟料的作用的材料，因此又称为填充性混合材料。

24. 特性如下：

(1)抗软水及硫酸盐腐蚀的能力较强。

(2)水化热低。

(3)早期强度低，后期强度高。

(4)耐热性较强。

(5)干缩性较大，并有泌水现象。

适用范围如下：

(1)一般地上、地下和水中混凝土工程。

(2)有抗硫酸盐侵蚀要求的工程。

(3)大体积混凝土工程。

(4)有耐热性要求的工程。

(5)有蒸汽养护的结构。

25. 性能如下：

(1)早期强度低，后期强度高。

(2)具有良好的抗渗性、耐水性及一定的抗腐蚀能力。

(3)保水性差。

(4)具有较低的水化热。

(5)干缩性较大，抗冻性差。

适用范围如下：

(1)一般地下和水中混凝土工程和有抗渗要求的混凝土工程。

(2)有抗硫酸盐侵蚀要求的工程。

(3)大体积混凝土工程。

(4)有蒸汽养护的结构。

26. 性能如下：

(1)早期强度低，后期强度高。

(2)干缩性小，抗渗性较好，抗裂性较强。

(3)水化热小。

(4)抗硫酸盐腐蚀能力强。

(5)抗冻性差。

(6)抗碳化能力差。

适用范围如下：

(1)一般地下和水中混凝土工程和有抗渗要求的混凝土工程。

(2)有抗硫酸盐侵蚀要求的工程。

(3)大体积混凝土工程。

(4)有蒸汽养护的结构。

27. 以适当成分的生料烧至部分熔融，所得以硅酸钙为主要成分和较多量的铁铝酸钙的硅酸盐水泥熟料称为道路硅酸盐水泥熟料。由道路硅酸盐水泥熟料、0%～10%活性混合材料和适量石膏磨细制成的水硬性胶凝材料，称为道路硅酸盐水泥(简称道路水泥)。

技术性质：抗折强度高，耐磨性好，干缩性小，抗冲击性好，抗冻性和抗硫酸性较好。

28. 稳定土是在粉碎的或原来松散的土(包括各种粗、中、细粒土)中，掺入足量的石灰、水泥、工业废渣、沥青及其他材料，并经拌和、压实及养生后得到的一种材料。

特点：后期强度较高，整体性和水稳定性较好，耐磨性差，较大的抗变形能力。

29. 强度形成原理如下。

(1)离子交换作用：稳定剂中高价阳离子在一定的条件下替换土中某些低价金属离子的作用。

(2)碳酸化作用：消解石灰或水泥水化产物 $Ca(OH)_2$，吸附空气中的气体，生成碳酸钙的过程。

(3)结晶作用：当土中 $Ca(OH)_2$ 的浓度达到一定值时形成晶体。

(4)火山灰反应：活性 SiO_2 和 Al_2O_3 在 $Ca(OH)_2$ 激发下产生的化学反应，生成类似硅酸盐水泥水化产物——水化硅酸钙和水化铝酸钙的过程。

(5)硬凝反应：水泥水化生成胶结性很强的物质，将松散的颗粒胶结成整体材料。

(6)吸附作用：某些稳定剂加入土中后能吸附于土颗粒表面，增加黏结性。

30.(1)土质。

(2)稳定剂品种及用量。

(3)含水量。

(4)密实度。

(5)施工时间长短的影响。

(6)养生条件。

31.(1)土类。细土含量多、塑性指数大的土，水稳定性、抗冻性差。

(2)稳定剂种类及剂量。石灰粉煤灰粒料和水泥粒料的水稳性最好。由液体沥青稳定的土(包括砂土)水稳性较差。当稳定剂剂量不足时，胶结作用弱，透水性大，强度达不到要求，其稳定性也差。

(3)密实度。密实度大时，透水能力低，水稳定性强。

(4)龄期。由于某些稳定剂如水泥、石灰或二灰的强度形成需要一定的时间，因此这类稳定土水稳定性随龄期的增长而增大。

32.(1)原材料试验。

(2)拟定混合料配合比。

① 选定不同的石灰(或水泥)剂量，制备同一种土样的混合料试件若干个。

② 通过击实试验确定混合料的最佳含水量和最大干密度。

③ 按最佳含水量和计算得的干密度制备试件进行强度试验。

(3)试件的强度试验：试件在规定温度下保湿养生6d，浸水1d后，进行无侧限抗压强度试验。

(4)根据试验结果及规范的强度标准，选定合适的水泥或石灰剂量。施工现场采用的石灰(或水泥)剂量应按室内确定的剂量多0.5%～1.0%，二灰土多2%～3%。

33. 快硬硅酸盐水泥(简称快硬水泥)是以适当组成的硅酸盐水泥熟料，加入适量的石膏，磨细而成的一种水硬性胶凝材料。快硬硅酸盐水泥中的主要矿物成分为硅酸三钙、铝酸三钙。

快硬硅酸盐水泥具有早期强度增长率高的特点，其3d抗压强度可达到强度等级，后期强度仍有一定增长趋势；缺点是干缩率较大，容易吸湿降低温度，贮存期超过1个月，须重新检验。

34. 铝酸盐水泥的特性如下：

(1)早期强度增长快，强度高，主要用于紧急抢修和早期强度要求高的工程、冬期施工过程。

(2)具有较高的抵抗矿物水和硫酸盐的侵蚀性，也具有较高的耐热性，适用于海水或其他侵蚀介质作用的重要工程，以及制作耐热混凝土、制造膨胀水泥等。

在使用铝酸盐水泥时，应避免与硅酸盐水泥混合使用，否则会造成水泥石的强度降低。

35. 当膨胀水泥用于钢筋混凝土中时，由于其膨胀性能，钢筋受到较大的拉应力，而混凝土则受到相应的压应力。当外界因素使混凝土结构产生拉应力时，就可与预先具有的压应力抵消或降低。这种靠水泥自身水化产生膨胀来张拉钢筋达到的预应力称为自应力。混凝土中所产生的压应力数值即自应力值。

五、计算题

1. 解：利用公式将该试件的抗压破坏荷载换算为抗压强度，则该组试件的试验结果见下表。

试验结果

编号	抗折强度/MPa	抗压破坏荷载/kN	抗压强度/MPa
1	7.8	57.5、58.4	35.9、36.5
2	6.8	58.8、57.7	36.8、36.1
3	7.4	56.8、60.2	35.5、37.6

该组试件抗折强度的平均值是 7.3MPa，这三个试件的抗折强度均未超过平均值的 ±10%，所以该组试件抗折强度的结果是 7.3MPa。

该组试件抗压强度的平均值是 36.4MPa，每个试件的抗压强度均未超过平均值的 ±10%，所以该组试件抗压强度的结果是 36.4MPa。

2. 解：该组试件抗折强度的平均值是(3.9＋3.6＋3.5)/3＝3.7(MPa)。

这三个试件的抗折强度均未超过平均值的 ±10%，所以该组试件抗折强度的结果是 3.7MPa。

该组试件抗压强度的平均值为(16.1＋18.6＋16.5＋17.2＋16.1＋16.1)/6＝16.77(MPa)。

其中数据 18.6MPa 超过了平均值 16.77MPa 的 10%，则该数据剔除，其余五个测定值的平均值是(16.1＋16.5＋17.2＋16.1＋16.1)/5＝16.4(MPa)，且这五个测定值都没有超过它们平均值的 ±10%，所以该组试件的抗压强度的结果是 16.4MPa。

3. 解：(1)该水泥 3d 抗折强度的平均值为(4.0＋4.1＋4.1)/3＝4.07(MPa)，3d 抗压强度的平均值为(24.5＋25.2＋25.6＋24.7＋24.7＋24.1)/6＝24.8(MPa)，该水泥 28d 抗折强度的平均值为(7.4＋8.0＋7.6)/3＝7.67(MPa)，28d 抗压强度的平均值为(55.7＋56.2＋56.1＋55.2＋54.8＋54.1)/6＝55.35(MPa)。所有数据均未超过其平均值的 ±10%，则该水泥 3d 抗折强度为 4.07MPa，抗压强度为 24.8MPa；28d 抗折强度为 7.67MPa，抗压强度为 55.35MPa。

(2)规范规定强度等级为 52.5 的硅酸盐水泥 3d 的抗折强度为 4.0MPa，抗压强度为 23.0MPa；28d 的抗折强度为 7.0MPa，抗压强度为 52.5MPa。

试验数据符合强度等级为 52.5 的硅酸盐水泥的要求，所以该硅酸盐水泥的强度等级为 52.5。

4. 解：该水泥28d抗折强度的平均值为(6.55+6.46+6.51)/3=6.5(MPa)，28d抗压强度的平均值为(42+44+44.8+45.2+42.4+43.2)/6=43.6(MPa)。

所有数据均未超过其平均值的±10%，则该水泥28d抗折强度为6.5MPa，抗压强度为43.6MPa。

(2)规范规定：强度等级为42.5的普通硅酸盐水泥28d的抗折强度为6.5MPa，抗压强度为42.5MPa。

以上试验数据符合强度等级为42.5的普通硅酸盐水泥的要求，所以该普通水泥的强度等级仍为42.5。

#【水泥混凝土及砂浆专项练习题参考答案】

一、单项选择题

1. C	2. A	3. A	4. D	5. B	6. C	7. A	8. B
9. B	10. A	11. B	12. C	13. C	14. D	15. C	16. B
17. D	18. D	19. B	20. B	21. D	22. C	23. B	24. A
25. B	26. A	27. A	28. D	29. B	30. B	31. C	32. C
33. B	34. D	35. C	36. D	37. D	38. C	39. C	40. A
41. B	42. A	43. B	44. B	45. C	46. A	47. C	48. A
49. A	50. C	51. B	52. A	53. B	54. B	55. C	56. D
57. B	58. D	59. D	60. A	61. C	62. D	63. A	64. A
65. A	66. C	67. A	68. D	69. B	70. B	71. D	72. A
73. C	74. C	75. A	76. C	77. B	78. B	79. A	80. A
81. D	82. D	83. D	84. B	85. C	86. A	87. A	88. C
89. D	90. B	91. C	92. B	93. A	94. D	95. A	96. B
97. D	98. A	99. C	100. B	101. A	102. B	103. C	104. B
105. C	106. C	107. A					

二、多项选择题

1. ABCE	2. BCDE	3. ABCD	4. ABCD	5. ABC	6. BC
7. BCDE	8. BCD	9. ADE	10. ABC	11. ABCD	12. ABC
13. ABCD	14. ABCD	15. ABCD	16. ACDE	17. AB	18. AC
19. AD	20. ABE	21. ABC	22. ABCD	23. AB	24. ABCE
25. ABCD	26. ABCD	27. ABCD	28. AC	29. ABCD	30. ABC
31. ABCD	32. ACD	33. ADE	34. ABCD	35. BCDE	36. ABCD
37. ABD	38. AC	39. ADE	40. BCDE	41. AC	42. BD
43. ABCD	44. ABCD	45. BD	46. CD		

三、判断题

1. 错误	2. 正确	3. 错误	4. 错误	5. 错误	6. 正确
7. 正确	8. 正确	9. 错误	10. 正确	11. 正确	12. 正确
13. 错误	14. 正确	15. 正确	16. 错误	17. 正确	18. 错误

19. 正确	20. 正确	21. 错误	22. 正确	23. 错误	24. 正确
25. 正确	26. 正确	27. 正确	28. 正确	29. 错误	30. 错误
31. 正确	32. 正确	33. 正确	34. 错误	35. 正确	36. 正确
37. 正确	38. 正确	39. 错误	40. 正确	41. 正确	42. 错误
43. 错误	44. 错误	45. 正确	46. 错误	47. 正确	48. 错误
49. 错误	50. 错误	51. 错误	52. 错误	53. 正确	54. 错误
55. 错误	56. 错误	57. 正确	58. 错误	59. 正确	60. 错误
61. 错误	62. 正确	63. 错误	64. 正确		

四、简答题

1. 流动性是指混凝土拌合物在自重或机械振捣作用下，能产生流动，密实度均匀。测定方法为坍落度试验和维勃稠度试验。

2. 计算“初步配合比”、提出“基准配合比”、确定“试验室配合比”、换算“施工配合比”。

3. 混凝土应用的基本要求如下：

(1)满足结构安全和施工不同阶段所需要的强度要求。

(2)满足混凝土搅拌、浇筑、成型过程所需要的工作性要求。

(3)满足设计和使用环境所需要的耐久性要求。

(4)满足节约水泥、降低成本的经济性要求。

即要满足强度、工作性、耐久性和经济性的要求，这也是混凝土配合比设计的基本目标。

4. 水、水泥、砂(细集料)、石子(粗集料)是普通混凝土的四种基本组成材料。

水和水泥形成水泥浆，在混凝土中赋予拌和混凝土以流动性；黏结粗、细集料形成整体；填充集料的间隙，提高密实度。砂和石子构成混凝土的骨架，有效抵抗水泥浆的干缩；砂石颗粒逐级填充，形成理想的密实状态，节约水泥浆的用量。

5. 水泥的选用主要考虑的是水泥的品种和强度等级。

水泥的品种应根据工程的特点和所处的环境气候条件，特别是应针对工程竣工后可能遇到的环境影响因素进行分析，并考虑当地水泥的供应情况进行选择。

6. 按砂的生成过程特点，可将砂分为天然砂和人工砂。

天然砂根据产地特征，分为河砂、湖砂、山砂和海砂。河砂、湖砂材质最好，其洁净、无风化、颗粒表面圆滑。山砂风化较严重，含泥较多，含有机杂质和轻物质也较多，质量最差。海砂中常含有贝壳等杂质，所含氯盐、硫酸盐、镁盐会引起钢筋混凝土结构的腐蚀，故材质较河砂差。

人工砂是经除土处理的机制砂和混合砂的统称。机制砂是由机械破碎、筛分而得的岩石颗粒，但不包括软质岩、风化岩的颗粒。混合砂是由机制砂和天然砂混合而成的砂。

7. 混凝土对砂的基本要求如下：

(1)砂的颗粒的总表面积要小，即砂尽可能粗。在混凝土中，水泥浆是通过集料颗粒表面来实现有效黏结的，集料的总表面积越小，水泥用量越少。

(2)砂的颗粒级配良好。颗粒级配是指粒径大小不同的砂相互搭配的情况。砂颗粒间大小搭配合理，达到逐级填充，减小空隙率，提高密实度。用级配良好的砂配制混凝土，空隙率减小，不仅节约水泥，而且混凝土的密实度提高，混凝土强度和耐久性得以提高。

8. 混凝土对粗集料的基本要求是颗粒的总表面积合理和颗粒大小搭配合理，以达到水泥的节约和逐级填充形成最大的密实度。这两项要求分别用最大粒径和颗粒级配表示。

9. 拌和用水应符合规范的要求，不能影响混凝土、钢筋混凝土和预应力混凝土的工作性及凝结；不能影响混凝土强度发展和混凝土的耐久性，不引起钢筋腐蚀和预应力钢筋脆断；不能污染混凝土表面。符合国家标准的生活用水（自来水、河水、江水、湖水）可直接用于拌制各种混凝土。海水只可用于拌制素混凝土。地表水和地下水首次使用前应按规定进行检测，有关指标值在规范限值内才可作为拌和用水。

10. 工作性又称和易性，是指混凝土拌合物在一定的施工条件和环境下，是否易于各种施工工序的操作，以获得均匀、密实的混凝土的性能。

工作性在搅拌时体现为各种组成材料易于均匀混合、均匀卸出；在运输过程中体现为拌合物不离析，稀稠程度不变化；在浇筑过程中体现为易于浇筑、振实、充满模板；在硬化过程中体现为能保证水泥水化以及水泥石和集料的良好黏结。可见混凝土的工作性应是一项综合性质。

工作性应包括流动性、黏聚性、保水性三个方面的技术要求。

11.（1）流动性。流动性是指混凝土拌合物在本身自重或机械振捣作用下产生流动，能均匀密实充满模板的性能，它反映了拌和混凝土的稀稠程度及充满模板的能力。

（2）黏聚性。黏聚性是指混凝土拌合物的各种组成材料在施工过程中具有一定的黏聚力，能保持成分的均匀性，在运输、浇筑、振捣、养护过程中不发生离析、分层现象。它反映了混凝土拌合物的均匀性。

（3）保水性。保水性是指混凝土拌合物在施工过程中具有一定的保持水分的能力，不产生严重泌水的性能。保水性也可理解为水泥、砂、石子与水之间的黏聚性。保水性差的混凝土，会造成水的泌出，影响水泥的水化，会使混凝土表层疏松，同时泌水通道会形成混凝土的连通孔隙而降低其耐久性。它反映了混凝土拌合物的稳定性。

12.（1）混凝土拌合物的和易性常用的测定法有坍落度试验法和维勃稠度测定法两种。

（2）坍落度试验法一般仅适用集料最大粒径不大于 40mm 且坍落度值不小于 10mm 的混凝土拌合物流动性的测定。维勃稠度测定法主要适用于干硬性的混凝土。

（3）根据坍落度的大小可将混凝土拌合物分为干硬性混凝土（$S<10$mm）、塑性混凝土（S 为 10～90mm）、流动性混凝土（S 为 100～150mm）和大流动性混凝土（$S\geqslant 160$mm）四类。

13.（1）坍落度是流动性（亦称稠度）的指标，坍落度值越大，流动性越大。

（2）在测定坍落度的同时，观察确定黏聚性。用捣棒侧击混凝土拌合物的侧面，如其逐渐下沉，表示黏聚性良好；若混凝土拌合物发生坍塌，部分崩裂，或出现离析，则表示黏聚性不好。

（3）保水性以混凝土拌合物中稀浆析出的程度来评定。坍落度筒提起后如有较多稀浆自底部析出，部分混凝土因失浆而集料外露，则表示保水性不好。若坍落度筒提起后无稀浆或仅有少数稀浆自底部析出，则表示保水性好。

14. 水灰比即每立方米混凝土用水和水泥质量之比，用 W/C 表示，水灰比的大小代表水泥浆的稀稠程度。

15. 合理砂率的定义如下：

(1)在用水量和水灰比(即水泥浆量)一定的前提下，能使混凝土拌合物获得最大流动性，且能保持良好黏聚性及保水性的砂率，称为合理砂率。

(2)在流动性不变的前提下，所需水泥浆总体积为最小的砂率称为合理砂率。

合理砂率的选择，除根据流动性及水泥用量的原则考虑外，还要根据所用材料及施工条件对混凝土拌合物的黏聚性和保水性的要求进行确定。如果砂的细度模数较小，则应采用较小的砂率；如果水灰比较小，应采用较小的砂率；如果流动性要求较大，应采用较大的砂率等。

16. 改善混凝土拌合物和易性的措施如下：

(1)在水灰比不变的前提下，适当增加水泥浆的用量。

(2)通过试验采用合理砂率。

(3)改善砂、石料的级配，一般情况下尽可能采用连续级配。

(4)调整砂、石料的粒径，如为加大流动性，可加大粒径；若欲提高黏聚性和保水性，可减小集料的粒径。

(5)掺加外加剂。采用减水剂、引气剂、缓凝剂都可有效地改善混凝土拌合物的和易性。

(6)根据具体环境条件，尽可能缩小新拌混凝土的运输时间。若不允许，可掺缓凝剂、流变剂，减少坍落度损失。

17. 普通混凝土受压破坏的特点：水泥石与粗集料的结合面由于水泥浆的泌水及水泥石的干缩存在早期微裂缝，随着所加外荷载的逐渐加大，这些微裂缝逐渐加大、发展，并迅速进入水泥石，最终造成混凝土的整体贯通开裂。

18. 影响混凝土强度的因素主要有水泥强度和水灰比、集料性质、集浆比、养护条件、龄期和试验条件等。

19. 提高混凝土强度的措施主要有以下几种：

(1)采用高强度等级的水泥。提高水泥的强度等级可有效提高混凝土的强度，但由于水泥强度等级的增加受到原料、生产工艺的制约，故单纯靠提高水泥强度来达到提高混凝土强度的目的，往往是不现实的，也是不经济的。

(2)降低水灰比。这是提高混凝土强度的有效措施。降低混凝土拌合物的水灰比，可降低硬化混凝土的孔隙率，明显增加水泥与集料间的黏结力，使强度提高。但降低水灰比会使混凝土拌合物的工作性下降，因此必须有相应的技术措施配合，如采用机械强力振捣、掺加提高和易性的外加剂等。

(3)湿热养护。除采用蒸气养护、蒸压养护、冬季集料预热等技术措施外，还可利用蓄存水泥本身的水化热来提高强度的增长速度。

(4)龄期调整。如前所述，混凝土随着龄期的延续，强度会持续上升。实践证明，混凝土的龄期在 3～6 个月时，强度较 28d 会提高 25%～50%。工程某些部位的混凝土如在 6 个月后才能满载使用，则该部位的强度等级可适当降低，以节约水泥。但具体应用时，应得到设计、管理单位的批准。

(5)改进施工工艺。如采用机械搅拌和强力振捣，都可使混凝土拌合物在低水灰比的情况下更加均匀、密实地浇筑，从而获得更高的强度。近年来，国外研制的高速搅拌法、二次投料搅拌法及高频振捣法等新的施工工艺在国内的工程中应用，都取得了较好的效果。

(6)掺加外加剂。掺加外加剂是提高混凝土强度的有效方法之一，减水剂和早强剂都能对混凝土的强度发展起到明显的作用。

20. 混凝土的耐久性主要由抗渗性、抗冻性、抗腐蚀性、抗碳化性及抗碱集料反应等性能综合评定。

21. 抗渗性是指混凝土抵抗压力水渗透的性能。

改善混凝土抗渗性的主要技术措施有采用低水灰比的干硬性混凝土，同时加强振捣和养护，以提高密实度，减少渗水通道的形成。混凝土的抗渗性除与水灰比关系密切外，还与水泥品种、集料的级配、养护条件、采用外加剂的种类等因素有关。

22. 混凝土的碳化是指空气中的二氧化碳及水通过混凝土的裂隙与水泥石中的氢氧化钙反应生成碳酸钙，从而使混凝土的碱度降低的过程。

提高其抗碳化能力的措施：提高保护层的厚度；低水灰比的混凝土孔隙率低，二氧化碳不易侵入。

23. 产生碱集料反应的原因：一是水泥中碱(Na_2O 或 K_2O)的含量较高；二是集料中含有活性氧化硅成分；三是存在水分的作用。

技术措施如下：

(1)选用低碱度水泥(含碱量低于 0.6%)。

(2)在水泥中掺活性混合材料以吸取水泥中钠离子、钾离子。

(3)掺加引气剂，释放碱-硅酸凝胶的膨胀压力。

24. 在混凝土中加入的掺量不大于胶凝材料质量的 5%，能按要求明显改善混凝土性能的材料，称为混凝土外加剂。

混凝土外加剂按其主要功能可分为四类：

(1)改善混凝土拌合物流变性的外加剂，如减水剂、引气剂、塑化剂等。

(2)调节混凝土凝结时间、硬化性能的外加剂，如缓凝剂、早强剂、速凝剂等。

(3)改善混凝土耐久性的外加剂，如引气剂、阻锈剂、防水剂等。

(4)改善混凝土其他性能的外加剂，如膨胀剂、发泡剂、泵送剂、着色剂等。

25. 减水剂是指在保持混凝土拌合物流动性的条件下，能减少拌和用水量的外加剂。按其减水作用的大小，减水剂可分为普通减水剂和高效减水剂两类。

根据使用目的的不同，减水剂有以下几方面的作用效果：

(1)增大流动性。在原配合比不变，即水、水灰比、强度均不变的条件下，增加混凝土拌合物的流动性。

(2)提高强度。在保持流动性及水泥用量的条件下，可减少拌和用水，使水灰比下降，从而提高混凝土的强度。

(3)节约水泥。在保持强度不变，即水灰比不变以及流动性不变的条件下，可减少拌和用水，从而使水泥用量减少，达到保证强度而节约水泥的目的。

(4)改善其他性质。掺加减水剂还可改善混凝土拌合物的黏聚性、保水性;提高硬化混凝土的密实度,改善耐久性;降低、延缓混凝土的水化热等。

26. 混凝土的耐久性要求主要应根据工程特点、环境条件而定。工程主要应从材料的质量、配合比设计、施工质量控制等多方面采取措施予以保证。具体的措施有以下几点:

(1)选择合适品种的水泥。

(2)控制混凝土的最大水灰比和最小水泥用量。

(3)选用质量良好的集料,并注意颗粒级配的改善。

(4)掺加外加剂。

(5)严格控制混凝土施工质量,保证混凝土的均匀、密实。

27. 混凝土的配合比一般有两种表示方法,一种是单位用量表示法,是用 $1m^3$ 混凝土中水泥、水、细集料、粗集料的实际用量(kg),按顺序表达;另一种相对用量表示法,是以水泥的质量为1,砂、石依次以相对质量比及水灰比表达。

28. 混凝土的配合比设计是一个计算、试配、调整的复杂过程,大致可分为初步计算配合比、基准配合比、试验室配合比、施工配合比四个设计阶段。

初步配合比主要是依据设计的基本条件,参照理论和大量试验提供的参数进行计算,得到基本满足强度和耐久性要求的配合比。基准配合比是在初步计算配合比的基础上,通过试配、检测,进行工作性的调整,对配合比进行修正。试验室配合比是通过对水灰比的微量调整,在满足设计强度的前提下,确定一个水泥用量最少的方案,从而进一步调整配合比。施工配合比是考虑实际砂、石的含水对配合比的影响,对配合比进行最后的修正,是实际应用的配合比。总之,配合比设计的过程是一个逐步满足混凝土的强度、和易性、耐久性要求,节约水泥等设计目标的过程。

29. 混凝土配合比设计中的三个基本参数:水灰比,即水和水泥之间的比例;砂率,即砂和石子间的比例;单位用水量,即集料与水泥浆之间的比例。这三个基本参数一旦确定,混凝土的配合比也就确定了。

(1)水灰比的确定主要取决于混凝土的强度和耐久性。从强度角度看,水灰比应小些,水灰比可根据混凝土的强度公式来确定。从耐久性角度看,水灰比小些,水泥用量多些,混凝土的密实度就高,耐久性则优良,这可以通过控制最大水灰比和最小水泥用量来满足。由强度和耐久性分别决定的水灰比往往是不同的,此时应取较小值。但当强度和耐久性都已满足的前提下,水灰比应取较大值,以获得较高的流动性。

(2)砂率主要应从满足工作性和节约水泥两个方面考虑。在水灰比和水泥用量(即水泥浆量)不变的前提下,应取坍落度最大,而黏聚性和保水性又好的砂率为合理砂率,这可以由规范提供的经验数据表初步确定,经试拌调整而定。在和易性满足的情况下,砂率尽可能取小值以达到节约水泥的目的。

(3)单位用水量在水灰比和水泥用量不变的情况下,实际反映的是水泥浆量与集料用量之间的比例关系。水泥浆量要满足包裹粗、细集料表面并保持足够流动性的要求,但用水量过大会降低混凝土的耐久性。水灰比为0.40~0.80时,根据粗集料的品种、最大粒径,单位用水量可通过规范提供的经验数据表确定。

30. 混凝土初步配合比的计算步骤如下:

(1)混凝土配制强度的确定。

(2)确定水灰比 W/C。

(3)确定用水量 m_{wo}。

(4)确定水泥用量 m_{co}。

(5)确定砂率。

(6)计算砂、石用量 m_{so}、m_{go}。

31. 混凝土的搅拌量可按下表选取。当采用机械搅拌时,其搅拌不应小于搅拌机额定搅拌量的 1/4。

混凝土的搅拌量

集料最大粒径/mm	拌合物数量/L
31.5 及以下	15
40	25

当试拌得出的拌合物坍落度比要求值小时,应在水灰比不变前提下增加用水量(同时增加水泥用量);当比要求的坍落度值大时,应在砂率不变的前提下增加砂、石用量;当黏聚性、保水性差时,可适当加大砂率。

32. 试验室配合比在基准配合比的基础上做强度试验时,应采用三个不同的配合比,其中一个为基准配合比中的水灰比,另外两个较基准配合比的水灰比分别增加和减少 0.05。其用水量应与基准配合比的用水量相同,砂率可分别增加和减少 1%。

33. 混凝土生产的质量控制包括原材料的质量控制、配合比设计的质量控制、混凝土生产施工工艺的质量控制及混凝土强度验收评定等。

34. (1)内在因素:混凝土的组成和配比。集料的刚度越大,体积比越大,徐变就越小;水灰比越小,徐变也越小。

(2)环境影响:养护条件和使用条件。受荷时养护的温度、湿度越高,徐变就越小;受荷后构件所处的环境温度越高,相对湿度越小,徐变就越大。

(3)应力条件:施加初应力的水平和加荷时混凝土的龄期,它们是影响徐变的主要因素。

35. 砂子标准筛分曲线图中的Ⅰ区砂属于粗砂范畴,Ⅱ区砂由中砂和一部分偏粗的细砂组成,Ⅲ区由细砂和一部分偏细的中砂组成。三个区以外的砂说明其级配不合格,不适用于配制混凝土。配制混凝土最好选用不粗不细的Ⅱ区砂,这样可使混凝土在适中的砂率下具有较好的工作性,黏聚性适中,保水性好,易于振捣成型,而硬化后的混凝土更致密、均匀。

36. 混凝土的强度等级按混凝土的立方体抗压强度标准值来确定,而立方体抗压强度标准值是指用标准方法测定的抗压强度总体分布中的具有 95%的强度保证率。强度等级用符号 C 和立方体抗压强度标准值两项内容表示。我国现行标准《混凝土结构设计规范(2015 年版)》(GB 50010—2010)规定,普通混凝土划分为 C15、C20、C25、C30、C35、C40、C45、C50、C55、C60、C65、C70、C75、C80 14 个强度等级。

37. 混凝土弹性模量和强度一样,受其组成相的孔隙率影响,混凝土强度越高,弹性模量也越高。在组成相中，首先是粗集料，当混凝土中高弹性模量的粗集料含量越多，混凝土的弹性模量越高。其次是水泥浆体的弹性模量取决于孔隙率。控制水泥浆体的孔隙率的因素，如水灰比、含气量、水化程度等均与弹性模量有关。此外，养护条件也对混凝土的弹性模量有所影响。最后，弹性模量也与测试条件有关。

38. 混凝土抗冻性的指标是混凝土的抗冻标号。D200 表示当混凝土的相对动弹性模量降低至不小于或等于 60%，或质量损失达到 5%时，混凝土所能承受的冻融循环次数是 200 次。

39. 混凝土中水泥的碱与某些活性集料发生化学反应，引起混凝土产生开裂、膨胀甚至破坏，这种化学反应称为“碱集料反应”。其发生反应的必要条件：①水泥中的碱含量过高；②集料含碱活性物质；③有水存在。

防治措施：①控制水泥中的碱含量；②选择不具备碱活性的集料；③混凝土在保持干燥条件下使用。

40. 使用混凝土减水剂主要有以下技术经济效益：

(1)在保持混凝土用水量和水泥用量不变的情况下，可以增大混凝土的流动性，若采用高效减水剂可制备大流动性混凝土。

(2)在保证混凝土和易性和强度不变的情况下，可节省水泥用量。

41. 用于吸水基面的砂浆，其强度主要取决于水泥强度和水泥用量，与水灰比无关；而用于不吸水基面的砂浆强度服从水灰比定则，主要受水泥强度和水灰比控制。

42. 采用高强度等级水泥配制低强度等级的混凝土时，只需少量的水泥或较大的水灰比就可满足强度要求，但满足不了施工要求的良好的和易性，使施工困难，并且硬化后的耐久性较差。因而不宜用高强度等级水泥配制低强度等级的混凝土。

用低强度等级水泥配制高强度等级的混凝土时，一是很难达到要求的强度，二是需采用很小的水灰比或者水泥用量很大，因而硬化后混凝土的干缩变形和徐变大，对混凝土结构不利，易于干裂。同时由于水泥用量大，水化放热量也大，对大体积或较大体积的工程极为不利。此外，经济上也不合理。所以不宜用低强度等级水泥配制高强度等级的混凝土。

43. 混凝土拌合物的流动性以坍落度或维勃稠度作为指标。坍落度适用于表示流动性较大的混凝土拌合物，维勃稠度适用于表示干硬的混凝土拌合物。

工程中选择混凝土拌合物的坍落度，主要依据构件截面尺寸大小、配筋疏密和施工捣实方法等来确定。当截面尺寸较小或钢筋较密，采用人工插捣时，坍落度可选择大些。反之，如构件截面尺寸较大，钢筋较疏，采用振动器振捣时，坍落度可选择小些。

44. 现场浇灌混凝土时，施工人员向混凝土拌合物中加水，虽然增加了用水量，提高了流动性，但是使混凝土拌合物的黏聚性和保水性降低。特别是因水灰比增大，增加了混凝土内部的毛细孔隙的含量，因而会降低混凝土的强度和耐久性，并增大混凝土的变形，造成质量事故。故现场浇灌混凝土时，必须严禁施工人员随意向混凝土拌合物中加水。

45. (2)、(4)、(5)可行，(1)、(3)不可行。原因如下：

(1)加水会增大混凝土的水灰比，降低混凝土的强度和耐久性。

(2)减少集浆比有助于改善混凝土的和易性但增加须适量，不能过多，以免造成流浆。

(3)氯化钙是早强剂,对改善混凝土的和易性没有作用。

(4)掺加减水剂可在保持混凝土水灰比不变的同时,显著提高和易性。

(5)在施工手段方面改善,也有一定效果。

五、计算题

1. 解:水泥用量 $m_c=310\text{kg}$。

砂用量 $m_s=682\times(1+3\%)=702(\text{kg})$。

碎石用量 $m_g=1333\times(1+1\%)=1346(\text{kg})$。

水用量 $m_w=155-(682\times3\%+1333\times1\%)=121(\text{kg})$。

施工配合比为 $m_c:m_w:m_s:m_g=310:121:702:1346$。

2. 解:$m_{wo}=180\text{kg}$

$$m_{co}=\frac{m_{wo}}{\left(\frac{W}{C}\right)}=\frac{180}{0.50}=360\text{kg}$$

$$m_{so}=0.32\times(2400-360-180)=595(\text{kg})$$

$$m_{go}=2400-360-180-595=1265(\text{kg})$$

施工配合比为 $m_{wo}:m_{co}:m_{so}:m_{go}=180:360:595:1265$。

3. 解:

(1)$f_{cu}=f_{cuk}+1.645\sigma=29.05(\text{MPa})$,$W/C=0.63$。

(2)$f_{cu}=f_{cuk}+1.645\sigma=24.94(\text{MPa})$,$W/C=0.71$。

(3)当用水量为 180L 时,水泥用量分别为 285.71kg 和 254.24kg,可节约水泥 31.47kg。

4. 解:

(1)1m^3 混凝土各项材料用量:$m_{cj}=300\text{kg}$;$m_{wj}=180\text{kg}$;$m_{sj}=660\text{kg}$;$m_{gj}=1260\text{kg}$。

(2)施工配合比:$m_c'=300\text{kg}$;$m_s'=686.4\text{kg}$;$m_g'=1272.6\text{kg}$;$m_w=141\text{kg}$,所以施工配合比 $m_c':m_s':m_g':m_w=300:686.4:1272.6:141$。

5. 解:1m^3 混凝土各项材料用量为 $m_c=302\text{kg}$;$m_s=634\text{kg}$;$m_g=1298\text{kg}$;$m_w=163\text{kg}$。

6. 解:

$$f_{ce}=f_c f_{ceb}=59.32\text{MPa}$$

$$f_{cuo}=36.94\text{MPa}$$

$f_{cuk}=f_{cuo}-1.645\sigma=28(\text{MPa})<30\text{MPa}$,不满足要求。

7. 解:

$$f_{cu}=f_{cuk}+1.645\sigma=32.23(\text{MPa})$$

$$W/C=0.635<0.65;m_w=185\text{kg};m_c=291.3\text{kg}>200\text{kg}$$

解得 $m_w=185kg$；$m_c=291.3kg$；$m_g=1243.5kg$；$m_s=640.61kg$，所以 $m_w:m_c:m_g:m_s=185:291.3:1243.5:640.61$。

8. 解：

$$f_{cuo}=f_{cuk}+1.645\sigma=28.2(MPa)$$

$f_{ce}=r_c f_{ceb}=48MPa$，$W/C<0$（查表），取 0.64。

查表得用水量：$m_{wo}=160kg$；则水泥用 $m_{co}=250kg<260kg$（查表），取 260kg。

查表取砂率 35%。

用体积法求得 $m_{wo}=160kg$；$m_{co}=260kg$；$m_{go}=1294.3kg$；$m_{so}=696.3kg$，所以 $m_{wo}:m_{co}:m_{go}:m_{so}=160:260:1294.3:696.3$。

9. 解：

$$f_{mh}=f_m+1.645\sigma=5.81(MPa)$$

$$f_C=kf_{bc}=32.5MPa$$

水泥用量：$Q_c=206kg>200kg$。

石灰膏用量（稠度换算后）：$Q_d=144\times0.97=140(kg)$。

砂子用量：$Q_s=1450\times(1+2\%)=1479(kg)$。

用水量：（查表 $Q_{wo}=300kg$，扣除砂中含水）$Q_w=300-(1450\times2\%)=271(kg)$。

砂浆的配合比为 $Q_c:Q_d:Q_s:Q_w=260:140:1\,479:271=1:0.68:7.18:1.32$。

10. 解：

(1)设 $1m^3$ 混凝土中水泥用量为 C，则砂 $S=2.1$，石 $G=4C$，水 $W=0.59C$。

$$C+W+S+G=\rho_{oh}$$

解得 $C=318kg$，则 $S=2.1$；$C=2.1\times318=668(kg)$；$G=4\ C=4\times318=1272(kg)$；$W=0.59C=0.59\times318=188(kg)$。

(2)拌制此混凝土 $100m^3$，需要水泥为 $318\times100=31800(kg)$。

砂：$668\times100/1480=45(m^3)$。

石：$1272\times100/1550=82(m^3)$。

11. 解：

(1)混凝土的基准配合比为 1：1.94：3.92，$W/C=0.58$。

(2)$1m^3$ 混凝土中其他材料的用量 $W=186kg/m^3$，$S=621kg/m^3$，$G=1254kg/m^3$。

12. 解：

(1)因为 $C:S:G:W=1:2.2:4.2:0.6$，由 $C+0.6C+2.2C+4.2C=2380$ 得 $C=298kg/m^3$，同时得 $S=656kg/m^3$，$G=1252kg/m^3$，$W=179kg/m^3$。

(2)施工配合比为 $C:S:G:W=298:679:1265:143=1:2.28:4.24:0.48$。

13. 解：

$$M=\sum m=3.1+1.86+12.8+6.24=24(kg)$$

$\rho_o=2400\text{kg/m}^3$，则 1m^3 混凝土各材料的用量如下：

水泥用量 $C=2400\times3.1/24=310(\text{kg})$。

水用量 $W=2400\times1.86/24=186(\text{kg})$。

砂子用量 $S=2400\times6.24/24=624(\text{kg})$。

石子质量 $G=2400\times12.8/24=1280(\text{kg})$。

施工现场砂子含水率为4%，石子含水率为1%，所以在施工配合比中，实际砂用量为 $624\times1.04=649(\text{kg})$，碎石用量为 $1280\times1.01=1293(\text{kg})$。

砂子和石子中总含水量为 $624\times0.04+1280\times0.01=38(\text{kg})$。

所以需加水 $186-38=148(\text{kg})$。

施工配合比为 $C:W:S:G=310:148:649:1293$。

14. 解：

试验室配合比中：水泥用量为286kg，由比例得砂为652kg，碎石为1 278kg。根据水灰比为0.64，得总水量为 $286\times0.64=183(\text{kg})$。

实测现场砂子的含水量为3%，石子的含水量为1%。所以在施工配合比中，实际砂用量为 $652\times1.03=672(\text{kg})$，碎石用量为 $1278\times1.01=1291(\text{kg})$。

砂子和石子中总含水量为 $652\times0.03+1278\times0.01=32(\text{kg})$。

所以需加水 $183-32=151(\text{kg})$。

施工配合比为水：水泥 ：砂：碎石＝1：0.53：2.35：4.51。

15. 解：

水灰比＝148/336＝0.44，根据公式得到配制的混凝土强度为

$$F_{cu,o}=Af_{ce}(C/W-B)=0.46\times1.13\times52.5\times(336/148-0.07)=60(\text{MPa})$$

明显满足C30要求。

16. 解：

水的用量为

$$W=0.66\times50-2.17\times50\times3\%-4.14\times50\times1\%=27.7(\text{kg})$$

砂的用量为

$$S=(1+3\%)\times2.17\times50=111.8(\text{kg})$$

石子的用量为

$$G=(1+1\%)\times4.14\times50=209.1(\text{kg})$$

17. 水为175kg，水泥为292kg，砂为642kg，石为1 285kg。

18. 水为47.5kg，水泥为100kg，砂为202kg，卵石为367kg。

19. 解：(1)计算初步配合比。

① 确定混凝土配制强度 $f_{cu,o}$。

$$f_{cu,o}=f_{cu,k}+1.645\sigma=28.2(\text{MPa})$$

② 确定水灰比(W/C)。

$$f_{ce}=r_c\times f_{ce,k}=1.10\times32.5=36(\text{MPa})$$

试验系数 $a_a=0.46$，$a_b=0.07$，根据水灰比定则公式 $f_{cu,o}=a_a\times f_{ce}(C/W-a_b)$ 计算 $W/C=0.56$，耐久性要求 $[W/C]_{max}=0.7$，故取 0.56。

③ 确定用水量 m_{wo}。根据碎石最大粒径为 40mm，坍落度要求 10～30mm，查表得：$1m^3$ 混凝土的用水量可选用 195kg。

④ 计算水泥用量 m_{co}。

$$m_{co}=m_{wo}/(W/C)=348(\text{kg/m}^3)$$

耐久性要求 $[m_{co}]_{min}=225\text{kg/m}^3$，故取 $m_{co}=348\text{kg/m}^3$。

⑤ 确定砂率 β_s。对于采用最大粒径为 40mm 的碎石，当水灰比为 0.56 时，查表，砂率值可选取 $\beta_s=36\%$。

⑥ 计算砂、石用量 m_{so}、m_{go}。

用体积法计算，得 $m_{so}=624\text{kg}$，$m_{go}=1186\text{kg}$。

⑦ 该混凝土计算配合比为

$$m_{co}:m_{wo}:m_{so}:m_{go}=348:195:624:1186$$

(2)计算基准配合比。$m_{wa}=195\times1.05=205$，$m_{ca}=348\times1.05=365$，砂石材料用量不变，故基准配比为 $m_{ca}:m_{wa}:m_{sa}:m_{ga}=365:205:642:1118$。

20. 解：(1)求混凝土计算配合比。

① 确定混凝土配制强度 $f_{cu,o}$。

$$f_{cu,o}=f_{cu,k}+1.645\sigma=28.2(\text{MPa})$$

② 确定水灰比(W/C)。

$$f_{ce}=r_c\times f_{ce,k}=1.10\times32.5=36(\text{MPa})$$

根据水灰比定则公式计算：$W/C=0.53$。

因为框架结构混凝土梁处于干燥环境，查表得容许最大水灰比为 0.65，所以可确定水灰比为 0.53。

③ 确定用水量 m_{wo}。对于最大粒径为 30mm 的碎石混凝土，当所需坍落度为 30～50mm 时，查表得，$1m^3$ 混凝土的用水量可选用 185kg。

④ 计算水泥用量 m_{co}。

$$m_{co}=m_{wo}/(W/C)=185/0.53=349(\text{kg/m}^3)$$

查表，对于干燥环境的钢筋混凝土，最小水泥用量为 260kg/m^3，取 $m_{co}=349\text{kg/m}^3$。

⑤ 确定砂率 β_s。对于采用最大粒径为 40mm 的碎石，当水灰比为 0.53 时，查表，砂率值可选取 32%～37%，取 $\beta_s=35\%$。

⑥ 计算砂、石用量 m_{so}、m_{go}。用体积法计算，得 $m_{so}=641\text{kg}$，$m_{go}=1192\text{kg}$。

⑦ 该混凝土计算配合比为水泥：砂：石子＝1：1.84：3.41，$W/C=0.53$。

(2)确定施工配合比。现场砂子含水率为3%，石子含水率为1%，则施工配合比如下：

水泥 $m_c=m_{co}=349\text{kg}$。

砂 $m_s=m_{so}(1+3\%)=641\times(1\times3\%)=660(\text{kg})$。

石子 $m_g=m_{go}(1+1\%)=1192\times(1+1\%)=1204(\text{kg})$。

水 $m_w=m_{wo}-m_{so}\times3\%-m_{go}\times1\%=185-641\times3\%-1192\times1\%=154(\text{kg})$。

即施工配合比为349：660：1204：154。

【沥青材料专项练习题参考答案】

一、单项选择题

1. C	2. B	3. B	4. D	5. A	6. C	7. D	8. D
9. B	10. D	11. C	22. C	13. A	14. C	15. B	16. A
17. B	18. A	19. A	20. B	21. B	22. D	23. A	24. B
25. C	26. A	27. D	28. D	29. A	30. B		

二、多项选择题

1. BC	2. AD	3. BD	4. BD	5. ABC	6. BCD
7. ABCE	8. ABCD	9. ABC	10. ABD	11. ACE	12. ACDE
13. ABC	14. ABCD	15. ABC	16. BCE	17. ACD	18. ACE
19. BD	20. ACD	21. ABE	22. ACE	23. CD	24. CE
25. ABC					

三、判断题

1. 错误	2. 正确	3. 错误	4. 正确	5. 错误	6. 正确
7. 错误	8. 错误	9. 错误	10. 错误	11. 正确	12. 正确
13. 错误	14. 正确	15. 正确	16. 正确	17. 正确	18. 错误
19. 错误	20. 正确	21. 错误	22. 错误	23. 正确	24. 正确
25. 正确					

四、简答题

1. 沥青材料由于产源和加工方法不同，故品种繁多，现将常见的沥青材料分类如下：

- 沥青材料
  - 地沥青
    - 石油沥青
      - 液体石油沥青
      - 黏稠石油沥青
    - 天然沥青
  - 焦油沥青
    - 煤沥青
      - 软煤沥青
      - 硬煤沥青
    - 木沥青
    - 页岩沥青
    - 泥炭沥青等

2. 石油沥青的主要技术性质有黏滞性、塑性、温度稳定性、加热稳定性、安全性、溶解度、含水量、非常规的其他性能等。

3. 黏稠沥青的三大技术指标及其单位如下：

(1)针入度，单位是1/10mm。

(2)延度，单位以长度(cm)表示。

(3)软化点，单位以温度(℃)表示。

4. 温度稳定性应用软化点与脆点指标来评定。温度稳定性直接受温度影响，外界温度高，沥青变软，外界温度低，沥青变稠变脆，实际应用时，总希望沥青有较高的软化点和较低的脆点。

5. 在高温时会使沥青容易发软，导致沥青路面的高温稳定性降低，出现车辙。同样，在低温时会使沥青变得脆硬，导致路面低温抗裂性降低，出现裂缝。此外，蜡会使沥青与石料黏附性降低，在水分的作用下，会使路面石子与沥青产生剥落现象，造成路面破坏；更严重的是，含蜡沥青会使沥青路面的抗滑性降低，影响路面的行车安全性。对于沥青含蜡量的限制，由于世界各国测定方法不同，所以限值也不一致，我国现行规范《公路沥青路面施工技术规范》(JTG F40—2004)对沥青含蜡量有明确规定。

6. 沥青在自然因素(热、氧化、光和水)的作用下，产生"不可逆"的化学变化，导致路用性能劣化，通常称为"老化"。表现为饱和酚变化甚少，芳香酚转变为胶质(速度较慢)，而胶质又转变为沥青质(速度较快)，由于芳香酚转变为胶质，不足以补偿胶质转变为沥青质，所以最终是胶质显著减少，而沥青质显著增加。

7. 沥青的胶体结构与其路用性能有密切的关系。为工程使用方便，通常采用针入度指数法。该法是根据沥青的针入度指数值来确定胶体结构类型的：$PI<-2$ 为溶胶结构，$PI>+2$为凝胶结构，$-2<PI<+2$ 为溶-凝胶结构。

8. 沥青"老化"后沥青的化学组分转化，从而导致沥青黏滞度增加，软化点升高，黏结力下降，脆性增大，塑性减小，路用性能逐渐变坏。

9. 溶胶型向凝胶型转变过程中(胶团逐渐增大)，稠度增大，其针入度变小，延度降低，软化点升高。

10. 沥青中沥青质是分散相，饱和酚和芳香酚为分散介质，但沥青质不能直接分散在饱和酚和芳香酚中。而胶质作为一种"胶溶剂"，沥青吸附胶质形成胶团而后分散于芳香酚和饱和酚中。这样的胶体结构单元为胶团。

11. 道路石油沥青的化学组分与路用性能的关系如下：一般认为，油分使沥青具有流动性；树脂使沥青具有塑性，树脂中含有少量的酸性树脂(即地沥青酸和地沥青酸酐)，其是一种表面活性物质，能增强沥青与矿质材质表面的黏附性；沥青质能提高沥青的黏结性和热稳定性。

12. (1)乳化剂在沥青水系统的界面上的吸附作用，降低了界面张力。这种作用可以抵制颗粒合并。

(2)颗粒表面均带有相同电荷，使颗粒间互相排斥，达到分散颗粒的作用。

(3)水膜形成，它可以机械阻碍颗粒的聚集。

13. 利用沥青在不同的溶剂里的选择性溶解和对吸附剂的选择性吸附作用，将沥青分成几个化学成分与物理性质相似而具有特征的部分,称为化学组分。

14. 自然因素是指空气、阳光、气温、降水等,沥青在自然因素的作用下,其分子会发生氧化和聚合的作用,使沥青的组分发生转移,其转移大致为油质—树脂—沥青质。

由于沥青的组分发生变化,沥青的黏滞度增加,软化点升高,黏结力下降,脆性增大,塑性感小,导致沥青技术性质变坏。

15. 道路石油沥青的标号是根据针入度划分的,共有7个标号,即160号、130号、110号、90号、70号、50号、30号。标号从高到低,其针入度与延度由大到小,软化点由低到高。

16. 因为煤沥青中的酸、碱物均属表面活性物质,相当于石油沥青中的沥青酸与酸酐;且含量较多,所以煤沥青的表面活性比石油沥青高,与石料的黏结力较好。

17. 沥青材料在使用、运输与保管工作时应合理组织。一方面要防止沥青材料的技术性质变坏,另一方面要注意安全。运输时必须有包装、存放地点,尽量远离建筑物,注意防火并防止杂质和水混入,降低沥青质量,不同标号的沥青存放时注意分标号堆放,以免混乱,存贮、运输、使用过程中,要防止沥青中毒和烫伤。

18. 乳化沥青洒布于路面上遇到集料时,立即产生分裂,在集料表面形成一层连续的黑色薄膜,与热拌沥青一样组成高强度的路面,其分裂原理主要有以下三个作用。

(1)蒸发作用:沥青洒布在路上,随即产生蒸发作用,其结果是乳液中水分蒸发。沥青微滴在集料表面上凝结形成一层连续的黑色薄膜。

(2)乳液与集料的吸附作用:乳化沥青中的沥青微滴表面均带电荷。当它与带相反电荷的集料相遇时,由于产生离子吸附,集料表面迅速牢固地形成一层沥青薄膜,其中水分立即排除,而且这一反应过程不受气温、温度和风速等因素的影响,故能形成高强度的路面。

(3)毛细吸附作用:沥青乳液与干燥集料作用时,由于集料的毛细作用,沥青乳液很快凝结。

19. 因为沥青成分中含有一定的盐的成分。这种盐极易溶于水,当沥青遇水时,水与盐很快作用,形成水溶盐,使沥青含有水分,盐分越多,水作用时间越长,含水量越大。

由于沥青中含有一定的水分,在加热过程中水分形成泡沫,并随温度升高体积增大,易发生溢锅现象,不仅造成材料损失,还会引起火灾。

20. 加热稳定性是指沥青在过热或长时间加热过程中,会发生轻馏分挥发、氧化、裂化、聚合等一系列物理及化学变化,使沥青化学组分及性质相应地发生变化。

沥青加热稳定性常用沥青试样加热至一定温度和时间后,试样的质量损失,以及加热前后针入度变化来表示。现行规范规定:160℃经5h后的加热损失率不大于1.0%。加热后针入度与原针入度比值不小于60%。

21. 石油沥青胶体结构的类型有溶胶型、凝胶型、溶-凝胶型三种类型。

溶胶型沥青的特点:胶体结构中沥青质少,饱和酚与芳香酚较多,树脂较多,具有良好的黏结性、塑性、流动性及开裂后的自愈能力,但温度稳定性差,高温流淌。

凝胶型沥青的特点:抗高温性和弹性较好,具有触变现象,但黏结性及开裂后的自愈能力较差。

溶-凝胶型沥青的特点:黏结性和感温性较好,是道路建筑中较理想的结构沥青。

22. 因石油沥青在加热或长时间加热过程中,会发生部分轻质油分挥发,使一部分油质脂、树脂变为沥青质，沥青质转变为沥青碳，所以使沥青软化点提高，脆性增大，塑性减小，黏结力降低。这种沥青用于路面上会产生剥落，抗冻性差，所以为防止沥青在加热过程中性质的改变，我国《公路沥青路面施工技术规范》中规定出各种沥青的加热温度及加热时间。

23. 沥青外加剂主要包括：①橡胶类外加剂，它可使沥青软化点提高，黏附性增强，在0℃以下仍具有一定柔性，并且能提高抗弯、抗磨、抗滑能力；②树脂类外加剂，能提高沥青的抗氧化性，增加黏结力；③抗剥落剂，提高了沥青与酸性及湿料的黏附力。

24. ①煤沥青的温度稳定性差；②煤沥青的塑性较差；③煤沥青的气候稳定性差；④煤沥青有毒，有臭味；⑤煤沥青与矿质材料的表面黏附性好。

25. 乳化沥青是沥青（石油沥青、煤沥青）经机械作用分裂为细微颗粒，分散在含有表面活性物质的水介质中，形成水包油型的乳浊液。

特点：①稠度小，具有良好的流动性，可在常温下冷态施工，操作简便，节省热能；②可在潮湿基层上使用，能直接与湿集料拌和，黏结力不降低；③无毒、无臭、不燃、减少环境污染、安全生产；④降低成本；⑤稳定性差，贮存期一般不宜超过 6 个月，时间过长会分层、凝聚；⑥成型期较长，最初要控制车辆行驶速度。

26. 表征黏稠石油沥青的黏滞性指标是针入度，以 1/10mm 表示。常用试验条件为温度 25℃，荷载 100g，时间 5s。

27. 三大指标为针入度、延度、软化点。其中，针入度表示沥青的黏滞性，延度表示沥青的塑性，软化点表示沥青的感温性。

28. ①乳化剂在沥青水系统的界面上的吸附作用，降低了界面张力，这种作用可以抵制颗粒的合并；②颗粒表面均带有相同的电荷，使颗粒间相互排斥，达到分散颗粒的作用；③水膜形成，可以机械地阻碍颗粒的聚集。

29. 沥青薄膜加热试验是将 3.2mm 厚度的试样在规定温度条件下，经规定时间加热，测定试验前后沥青质量和性质变化的试验。

该法是将 50g 沥青试样装入盛样皿（内径为 140mm，深为 9.5～10mm）内，使沥青成为厚约 3.2mm 的薄膜，沥青薄膜在 163℃的标准薄膜加热烘箱中加热 5h 后，取出冷却，测定其质量损失，并按规定的方法测定残留物的针入度、延度等技术指标的方法。

30. 煤沥青的组分包括：①游离碳，使煤沥青的黏滞度增加，热稳定性提高；②固态树脂，增加煤沥青的黏滞度；③可溶性树脂，使煤沥青具有塑性；④油分，使煤沥青有流动性。

31. 沥青材料在使用时必须加热，当加热至一定温度时，沥青材料中挥发的油分蒸气与周围空气组成混合气体，此混合气体遇火焰则发生闪火。若继续加热，油分蒸气的饱和度增加，由于此种蒸气与空气组成的混合气体遇火焰极易燃烧，而引起溶油车间发生火灾或导致沥青烧坏的损失，为此必须测定沥青的闪点和燃点。

闪点是指加热沥青挥发出可燃气体与空气组成混合气体在规定条件下与火接触，产生闪光时的沥青温度。燃点指沥青加热产生的混合气体与火接触能持续燃烧 5s 以上时的沥青温度。闪点、燃点温度相差 10℃左右。

32. 测定试样受热时，在规定温度范围内蒸出的馏分含量，以占试样体积百分率表示。除非有特殊需要，各馏分蒸馏的标准切换温度为 225℃、316℃、360℃。通过此试验可了解液体沥青含各温度范围内轻质挥发油的数量，并可根据残留物的性质测定预估液体沥青在道路路面中的性质。

33. 按加工方法不同，石油沥青可分为直馏沥青、蒸馏沥青、氧化沥青、裂化沥青。

34. 通常采用氧化法、外加剂法、掺配法。

35.(1)试验条件如下。

① 试件形状尺寸："8"字形试样，中心断面为 1cm^2；②温度：试验温度为 25℃或 15℃。

② 拉伸速度：非经注明为 5cm/min。

(2)注意事项：①隔离剂要调配适当，确保侧模及玻璃板不粘沥青，隔离剂不能涂得太多，以免挤占试样体积；②当室温同试验温度相差太大时，为保证试样中心断面尺寸，试样应先恒温后铲平；③铲平时铲刀不能过热，也不能用力过大，以免试样老化或底面受拉变形；④当试样出现上浮或下沉时，应调整水的密度，重新试验；⑤确保水面不受扰动。

36. 测定方法如下：

(1)将集料过 13.2mm、19mm 的筛，取存留在 13.2mm 筛上的颗粒 5 粒，用水洗干净，在 105℃的烘箱中烘干，并保持恒重。

(2)浸煮结束后，将集料从水中取出，观察集料颗粒表面沥青膜剥落程度。

(3)将石油沥青加热至 130～150℃，将待测集料试样浸入沥青 45s，使沥青全部裹覆在集料表面，在室温下冷却 15min，并且评定其黏附等级。

(4)将裹覆沥青的集料用系绳悬挂，放入微沸的水中浸煮 3min。

(5)同样试样平行试验 5 粒颗粒，由两名有经验的试验员分别评定后，取平均等级作为试验结果。

【沥青混合料专项练习题答案】

一、单项选择题

1. B	2. C	3. D	4. D	5. A	6. B	7. A	8. C
9. C	10. A	11. A	12. A	13. D	14. D	15. A	16. A
17. C	18. B	19. A	20. A	21. D	22. B	23. B	24. D
25. C	26. A	27. B	28. A	29. B	30. B	31. D	32. A
33. C	34. B	35. A	36. C	37. B	38. A	39. A	40. D
41. C	42. A	43. B	44. B	45. A	46. D	47. C	48. A
49. C	50. B						

二、多项选择题

1. ABCD	2. ABCD	3. ABCDE	4. AB	5. ABC	6. BCD
7. BCD	8. ABC	9. CD	10. ABC	11. AB	12. ABC
13. ABC	14. ABCD	15. BC	16. ABCD	17. AB	18. AB
19. ABCD	20. ABCD				

三、判断题

1. 正确	2. 正确	3. 正确	4. 错误	5. 正确	6. 正确
7. 正确	8. 正确	9. 错误	10. 正确	11. 错误	12. 正确
13. 正确	14. 正确	15. 错误	16. 正确	17. 正确	18. 正确
19. 错误	20. 正确	21. 正确	22. 正确	23. 正确	24. 错误
25. 正确	26. 正确	27. 正确	28. 正确	29. 正确	30. 错误
31. 正确	32. 正确	33. 错误	34. 正确	35. 错误	36. 正确
37. 错误	38. 正确	39. 错误	40. 错误	41. 正确	42. 正确
43. 错误	44. 错误	45. 正确	46. 正确	47. 错误	48. 错误
49. 正确	50. 正确	51. 错误	52. 错误	53. 错误	54. 错误
55. 错误	56. 正确	57. 正确	58. 正确		

四、简答题

1. 该结构的组成特点：采用间断级配，粗、细集料含量较高，中间料含量很少，使粗集料能形成骨架，细集料和沥青胶浆又能充分填充骨架间的空隙，形成骨架-密实结构。

代表类型:沥青玛蹄脂碎石混合料。

力学性能特点:粗集料的骨架作用,内摩阻力值较大;小颗粒与沥青胶浆含量充分,黏结力也较大,综合力学性能较优。

路用性能特点:该类混合料高低温性能均较好,具有较强的疲劳耐久特性,但间断级配在施工拌和过程中易产生离析现象,施工质量难以保证,使混合料很难形成骨架-密实结构。随着施工技术的发展,这类结构得以普遍使用,但一定要防止混合料在生产、运输和摊铺等施工过程中产生离析。

2. 该结构的组成特点:采用连续开级配,粗集料含量高,彼此相互接触形成骨架;但细集料含量很少,不能充分填充粗集料的空隙,形成所谓的骨架-空隙结构。

代表类型:沥青碎石和开级配磨耗层沥青混合料等。

力学性能特点:大颗粒形成骨架,内摩阻力值较大;小颗粒与沥青胶浆含量不充分,黏结力较低。

路用性能特点:粗集料的骨架作用,使之高温稳定性好;由于细集料含量少,空隙未能充分填充,耐水害、抗疲劳和耐久性能较差,所以一般要求采用高黏稠沥青,以防止沥青老化和剥落。

3. 该结构的组成特点:采用连续密级配,矿料颗粒连续存在,而且细集料含量较多,将较大颗粒挤开,使大颗粒不能形成骨架,而较小颗粒与沥青胶浆比较充分,将空隙填充密实,使大颗粒悬浮于较小颗粒与沥青胶浆之间,形成悬浮-密实结构。

代表类型:按照连续密级配原理设计的AC型沥青混合料是典型的悬浮-密实结构。

力学性能特点:大颗粒未形成骨架,内摩阻力值较小;小颗粒与沥青胶浆含量充分,黏结力较大。

路用性能特点:由于压实后密实度大,该类混合料水稳定性、低温抗裂性和耐久性较好;但其高温性能对沥青的品质依赖性较大,由于沥青黏度降低,往往导致混合料高温稳定性变差。

4.(1)矿质集料对内摩擦角的影响:矿质集料的尺寸大,形状近似正方体,有一定的棱角,表面粗糙则内摩擦角较大。

(2)沥青含量对内摩擦角的影响:沥青含量越少,矿料表面形成的沥青膜越薄,内摩擦角越大。沥青含量增加,沥青不仅起黏结剂的作用,还起到润滑剂作用,影响粗集料相互密排结构,降低了沥青混合料的内摩擦角。

5.(1)沥青材料的黏结性对黏聚力的影响:沥青的黏度越大,混合料的黏滞阻力也越大,抵抗剪切变形的能力越强,则混合料的黏聚力就越大。

(2)矿料颗粒间的联结形式对黏聚力的影响:沥青用量过少,沥青不足以包裹矿粉表面,沥青混合料的黏聚力就差。沥青用量过多,自由沥青过多,混合料的黏聚力开始逐渐降低。

6. 沥青与矿料之比是影响沥青混合料剪切强度的重要因素。当沥青用量过小时,沥青不足以形成结构沥青薄膜来黏结矿料颗粒,难以形成足够的黏聚力。随着沥青用量的增加,黏聚力增加。但超过一定的值后,在矿料间形成自由沥青量增多,黏聚力随沥青用量增加而降低。另外,沥青在混合料中除起黏结剂的作用外,还起润滑剂的作用,沥青用量增加，混合料的内摩擦角下降。

7. 定义：高温稳定性是指沥青混合料在高温条件下，能够抵抗车辆荷载的反复作用，不发生显著永久变形，保证路面平整度的特性。

高温稳定性的意义：高温条件下或长时间承受荷载作用时，混合料会产生显著的变形，其中不能恢复的部分称为永久变形，这种特性是导致沥青路面产生车辙、波浪及拥包等病害的主要原因。在交通量大、车比例高和经常变速路段的沥青路面上，车辙是最严重、最有危害的破坏形式之一。

8. 随着沥青用量的增加，沥青膜增厚，自由沥青比例增加，在高温条件下，易发生明显的流动变形，从而导致沥青混合料抗高温变形能力降低。随着沥青膜厚度的增加，车辙深度随之增加。

9.(1)矿质混合料的组成设计。

① 沥青混合料类型和矿料级配的确定。

② 矿质混合料配合比计算。

③ 调整配合比。

(2)沥青混合料马歇尔试验。

① 制备试样。

a. 按确定的矿质混合料配合比计算各种规格集料的用量。

b. 根据经验预估一个最佳沥青用量(或油石比)。预估的最佳沥青用量为中值，按0.5%间隔变化，取五个不同的沥青用量，拌制沥青混合料，并按规定的击实次数成型马歇尔试件。

② 测定试件的物理力学指标。

③ 最佳沥青用量的确定。

a. 确定最佳沥青用量的初始值 OAC_1。

b. 确定最佳沥青用量的初始值 OAC_2。

c. 根据 OAC_1 及 OAC_2 综合确定最佳沥青用量。

④ 沥青混合料的性能检验。

a. 沥青混合料的水稳定性检验。

b. 沥青混合料的高温稳定性检验。

c. 沥青混合料低温抗裂性检验。

10.(1)必须符合设计级配范围的要求，不得有过多的犬牙交错。当经过反复调整后仍有两个以上的筛孔超出设计级配范围时，必须对原材料进行调整或更换原材料重新设计。

(2)合成级配曲线宜尽量接近设计级配中值，尤其应使0.075mm、2.36mm、4.75mm等筛孔的通过量尽量接近设计级配范围的中限。对于交通量大、轴载量大的道路，合成级配可以考虑偏向级配范围的下限，而对于中、轻交通量或人行道路等，合成级配宜偏向级配范围的上限。

11. 黏度较大的黏稠沥青混合料具有较高的力学强度和稳定性，但黏度过高，混合料的低温变形能力较差，路面易开裂。反之，黏度较低的沥青的混合料在低温时变形能力较好，但在高温时往往会产生较大的高温变形。

在夏季温度高或高温持续时间长的地区，对于重载交通路段、高速公路实行渠化交通的路段、山区及丘陵区上坡路段、服务区、停车场等，应采用黏度高的沥青；而在冬季寒冷地区，则宜采用稠度低、低温延度大的沥青。对于日温差、年温差较大的地区还应考虑选择针入度指数较大、感温性较低的沥青。对于交通量小、公路等级低的路段可选用稠度略小的沥青。

12. 温度升高，沥青黏度降低，混合料的黏结力也下降，矿料间的约束减小使矿料间的内摩阻力也降低，从而混合料整体强度都下降。

荷载作用体现在荷载作用时间或变形速率上，一般沥青黏度随变形速率的增加而增加，混合料的内摩阻力随变形速率则变化较小。

13. 马歇尔试验的最大特点是设备简单、操作方便，现在已被世界上许多国家采用。

马歇尔试验用于测定沥青混合料试件的承受荷载和抗变形能力，得到马歇尔稳定度、流值和马歇尔模数。

将沥青混合料制备成规定尺寸的圆柱状试件，将试件横向置于两个半圆形压模中，使试件受到一定的侧限。在规定温度和加荷速度下，对试件施加压力，记录试件所受压力与变形曲线。主要力学指标为马歇尔稳定度和流值，稳定度是指试件受压至破坏时承受的最大荷载，以 kN 计，流值是达到最大破坏荷载时产生的垂直变形，以 0.1mm 计。

14.（1）影响沥青混合料的耐久性能，空隙率小，抗疲劳、抗老化性能增强。

（2）影响沥青混合料的高温性能，过小的空隙率使自由沥青膨胀空间不足，高温稳定性能减弱。

（3）影响沥青混合料的水稳性能，空隙率为 8%～15%时，水易进入，且以毛细水状态存在，易产生动水压力，造成水损坏。

（4）影响下面层次混合料的性能，空隙率大时，水渗入下层，损坏基层。

15. 耐久性指在长期的荷载作用和自然因素影响下，保持正常使用状态而不出现剥落和松散等损坏的能力。

影响因素：沥青的化学性质、矿料的矿物成分、混合料的组成结构、混合料的空隙率。

控制指标：空隙率、饱和度（沥青填隙率）、残留稳定度。

16. 沥青混合料的组成结构有下列两种互相对立的理论。

（1）表面理论。沥青混合料是由粗集料、细集料和填料经人工组配形成的密实的级配矿质骨架，此矿质骨架有稠度较稀的沥青分布在其表面，将它们胶结成一个具有强度的整体。这种理论认识可图解如下：

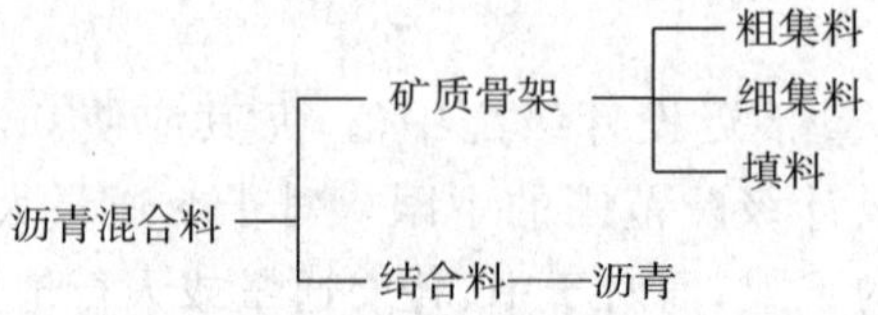

（2）胶浆理论。该理论认为沥青混合料是一种多级空间网状结构的分散系。它是以粗集料为分散相而分散在沥青砂浆的介质中的一种粗分散系。砂浆是以细集料为分散相而分散在沥青胶浆介质中的一种细分散系。胶浆又是以填料为分散相而分散在高稠度的沥青介质中的一种微分散系。这种理论认识可图解如下：

- 沥青混合料（分散系）
  - 分散相—粗集料
  - 分散介质—砂浆（细分散系）
    - 分散相—细集料
    - 分散介质—沥青
      - 分散相—填料
      - 分散介质—沥青胶结物（微分散系）

17.(1)采用工程所在地30年内最热月份平均最高气温的平均值，作为流动变形的气候因子，并作为气候分区的一级指标，划分为3个区。

(2)采用工程所在地30年内极端最低气温作为裂缝产生的气候因子，并作为气候分区的二级指标，划分为4个区。

(3)采用工程所在地30年内降雨量的平均值作为水损影响的气候因子，并作为气候分区的三级指标，划分为4个区。

18.(1)制备试样。

① 按确定的矿质混合料配合比计算各种矿质材料的用量。

② 根据相关材料推荐的沥青用量范围（或根据经验得出的沥青用量范围），估计适宜的沥青用量（或油石比）。

(2)测定物理、力学指标。以估计沥青用量为中值，以0.5%间隔上下变化沥青用量制备马歇尔试件不少于5组。然后在规定的试验温度及试验时间内用马歇尔仪测定稳定度和流值，同时计算空隙率、饱和度及矿料间隙率。

(3)马歇尔试验结果分析。

① 绘制沥青用量与物理力学指标关系图，以沥青用量为横坐标，以视密度、空隙率、饱和度、稳定度、流值为纵坐标。将试验结果绘制成沥青量与各项指标的关系曲线。

② 求取相应于稳定度最大值的沥青用量α_1，相应于密度最大的沥青用量α_2，以及相应于用规定空隙率范围中值的沥青用量α_3，相应于沥青饱和度范围中值的沥青用量α_4，求取四者平均值作为最佳沥青用量的初始量OAC_1。

③ 求出各项指标符合沥青混合料技术标准的沥青用量范围OAC_{min}～OAC_{max}，其中值为OAC_2。

④ 根据OAC_1和OAC_2综合确定最佳沥青用量（OAC），按最佳沥青用量的初始值OAC_1在图中求取相应的各项指标值，检查其是否符合规定的马歇尔设计配合比技术指标。同时检验VMA是否符合要求，如能符合，由OAC_1及OAC_2综合决定OAC。如不能符合，应调整级配重新进行配合比设计，做马歇尔试验，直至各项指标均能符合要求为止。

⑤ 根据气候条件和交通特性调整最佳沥青用量。由OAC_1和OAC_2综合决定OAC时，还应根据实践经验和道路等级、气候条件考虑所属情况进行调整。

a. 对热区道路以及车辆渠化交通的高速公路、一级公路、城市快速路、主干路，预计有可能造成较大车辙的情况时，可以在OAC_{min}与OAC_2范围内决定；但一般不宜小于OAC_2的0.5%。

b. 对寒区道路以及一般道路，最佳沥青用量可以在OAC_2与OAC_{max}范围内决定，但一般不宜大于OAC_2的0.3%。

19.(1)普通沥青混合料拌和温度为130～160℃;改性沥青混合料拌和温度为160～175℃;掺加纤维时,温度提高10℃左右。针入度小的沥青温度取高值,大的取低值。

(2)普通沥青混合料压实温度为120～150℃;改性沥青混合料拌和温度为140～170℃;掺加纤维时,温度提高10℃左右。针入度小的沥青温度取高值,大的取低值。

(3)集料加热温度,采用石油沥青时为163℃,采用改性沥青时为180℃。

(4)成型过程中,应将其余拌好的混合料在烘箱内保温。

(5)击实前,应检查混合料中心温度是否满足压实温度要求。

加热及拌和、击实温度符合要求,且避免局部过热;不必干拌,避免轧碎集料;严禁人工炒拌法制作试件,现场取回试样,不得在明火或电炉加热。

20. 标准马歇尔试件约为1200g;已知沥青混合料的密度时,根据试件的标准尺寸计算并乘以1.03得到混合料数量;用已击实得到的试件高度调整材料用量。

21. 恒温水浴(60℃)中,小型马歇尔试件保温30～40min,大型马歇尔试件保温45～60min。然后取出试件,在马歇尔稳定度仪上测马歇尔稳定度和流值。

22.(1)车辙试验机。

(2)恒温室:能保持恒温室温度为60℃±1℃。

(3)台秤:称量15kg,分度值不大于5g。

23.(1)制备符合要求的马歇尔试件,一组试件的数量最少不得少于4个。

(2)用卡尺量测试件的直径及高度,如试件尺寸不符合要求(63.5mm±1.3mm或95.3mm±2.5mm)或两侧高度差大于2mm,此试件应作废。

(3)将恒温水槽调节至要求的试验温度,对黏稠石油沥青,试验温度为60℃±1℃。

(4)将试件置于已达规定温度的恒温水槽中保温,保温时间对标准马歇尔试件为30～40min,对大型马歇尔试件为45～60min。试件之间应有间隔,底下应垫起5cm以上。

(5)将马歇尔试验仪的上下压头放入水槽或烘箱中达到同样温度,然后取出擦拭干净内面。再将试件取出置于下压头下,盖上上压头,然后装在加载设备上。

(6)启动加载设备,使试件承受荷载,加载速度为50mm/min±5mm/min。当试验荷载达到最大值的瞬间,取下流值计,同时读取压力环中百分表读数。百分表读数对应的压力环标定曲线上的荷载值即试样的稳定度,以kN计。

【建筑钢材专项练习题参考答案】

一、单项选择题

1. B　2. D　3. A　4. A　5. D　6. C　7. C　8. D
9. A　10. C

二、多项选择题

1. BD　2. BD　3. ABCD　4. ABCD　5. AC　6. ABCD
7. ACD　8. ABCD　9. AB　10. ABD　11. ABC

三、判断题

1. 正确　2. 错误　3. 错误　4. 正确　5. 错误　6. 错误
7. 正确　8. 错误　9. 错误　10. 正确　11. 错误　12. 错误
13. 错误　14. 错误　15. 错误　16. 错误　17 正确　18. 正确
19. 错误　20. 错误　21. 错误　22. 错误　23. 错误　24. 错误
25. 错误　26. 错误　27. 错误　28. 错误　29. 正确　30. 正确
31. 正确

四、简答题

1.(1)碳素结构钢和低合金结构钢在受力达到屈服强度后,应变急剧增加,结构塑性变形急剧增大至结构破坏。所以钢材的强度设计值一般以屈服强度为依据进行确定。

(2)抗拉强度不能直接作为设计依据,只是衡量钢材抵抗拉断破坏的强度指标,直接反映钢材内部组织的优劣,与疲劳强度有比较密切的关系。

(3)伸长率是衡量钢材塑性的一个重要指标,伸长率越大说明钢材的塑性越好。

(4)屈服强度和抗拉强度之比(即屈强比)能反映钢材的利用率、抗震安全可靠程度。

(5)钢材屈服强度实测值和屈服强度标准值(牌号)之比称为屈屈比,也能在一定程度上反映钢材的塑性和安全性。

2. 冷弯性能是指钢材在常温下承受弯曲的能力。钢材的冷弯性能指标是以试件弯曲的角度和弯心直径对试件厚度(或直径)的比值来表示的。通过冷弯试验更有助于暴露钢材的某些内在缺陷。相对于伸长率而言,冷弯是对钢材塑性更严格的检验,它能揭示钢材是否存在内部组织不均匀、内应力和夹杂物等缺陷。

3. Q235－A 一般仅适用于承受静荷载作用的结构,Q235－B 适合用于承受动荷载焊接的普通钢结构，Q235－C 和 Q235－D 可用于重要焊接的结构。另外，由于 Q235－D 含有足够的形成细晶粒结构的元素，同时对硫、磷有害元素控制严格，故其冲击韧性很好，具有较强的抗冲击、振动荷载的能力，尤其适宜在较低温度下使用。

4. 低合金高强度结构钢主要是用于轧制型钢、钢板、钢管及钢筋，广泛应用于钢结构和钢筋混凝土结构中，特别是大型及重型结构、大跨度结构、高层建筑、桥梁工程、承受动力荷载和冲击荷载的结构等。在诸如大跨度桥梁、大型柱网构架、电视塔、大型厅馆中成为主体结构材料。低合金高强度结构钢的应用目的主要是减小结构质量，延长使用寿命，其技术经济效果显著。

5. 钢绞线分为标准型钢绞线、刻痕钢绞线、拔模型钢绞线三种。钢绞线根据钢丝的结构分为八种结构类型：1×2 表示用两根钢丝捻制的钢绞线，1×3 表示用三根钢丝捻制的钢绞线，1×3I 表示用三根刻痕钢丝捻制的钢绞线，1×7 表示用七根钢丝捻制的钢丝线，1×7I 用六根刻痕钢丝和一根光圆中心钢丝捻制的钢绞线，(1×7)C 表示用七根钢丝捻制又经拔模的钢绞线，1×19S 表示用十九根钢丝捻制的 1＋9＋9 西鲁式钢绞线，1×19W 表示用十九根钢丝捻制 1＋6＋6/6 瓦林吞式钢绞线。

五、计算题

解：$R_{e1}=\dfrac{108.5\times10^3}{\frac{1}{4}\times\pi\times18^2}=426(\text{MPa})$，$R_{e2}=\dfrac{109.2\times10^3}{\frac{1}{4}\times\pi\times18^2}=429(\text{MPa})$

$$R_{m1}=\frac{145.2\times10^3}{\frac{1}{4}\times\pi\times18^2}=571(\text{MPa}),R_{m2}=\frac{148.1\times10^3}{\frac{1}{4}\times\pi\times18^2}=582(\text{MPa})$$

$$A_1=\frac{121.0-90.0}{90.0}\times100=34.4,A_2=\frac{122.2-90.0}{90.0}\times100=35.8$$

根据 GB/T 1499.2—2018，HRB400 的钢筋屈服强度不小于 400MPa，抗拉强度不小于 540MPa，伸长率不小于 16%，由此可知该组钢筋性能合格。

第二部分

岗位技能测试训练题及参考答案

第七章　岗位技能测试训练题——石料与集料

一、单项选择题

1. 测量石料单轴抗压强度试验时应连续均匀地加荷，加荷速度取（　　）。

A. 0.3～0.5MPa/s　　B. 0.5～0.8MPa/s

C. 0.5～1.0MPa/s　　D. 1.0～1.5MPa/s

2. 用于桥梁工程的石料单轴抗压强度试验，试件的规格是（　　），每组试件共（　　）个。

A. 70mm±2mm，6　　B. 50mm±2mm，6

C. 70mm±2mm，12　　D. 70mm±1mm，6

3. 我国《公路工程集料试验规程》（JTG E42—2005）规定，沥青混合料用粗集料针片状颗粒含量采用（　　）测定。

A. 规准仪法　　B. CBR 法　　C. 游标卡尺法　　D. 加州承载比法

4. 游标卡尺法测定的针片状颗粒，是指粗集料颗粒的最大长度（或宽度）方向与最小厚度（或直径）方向的尺寸之比大于（　　）倍的颗粒。

A. 1　　B. 2　　C. 3　　D. 4

5. SMA-16 级配设计时确定粗集料骨架的分界筛孔尺寸为（　　）mm。

A. 16　　B. 9.5　　C. 4.75　　D. 2.36

6. 集料颗粒的各种密度存在（　　）关系。

A. 真实密度＞表干密度＞表观密度（视密度）＞毛体积密度＞堆积密度

B. 真实密度＞表观密度（视密度）＞毛体积密度＞表干密度＞堆积密度

C. 真实密度＞表观密度（视密度）＞表干密度＞毛体积密度＞堆积密度

D. 真实密度＞毛体积密度＞表干密度＞表观密度（视密度）＞堆积密度

7. 在沥青混合料中起填充作用的、粒径小于（　　）的矿物质粉末，称为填料。

A. 1.18mm　　B. 0.6mm　　C. 0.3mm　　D. 0.075mm

8. 压力试验机试验荷载必须大于压力试验机全量程的（　　）且小于压力试验机全量程的（　　）。

A. 8%，20%　　B. 20%，80%　　C. 25%，75%　　D. 30%，70%

9. 10～20mm 单档粗集料的公称粒径、最大粒径分别为（　　）。

A. 10mm，20mm　　B. 19mm，26.5mm

C. 9.5mm，19mm　　D. 16mm，19mm

10. 测定矿粉的密度及相对密度，用于检验矿粉的质量，为（　　）配合比设计提供必要的参数。

A. 沥青混合料　B. 水泥稳定碎石　C. 水泥混凝土　D. 二灰稳定碎石

11. 细集料表观密度试验用容量瓶法测定，本方法适用于含有少量大于(　　)部分的细集料。

A. 1.18mm　B. 2.36mm　C. 4.75mm　D. 9.5mm

12. 水泥混凝土用粗集料针片状颗粒含量试验的规准仪法适用于测定水泥混凝土使用的(　　)以上的粗集料的针状及片状颗粒含量，以百分率计。

A. 0.075mm　B. 2.36mm　C. 1.18mm　D. 4.75mm

13. 取每组总质量为3000g的粗集料采用干筛法进行筛分试验，进行两次平行试验，第一组筛分后的总量为2991.5g，第二组筛分后的总量为2996.7g，则(　　)。

A. 第一组需重新试验　B. 两组都需要重新试验

C. 两组都不需要重新试验　D. 无法判断是否需要重新试验

14. 粗集料洛杉矶磨耗试验对水泥混凝土集料设定回转次数为(　　)转。

A. 250　B. 400　C. 500　D. 1000

15. 以下关于矿粉热安定性试验的描述，不正确的是(　　)。

A. 称取矿粉100g，装入蒸发皿或坩埚中，摊开

B. 将盛有矿粉的蒸发皿或坩埚置于煤气炉或电炉火源上加热，将温度计插入矿粉中，一边搅拌，一边测量温度，加热到200℃，关闭火源

C. 将矿粉在室温中放置冷却，观察其颜色的变化

D. 若矿粉加热后颜色发生变化，则判断该矿粉热安定性检验合格

16. 细集料筛分试验中用摇筛机摇筛后，还应逐个手筛，直到每分钟筛出量不超过筛上剩余量的(　　)时为止。

A. 0.1%　B. 0.2%　C. 0.3%　D. 0.4%

17. 粗集料的压碎值较小，说明该粗集料有(　　)。

A. 较好的耐磨性　B. 较差的耐磨性　C. 较好的承载能力　D. 较差的承载能力

18. 粗集料的堆积密度是单位体积物质颗粒的质量，其中单位体积包括(　　)。

A. 材料实体、开口及闭口孔隙、颗粒间空隙体积

B. 物质颗粒固体、开口孔隙、颗粒间空隙体积

C. 颗粒间空隙、开口及闭口孔隙

D. 材料实体、开口及闭口孔隙

19. 试验室进行沥青混合料目标配合比设计，取0～5mm细集料进行水洗法筛分试验。水洗过程中可选择以下(　　)的试验筛组成套筛。

A. 上部0.075mm，底部1.18mm　B. 上部1.18mm，底部0.075mm

C. 上部0.075mm，底部2.36mm　D. 上部4.75mm，底部0.075mm

20. 粗集料坚固性试验所需要的粒级为9.5～19mm的试样中，应含有9.5～16mm粒级颗粒(　　)，16～19mm粒级颗粒(　　)。

A. 40%，60%　B. 60%，40%　C. 30%，70%　D. 70%，30%

21. 下列说法正确的是(　　)。

A. 压碎值越小，集料抗压碎能力越差

B. 磨光值越低，抗滑性越好

C. 冲击值越小，表示集料的抗冲击性能越好

D. 磨耗值越大，表示抗磨耗性越好

22. 岩石坚固性是指岩石试样经历多次（　　）循环后而不发生显著破坏或强度降低的性能。

A. 冻融　　B. 硫酸钠结晶　　C. 硅酸钠吸水膨胀　　D. 加载

23. 当筛分试验各级过筛不彻底时，计算出的砂的细度模数将会（　　）。

A. 偏小

B. 偏大

C. 因各级均不彻底，最终不影响细度模数的大小

D. 变化无法确定

24. 采用容量瓶法测定细集料密度时，在容量瓶中多次注水时应尽量保持温度不变，试验方法要求水温差应控制在（　　）以内。

A. 1℃　　B. 2℃　　C. 3℃　　D. 4℃

25. 细集料泥块含量试验，两次试验结果的差值应不超过（　　）。

A. 0.1%　　B. 0.2%　　C. 0.3%　　D. 0.4%

26. 关于砂当量试验，下列说法正确的是（　　）。

A. 砂当量可以测定天然砂、人工砂所含黏性土及杂质的含量，但不适宜于石屑

B. 砂当量冲洗液由氧化钙、甘油按一定的比例配制

C. 砂当量越大，说明黏性土或杂质的含量越低，细集料洁净度越高

D. 筛析法、砂当量和亚甲蓝试验都能对砂的洁净程度进行评价，但砂当量能更加准确地评价

27. 已知某粗集料两次平行试验 4 块试件磨光值的算数平均值 PS_{ra} 为 44.2，两次平行试验 4 块标准试件磨光值的算数平均值 PS_{bra} 为 48.0，则该粗集料磨光值 PS 为（　　）。

A. 3.8　　B. 45　　C. 45.2　　D. 52.8

28. 细集料砂当量试验中，配制冲洗液过程中三种分析纯的先后顺序是（　　）。

A. 甘油、无水氧化钙、甲醛　　B. 甲醛、甘油、无水氯化钙

C. 甲醛、无水氧化钙、甘油　　D. 无水氯化钙、甘油、甲醛

29. 细度模数为 3.0～2.3 的砂为（　　）。

A. 粗砂　　B. 中砂　　C. 细砂　　D. 特细砂

30. 石料抗冻性试验时冻结后的石料试件放入（　　）的水中消融。

A.（20±5）℃　　B.（20±2）℃　　C.（25±2）℃　　D.（25±5）℃

二、判断题

1. 细度模数的大小反映了砂中粗细颗粒的分布状况。（　　）

2. 细度模数过大或过小的砂，其级配状况比细度模数适中的砂要差。（　　）

3. 坚固性试验是测定岩石抗冻性的一种简易方法。（　　）

4. 粗集料试验取样数量与试验项目和公称最大粒径有关。 （ ）

5. 粗集料密度试验时，用拧干的湿毛巾轻轻擦干颗粒的表面水，直到表面看不到发亮的水迹，即饱和面干状态。 （ ）

6. 粗集料的压碎值越大，说明集料的耐久性和强度越差。 （ ）

7. 粗集料的吸水率就是含水率。 （ ）

8. 洛杉矶磨耗试验主要是判断粗集料在高等级公路表层沥青路面上的适用性。 （ ）

9. 针片状颗粒对水泥混凝土集料在拌和和成型过程中影响较大，但是混凝土结硬以后影响变小。 （ ）

10. 粗集料针片状颗粒含量试验的游标卡尺法中侧面厚度为平放状态的颗粒中最薄部位的厚度。 （ ）

11. 当砂的细度模数适宜时，有利于矿料的级配合成和调整。 （ ）

12. 粗集料密度试验时的环境温度应为10～25℃。 （ ）

13. 路面工程用的石料单轴抗压强度试验对立方体的边长要求为60mm±2mm。 （ ）

14. 按照《公路工程集料试验规程》(JTG E42—2005）进行压碎值试验时，应先剔除针片状颗粒。 （ ）

15. 集料磨光值是利用加速磨光机磨光集料，用摆式摩擦系数测定仪测定的集料经磨光后的摩擦系数值，以PS表示。 （ ）

16. 在粗集料软弱颗粒含量试验中，将粗集料分为3档，逐颗颗粒施加荷载，破裂颗粒即属于软弱颗粒。 （ ）

17. 在水泥混凝土中，细集料是指粒径小于2.36mm的天然砂、人工砂。 （ ）

18. 粗集料磨光值试验中粗砂磨光使用的是C标记橡胶轮，细砂磨光使用的是X标记橡胶轮。 （ ）

19. 确定碎石或砾石经饱和硫酸钠溶液多次浸泡与烘干循环，承受硫酸钠结晶压力而不发生显著破坏或强度降低的性能，是测定石料坚固性能的方法。 （ ）

20. 规准仪法测定的针片状颗粒含量要比用游标卡尺法测定的针片状颗粒含量少得多。 （ ）

21. 集料碱活性检验是测定水泥砂浆试件的长度变化，以鉴定水泥中的碱与活性集料之间的反应所引起的膨胀是否有潜在危害。 （ ）

22. 粗集料洛杉矶磨耗值的大小与集料的耐磨性好坏没有直接关系。 （ ）

23. 进行天然砂云母含量试验时，先称取经缩分的试样50g，在温度为105℃±5℃的烘箱中烘干至恒重，冷却至室温后，筛去大于4.75mm和小于0.3mm的颗粒供试验使用。 （ ）

24. 有机质含量是指砂中混有动植物腐殖质、腐殖土等有机物，它会延缓混凝土凝结速度，并降低混凝土强度，多采用安定性法来检验。 （ ）

25. 洛杉矶磨耗试验主要用于判断粗集料在高等级公路表层沥青路面上的适用性。 （ ）

26. 当粗集料颗粒长度尺寸大于其高度尺寸的 2.4 倍或 0.4 倍时，该颗粒判定为针状或片状颗粒。 （　　）

27. 细集料中石粉不会影响砂当量的大小。 （　　）

28. 同一材质岩石的毛体积密度与真密度相差越小，说明该岩石的开口和闭口孔隙体积越小。 （　　）

29. 进行细集料亚甲蓝试验时，采用 0～2.36mm 试样的试验结果应小于采用 0～0.15mm 试样的试验结果。 （　　）

30. 集料分为酸性、中性和碱性，并以 CaO 含量来划分。 （　　）

三、多项选择题

1. 岩石按照地质形成条件可分为（　　）。

A. 变质岩　　B. 沉积岩　　C. 岩浆岩　　D. 风化岩

2. 影响石料抗压强度的因素有（　　）。

A. 含水率　　B. 颜色　　C. 试件高径比　　D. 冻融性

E. 石材结构

3. 细集料的表观密度试验需要测定以下（　　）数据。

A. 烘干后试样的质量　　B. 水和容量瓶的总质量

C. 试样、水和容量瓶的总质量　　D. 水的试验温度

4. 集料针片状颗粒含量试验中，下列描述正确的是（　　）。

A. 规准仪法如果需要，可以分别计算针状颗粒和片状颗粒的含量百分数

B. 用规准仪测定粗集料针片状颗粒含量的测定方法，仅适用于水泥混凝土集料

C. 在一定情况下，规准仪法与游标卡尺法可以混用

D. 可以用规准仪法代替游标卡尺法判定沥青混合料粗集料的形状

5. 关于集料筛分，以下表述正确的有（　　）。

A. 累计筛余百分率为该号筛以上各号筛的分计筛余百分率之和

B. 质量通过百分率等于 100 减去该号筛累计筛余百分率

C. 分计筛余百分率为各号筛上的分计筛余，除以干燥集料总质量与筛分造成的损耗质量之差

D. 质量通过百分率计算结果一般精确至 0.1%

6. 下面对粗集料压碎值试验的描述正确的是（　　）。

A. 选用石料若过于潮湿则需加热烘干，烘箱温度不得超过 100℃，烘干时间不超过 4h

B. 将试样分 2 次（每次数量大体相同）均匀装入试模中

C. 用 2.36mm 标准筛筛分经压碎的全部试样，可分几次筛分，均需筛到在 1min 内无明显的筛出物为止

D. 石料压碎值为试验后通过 2.36mm 筛孔的细料质量与试验前试样质量的比值

7. 测定粗集料的颗粒组成时，应对（　　）进行水洗法筛分。

A. 水泥混凝土用粗集料　　B. 沥青混合料用粗集料

C. 底基层用粗集料　　D. 基层用粗集料

8. 砂的细度模数计算中不应包括的是(　　)。

A. 4.75mm 颗粒　　B. 0.075mm 颗粒

C. 底盘上的颗粒　　D. 0.15mm 颗粒

9. 粗集料软弱颗粒试验需要的标准筛孔径有(　　)。

A. 2.36mm　　B. 4.75mm　　C. 9.5mm　　D. 16mm

10. 以下用于评价沥青混合料用细集料洁净度的技术指标有(　　)。

A. 天然砂含泥量　　B. 机制砂含泥量

C. 砂当量　　D. 亚甲蓝值

11. 以下关于集料的表述正确的有(　　)。

A. 按粒径分为粗集料、细集料

B. 是不同粒径的碎石、砾石、砂等粒料的统称

C. 按级配类型分为粗级配和细级配

D. 细集料包括天然砂、人工砂和石屑等

12. 桥涵结构物所用石料一般有以下(　　)方面的要求。

A. 石料制品的物理性质　　B. 石料制品的力学性质

C. 石料制品的化学性质　　D. 石料制品的规格

E. 石料制品的几何尺寸

13. 关于细集料的亚甲蓝试验,下列说法正确的是(　　)。

A. 通过化学滴定测定亚甲蓝值,需要精度为 0.001 的分析天平

B. 亚甲蓝标准溶液应储存在深色瓶,避光保存

C. 试验结束的标准是滴于滤纸上的沉淀物周围出现 2mm 稳定浅蓝色色晕

D. 亚甲蓝试验主要用于确定细集料中是否存在膨胀性黏土矿物

14. 对于沥青混合料用粗集料质量技术要求,描述正确的有(　　)。

A. 高速公路及一级公路表面层的洛杉矶磨耗损失应不大于 26%

B. 高速公路及一级公路的其他面层的表观相对密度应不大于 2.50t/m^3

C. 其他等级公路的吸水率应不大于 3.0%

D. 其他等级公路的针片状颗粒含量应不大于 18%

15. 天然砂和机制砂、石屑在进行坍落筒法试验时,在掌握坍塌的尺度上应该有所不同,以下描述正确的有(　　)。

A. 对天然砂,宜以"在试样中心部分上部成为 2/3 左右的圆锥体,即大致坍塌 1/3 左右"作为标准状态

B. 对机制砂和石屑,宜以"当移去坍落筒第一次出现坍落时的含水率,即最大含水率"作为试样的饱和面干状态

C. 对天然砂,宜以"当移去坍落筒第一次出现坍落时的含水率,即最大含水率"作为试样的饱和面干状态

D. 对机制砂和石屑,宜以"在试样中心部分上部成为 2/3 左右的圆锥体,即大致坍塌 1/3 左右"作为标准状态

16. 关于细集料亚甲蓝试验,下述不正确的有(　　)。

A. 本方法适用于小于 2.36mm 或小于 0.15m 的细集料，也可用于矿粉质量检验

B. 当细集料中 0.075mm 通过率小于 2%时，可不进行此项试验即作为合格看待

C. 每次配制亚甲蓝溶液前，都必须首先确定亚甲蓝的含水率

D. 配制亚甲蓝溶液时水温不超过 50℃

17. 关于细集料筛分试验的描述，正确的有(　　)。

A. 干筛法试验过程中，所有各筛的分计筛余量和底盘中剩余量的总量与筛分前的试样总量的差值不得超过后者的 2%

B. 水洗法试验过程中，所有各筛的分计筛余量和底盘中剩余量的总质量与筛分前后试样总量的差值不得超过后者的 1%

C. 根据各筛的分计筛余百分率绘制级配曲线

D. 进行两次平行试验，如果两次试验所得细度模数之差大于 0.2，则应重新进行试验

18. 以下对粗集料洛杉矶磨耗试验描述正确的有(　　)。

A. 本方法用于测定标准条件下粗集料抵抗摩擦、撞击的能力

B. 本方法适用于各种等级规格集料的磨耗试验

C. 计算粗集料洛杉矶磨耗损失时，结果精确至 0.1%

D. 计算结果用洛杉矶磨耗损失 Q 表示

19. 关于细度模数的描述，正确的有(　　)。

A. 细度模数为 2.2～1.6 为中砂

B. 细度模数反映的是集料的平均颗粒大小，常用于细集料粗细程度的评定

C. 对砂的细度模数计算式中，分子上减去 $5A_{4.75}$ 的理由：小于 4.75mm 筛孔有 5 级，$A_{4.75}$ 被累计了 5 次，应扣除 $5A_{4.75}$

D. 普通混凝土用砂的细度模数范围一般为 3.7～1.6，以中砂为宜

20. 矿粉筛分试验的标准筛孔径为(　　)。

A. 0.075mm　　B. 0.15mm　　C. 0.3mm　　D. 0.6mm

四、综合题

1. 关于粗集料的力学性质试验，请回答下列问题。

(1)有关粗集料的力学指标有(　　)。

A. 磨光值　　B. 磨耗值　　C. 冲击值　　D. 压碎值

(2)有关粗集料压碎值试验，说法正确的有(　　)。

A. 集料压碎值用于衡量石料在逐渐增加的荷载下抵抗压碎的能力

B. 每次试验的石料数量，应满足夯击后石料在试筒内的深度为 100mm

C.《公路工程集料试验规程》(JTG E42—2005)规定加载方法为以 1kN/s 速率加载至 200kN，稳压 5s，然后卸荷

D. 注意过筛时小于 2.36mm 颗粒的飞散损失，以免造成试验误差

(3)有关粗集料洛杉矶磨耗试验，说法正确的是(　　)。

A. 测定标准条件下粗集料抵抗摩擦、撞击的能力，以磨耗损失(%)表示

B. 本方法适用于各种等级规格集料的磨耗试验

C. 沥青路面及各种基层、底基层的粗集料，16mm 筛孔也可用 13.2mm 筛孔代替

D. 将计数器调整到零位，设定要求的回转次数。对水泥混凝土集料，回转次数为 500 转

(4)有关粗集料道瑞磨耗试验，说法正确的是(　　)。

A. 本试验用于评定公路路面表层所用粗集料抵抗车轮撞击及磨耗的能力

B. 单次试验以 28～30r/min 的转速转动转盘共 500 圈

C. 集料的道瑞磨耗值以 AA 表示

D. AA 值越小，表示集料抗磨耗性能越好

(5)粗集料压碎值试验步骤正确的是(　　)。

① 将试筒安放在底板上。

② 称取通过 2.36mm 筛孔的全部细料质量 m_1，准确至 1g。

③ 将试模从压力机上取下，取出试样。

④ 开动压力机，均匀地施加荷载，在 10min 左右的时间内达到总荷载 400kN，稳压 5s，然后卸荷。

⑤ 将装有试样的试模放到压力机上，同时将压头放入试筒内石料面上，注意使压头摆平，勿楔挤试模侧壁。

⑥ 用 2.36mm 标准筛筛分经压碎的全部试样，可分几次筛分，均需筛到在 1min 内无明显的筛出物为止。

⑦ 将要求质量的试样分 3 次(每次数量大体相同)均匀装入试模中，每次均将试样表面整平，用金属棒的半球面端从石料表面上均匀捣实 25 次；最后用金属棒作为直刮刀将表面仔细整平。

A. ①⑦⑤④⑥③②　　　　B. ①⑦⑤④③⑥②

C. ①⑦④②③⑤⑥　　　　D. ①⑤⑦③④⑥②

2. 某工程进行 AC－16 沥青混合料目标配合比设计，为配合此项工作，试验人员需要取集料样品开展相关的试验，请根据试验过程回答下列问题。

(1)以下关于集料取样方法的描述，正确的有(　　)。

A. 可从皮带运输机上取样。取样时，可在皮带运输机骤停的状态下取其中一截的全部材料，或在带运输机的端部连续接一定时间的料得到，将间隔 3 次以上所取的集料组成一组试样

B. 可在材料场同批来料的料堆上取样。应先铲除堆脚等处无代表性的部分，再在料堆的顶部、中部和底部各从均匀分布的几个不同部位取得大致相等的若干份组成一组试样

C. 可从沥青拌和楼的热料仓取样。应在放料口的全断面上取样，通常宜将一开始按正式生产的配比投料拌和的几锅(至少 10 锅以上)废弃，然后分别将每个热料仓放出至装载机上，倒在水泥地上后适当拌和，从 5 处以上的位置取样，拌和均匀，取要求数量的试样

D. 现场取样后，需要采用分料器法或四分法缩分，缩分后的试样数量应符合各项试验规定数量的要求

(2)以下关于针片状颗粒含量试验的描述，不正确的有(　　)。

A. 所取粗集料的针片状颗粒含量可以采用规准仪法，也可采用游标卡尺法进行测定

B. 按照游标卡尺法测定针片状颗粒含量时，试样数量应不少于 800g，并不少于 100 颗

C. 按照游标卡尺法测定针片状颗粒含量时，针片状颗粒是指最大长度方向与最大宽度方向的尺寸比大于 3 倍的颗粒

D. 游标卡尺法测定针片状颗粒含量时，需要分别找出针状颗粒和片状颗粒，计算两种颗粒的总质量

(3)以下关于压碎值试验的描述，正确的有(　　)。

A. 将要求质量的试样分 3 次(每次数量大体相同)均匀装入试模中，每次均将试样表面整平，用金属棒的半球面端从试样表面上均匀捣实规定次数

B. 将装有试样的试模放到压力机上，同时将压头放入试筒内试样表面上，注意使压头摆平，勿楔挤试模侧壁

C. 开动压力机，均匀地施加荷载，在 10min 左右的时间内达到总荷载 500kN，稳压 5s，然后卸荷

D. 将试模从压力机上取下，取出试样，用 2.36mm 标准筛筛分经压碎的全部试样，可分几次筛分，均需筛到在 1min 内无明显的筛出物为止，称取通过 2.36mm 筛孔的全部细料质量

(4)细集料砂当量试验的测定值如下表，该样品的砂当量试验结果是(　　)。

试样编号	试筒中用活塞测定的集料沉淀物的高度/mm	试筒中絮状物和沉淀物的总高度/mm	试样的砂当量
1 号	78	121	64.5
2 号	80	120	66.7

A. 64.5%　　B. 65%　　C. 66.0%　　D. 66%

(5)对于流动时间法测定 0～4.75mm 细集料棱角性试验，以下表述不正确的有(　　)。

A. 将现场取来的试样采用 4.75mm 标准筛过筛，无须水洗，烘干至恒重后直接进行试验

B. 试样所需的质量与试样的公称最大粒径有关，与试样的表观相对密度无关

C. 将试样从圆筒中央上方(高度与筒顶齐平)徐徐倒入漏斗，表面尽量倒平，如果不平可用带刃的直尺轻轻刮平表面

D. 平行试验 3 次，以平均值作为细集料棱角性的试验结果

3. 在沥青混合料拌和站取 10～20mm 和 5～10mm 粗集料采用网篮法测定集料密度，请根据已知条件回答下列问题。

(1)下面关于粗集料毛体积密度的表述，正确的是(　　)。

A. 单位体积(含材料的实体矿物成分及其闭口孔隙、开口孔隙等颗粒表面轮廓线所包围的毛体积)物质颗粒的干质量

B. 单位体积(含材料的实体矿物成分及其开口孔隙等颗粒表面轮廓线所包围的毛体积)物质颗粒的干质量

C. 单位体积(含物质颗粒固体及其闭口孔隙、开口孔隙体积及颗粒间空隙体积)物质

颗粒的质量

D. 单位体积(含材料的实体矿物成分及其闭口孔隙、开口孔隙等颗粒表面轮廓线所包围的全部毛体积)物质颗粒的饱和面干质量

(2)以下关于集料密度之间关系,说法错误的有(　　)。

A. 同一集料的毛体积相对密度数值大于毛体积密度数值

B. 同一集料的毛体积相对密度数值大于其表干相对密度数值

C. 同一集料的毛体积密度数值大于其表观密度数值

D. 同一集料的毛体积密度数值大于其堆积密度数值

(3)关于 10～20mm 集料样品缩分,以下说法正确的有(　　)。

A. 平行两个试样,每个试样的质量不少于 1000g

B. 平行两个试样,每个试样的质量不小于 1500g

C. 每一份集料试样浸泡、烘干后,当集料烘干质量小于规定值必须重新取样进行试验

D. 每一份集料试样浸泡、烘干后,当集料烘干质量稍小于规定值时可以继续试验

(4)对于 5～10mm 集料,一个试样的供干质量为 1003.1g,水中质量为 621.4g,饱和面干质量为 1014.1g,则以下试验结果表述正确的有(　　)。

A. 表观相对密度为 2.628　　B. 表观密度为 2.628g/cm^3

C. 毛体积相对密度为 2.554　　D. 毛体积密度为 2.554g/cm^3

(5)对于 5～10mm 集料,一个试样的烘干质量为 1003.1g,水中质量为 621.4g,饱和面干质量为 1014.1g,则该吸水率的试验结果是(　　)。

A. 1.12%　　B. 1.10%　　C. 1.1%　　D. 1.08%

4. 针对评价细集料洁净度的相关试验,回答下列问题。

(1)为评价机制砂洁净度,可以采用下列(　　)试验方法。

A. 筛洗法　　B. 沉降法

C. 亚甲蓝试验　　D. 砂当量试验

(2)关于细集料的砂当量和亚甲蓝试验描述正确的有(　　)。

A. 砂当量和亚甲蓝值均可以评价细集料的洁净度

B. 砂当量适用于测定细集料中所含的黏性土或杂质的含量

C. 亚甲蓝值适用于测定细集料中是否存在膨胀性黏土矿物

D. 亚甲蓝试验适用于粒径小于 2.36mm 或 0.15mm 的细集料,不适用于矿粉

(3)砂当量试验时,测得砂的含水率为 1.5%,则应称取(　　)湿砂进行试验。

A. 101.5g　　B. 121.8g　　C. 138g　　D. 120g

(4)砂当量的试验步骤中,下列说法正确的有(　　)。

A. 将湿砂样用漏斗仔细地倒入加有冲洗液(试筒 100mm 刻度线)的竖立试筒中,除去气泡,润湿试样,然后放置 10min

B. 开动机械振荡器,在 30s±1s 的时间内振荡 90 次

C. 将冲洗管直接插入试筒底部慢慢转动冲洗管并均匀缓缓提高,直至溶液达到 380mm 刻度线为止

D. 缓慢匀速向上拔出冲洗管,当冲洗管抽出液面,且当液面位于 380mm 刻度线处时,

切断冲洗管，在无扰动的情况下静置 20min±15s

(5)关于砂当量值，正确的说法有(　　)。

A. 砂当量值 $SE=h_2/h_1\times100$，以百分率计，用整数表示

B. 砂当量值越小，表明砂越洁净

C. h_1为试筒中絮凝物和沉淀物的总高度

D. h_2为试筒中目测沉淀物的高度

5. 洛杉矶磨耗试验的试验步骤如下：

① 分级称量，称取总质量 m_1，装入磨耗机圆筒中。

② 将计数器调整到零位，设定要求的回转次数。开动磨耗机，以规定转速转动至要求的回转次数为止。

③ 将不同规格的集料用水冲洗干净，置烘箱中烘干至恒重。

④ 对所使用的集料，根据实际情况选择最接近的粒级类别，确定相应的试验条件，按规定的粒级组成备料、筛分。

⑤ 用水冲干净留在筛上的碎石，置烘箱中烘干至恒重，准确称量 m_2。

⑥ 选择钢球，将钢球加入钢筒中，盖好筒盖，紧固密封。

⑦ 取出钢球，将经过磨耗后的试样从投料口倒入容器中。

⑧ 将试样过筛，筛去试样中被撞击磨碎的细屑。

根据上述信息回答下列问题。

(1)以上步骤正确的排序为(　　)。

A. ③④①②⑥⑦⑧⑤　　B. ③⑥①②④⑦⑧⑤

C. ③④①⑥②⑦⑧⑤　　D. ③⑥②④①⑦⑧⑤

(2)有关该试验的描述正确的有(　　)。

A. 粗集料洛杉矶磨耗损失，计算精确至 0.01%

B. 粗集料的磨耗损失取两次平行试验结果的算术平均值为测定值，两次试验的差值应不大于 2%，否则须重做试验

C. 冲干净留在筛上的碎石，应置 105℃±5℃烘箱中烘干至恒重，时间通常不少于 4h

D. 对沥青混合料集料，要求的回转次数为 500 转

(3)试验中开动磨耗机，应以(　　)转速转动至要求的回转次数为止。

A. 20～23r/min　　B. 30～33r/min

C. 30～35r/min　　D. 50～55r/min

(4)转动结束后，将试样用(　　)筛过筛，筛去试样中被撞击磨碎的细屑。

A. 0.075mm　　B. 1.7mm

C. 2.36mm　　D. 4.75mm

(5)水泥混凝土用集料洛杉矶磨耗试验使用钢球个数为(　　)，钢球总质量为(　　)。

A. 11 个，4850g±25g　　B. 11 个，5000g±25g

C. 12 个，4850g ±25g　　D. 12 个，5000g ±25g

6. 用于桥涵工程的某砂筛分结果如下，请回答有关细度模数的计算方法和含义、砂粗细程度的判定方法的问题。

筛孔尺寸/mm	4.75	2.36	1.18	0.6	0.3	0.15	0.075
筛余量/g	10	150	75	110	130	20	5

(1)计算该砂的细度模数,根据细度模数判断该砂为(　　)。

A. 粗砂　　B. 中砂　　C. 细砂　　D. 特细砂

(2)水泥混凝土用天然砂通常选用(　　)mm 筛筛除超粒径材料。

A. 9.5　　B. 4.75　　C. 2.36　　D. 1.18

(3)细集料筛分试验需要注意的有(　　)。

A. 如果试样含泥量超过5%,不宜采用干筛法

B. 所有各筛的分计筛余量和底盘中剩余量的总质量与筛分前试样总量 m_2 的差值不得超过后者的1%

C. 对沥青混合料及基层用细集料可采用干筛法,如果需要也可采用水洗法筛分

D. 恒重是指相邻两次称量间隔时间大于3h的情况下,前后两次称量之差小于该项试验所要求的称量精密度

(4)有关细集料筛分试验的结果描述正确的有(　　)。

A. 各号筛的累计筛余百分率为该号筛及大于该号筛的各号筛的分计筛余百分率之和,精确至0.1%

B. 各号筛的质量通过百分率等于100减去该号筛的累计筛余百分率,精确至0.1%

C. 进行两次平行试验,以试验结果的算术平均值作为测定值,如两次试验所得的细度模数之差大于0.2,应重新进行试验

D. 天然砂的细度模数计算应精确至0.1

(5)细集料筛分试验称量各筛筛余试样的质量应精确至(　　)。

A. 0.1g　　B. 0.2g　　C. 0.3g　　D. 0.5g

第八章　岗位技能测试训练题
——无机结合料稳定材料

一、单项选择题

1. 石灰稳定类半刚性基层材料，选用的石灰可按照技术指标分为(　　)。

A. Ⅰ、Ⅱ、Ⅲ三级　　B. 合格、不合格两级

C. 优等、合格、不合格三级　　D. 优等、合格两级

2. 下列不属于无机结合料稳定类材料的是(　　)。

A. 水泥稳定碎石　　B. 石灰稳定砂砾

C. 综合稳定类材料　　D. 沥青稳定碎石

3. 烘干法测定无机结合料稳定土含水率的试验内容如下，正确的试验步骤为(　　)。

① 将盛有试样的铝盒打开盒盖，置于烘箱中充分烘干。

② 称取铝盒和烘干试样质量。

③ 称量铝盒质量。

④ 将盛有试样的铝盒盖紧盒盖并放置冷却。

⑤ 试样粉碎后放入铝盒，盖上盒盖后称取质量。

A. ⑤①②④③　　B. ⑤①④②③

C. ③⑤①②④　　D. ③⑤①④②

4. 采用烘干法对石灰稳定土含水率进行测定时，下列做法正确的是(　　)。

A. 将石灰稳定土取样后，置于烘箱中，将烘箱调整到110℃

B. 将石灰稳定土取样后，置于烘箱中，将烘箱调整到105℃

C. 将石灰稳定土取样后，置于温度已达到105℃的烘箱中

D. 将石灰稳定土取样后，置于温度已达到110℃的烘箱中

5. 路面基层施工中，采用EDTA滴定法进行石灰或水泥剂量测定时，首先要制作标准曲线。在整个施工过程中，可能要二次制作标准曲线，需重新制作标准曲线的原因是(　　)。

A. 原材料改变

B. EDTA溶液用完后需重新配制

C. 待测无机结合料取样方式改变

D. 施工环境改变

6. 某一无机稳定碎石材料需要控制材料的延迟时间，延迟时间是指(　　)。

A. 从加水拌和到开始铺筑的时间

B. 从加水拌和到开始碾压的时间

C. 从加水拌和后到开始碾压的时间

D. 从加水拌和后到碾压成型之前的时间

7. 粉煤灰烧失量测定方法用于测定粉煤灰中的(　　)。

A. 含硫量　　B. 含钙量　　C. 含镁量　　D. 含碳量

8. 粉煤灰烧失量测定方法中,将试样放在高温炉内灼烧(　　)min。

A. 10～15　　B. 15～20　　C. 20～25　　D. 25～30

9. 石灰有效氧化钙和氧化镁含量的简易测定试验内容如下,正确的试验步骤是(　　)。

① 三角瓶口上插一短颈漏斗,使用带电阻电炉加热5min(调到最高挡),但勿使液体沸腾,放入冷水中迅速冷却。

② 称取0.8～1.0g石灰试样放入300mL三角瓶中并记录试样质量。

③ 向三角瓶中滴入酚酞指示剂2滴,记录滴定管中盐酸标准溶液体积。

④ 在不断摇动下用盐酸标准溶液滴定,控制速度为2～3滴/s,至粉红色完全消失,稍停,又出现红色,继续滴入盐酸,如此重复几次,直至5min内不出现红色为止,记录滴定管中盐酸标准溶液体积。

⑤ 向三角瓶中加入150mL新煮沸并已冷却的蒸馏水和10颗玻璃珠。

A. ①②⑤③④　　B. ①②⑤④③　　C. ②⑤①③④　　D. ②⑤①④③

10. 以下无机结合料稳定土中,需要控制延迟时间的有(　　)。

① 石灰稳定细粒土

② 水泥稳定细粒土

③ 石灰水泥稳定细粒土

④ 石灰粉煤灰稳定细粒土

⑤ 水泥粉煤灰稳定细粒土

⑥ 石灰稳定粗粒土

A. ①③⑤　　B. ②③⑥　　C. ②③⑤　　D. ①②③④⑤⑥

11. 半刚性基层材料无侧限抗压强度应以(　　)龄期的强度为评定依据。

A. 7d　　B. 14d　　C. 28d　　D. 90d

12. 水泥稳定碎石采用集中厂拌法施工时,混合料实际水泥剂量宜比室内试验确定的剂量增加(　　)。

A. 0.3%　　B. 0.5%　　C. 0.7%　　D. 1.0%

13. 无机结合料稳定材料应在现场碾压结束后及时检测压实度,压实度检测中,测定的含水率与规定含水率的绝对误差应不大于(　　)。

A. 1%　　B. 2%　　C. 3%　　D. 4%

14. 以下不属于无机结合料稳定材料目标配合比设计技术内容的是(　　)。

A. 选择级配范围　　B. 确定料仓供料比例

C. 验证混合料相关的设计及施工技术指标　　D. 确定结合料类型及掺配比例

15. 级配碎石目标配合比曲线确定后,还需进行(　　)的确定。

A. 级配离散度　　B. 级配合理变化范围

C. 级配关键筛选择　　D. 级配均匀性

16. 级配碎石配合比设计时，当确定目标级配曲线后，针对各档材料进行筛分，确定各档材料的平均筛分曲线及变异系数，并按(　　)倍标准差计算各档材料筛分级配的波动范围。

A. 1.5　　B. 1.645　　C. 2　　D. 3

17. 对石灰进行化学分析时，主要测定(　　)的含量。

A. 有效氧化镁　　B. 有效氧化钙

C. 有效氧化钙和氧化镁　　D. 氧化钙和氧化镁

18. 我国《公路工程无机结合料稳定材料试验规程》(JTG E51—2009) 测量回弹模量的方法有(　　)。

① 室内抗压回弹模量试验方法(顶面法)

② 室内抗压回弹模量试验方法(承载板法)

③ 动态抗压回弹模量试验方法

④ 劈裂回弹模量试验方法

⑤ 弯拉回弹模量试验方法

A. ①②③④　　B. ②③④⑤

C. ①③④⑤　　D. ①②③④⑤

19. 对于无机结合料稳定材料，由振动压实试验确定的最佳含水率(　　)击实试验确定的最佳含水率，最大干密度(　　)击实试验确定的最大干密度。

A. 大于，大于　　B. 大于，小于

C. 小于，大于　　D. 小于，小于

20. 无机结合料稳定材料试验室标准养护条件为(　　)。

A. 温度 20℃±2℃，湿度≥95%　　B. 温度 60℃±2℃，湿度≥95%

C. 温度 20℃±2℃，湿度≤95%　　D. 温度 60℃±2℃，湿度≤95%

21. 下列针对粉煤灰烧失量测定操作，说法正确的是(　　)。

A. 烧失量主要来自粉煤灰中的硫化物

B. 温度控制是烧失量检测的核心控制因素

C. 粉煤灰细度越高烧失量越大

D. 试验时要严格控制高温灼烧时间

22. 用 EDTA 滴定法测定水泥和石灰稳定材料中水泥或石灰的剂量时，溶液颜色变化为(　　)。

A. 玫瑰红色→紫色→蓝色　　B. 玫瑰红色→蓝色→紫色

C. 紫色→蓝色→玫瑰红色　　D. 蓝色→紫色→玫瑰红色

23. 击实试验甲法试样层数为(　　)层，每层击实次数为(　　)次。

A. 3，27　　B. 5，59　　C. 3，59　　D. 5，27

24. 无侧限抗压强度 $R_c = P/A$，其中 P 是指(　　)。

A. 试件破坏过程中的平均压力　　B. 试件破坏过程中的最大压力

C. 试件破坏过程中的最小压力　　D. 试件开始破坏时的压力

25. EDTA 滴定法确定水泥稳定材料中水泥剂量的试验，在准备标准曲线时应变化五个水泥剂量准备 5 种混合料。若最佳水泥剂量为 6%，则以下无须配制的水泥剂量是(　　)。

A. 0%　　B. 2%　　C. 4%　　D. 6%

26. 下列属于无机结合料稳定材料快速养护试验方法试验步骤的是(　　)。

① 将高温养护室的温度调至规定的温度 60℃±1℃，湿度也保持在 95%以上，并能自动控温控湿。

② 将试件从试模内脱出并量高称重后，中试件和大试件应装入塑料薄膜袋内。试件装入塑料袋后，将袋内的空气排除干净，扎紧袋口，将包好的试件放入养护室中。

③ 将制定的试件量高称重后，小心装入塑料薄膜袋内。试件装入塑料袋后，将袋内的空气排除干净，并将袋口用麻绳扎紧，将包好的试件放入养护箱中。

④ 养护期的最后一天，将试件从高温养护室内取出，凉至室温(约 2h)，再打开塑料袋取出试件，观察试件有无缺损，量高称重后，浸入 20℃±2℃恒温水槽中，水面高出试件顶 2.5cm。浸水 24h 后，取出试件，用软布擦去可见自由水，量高称重后，立即进行相关试验。

⑤ 在养护期的最后一天，将试件取出，观察试件的边角有无磨损和缺块，并量高称重，然后将试件浸于 20℃±2℃的水中，应使水面在试件顶上约 2.5cm。

A. ①②③　　B. ①②⑤　　C. ①③④　　D. ②③④

27. 采用 EDTA 滴定法测定石灰剂量的试样，正确的试验顺序为(　　)。

① 搅拌 3min，放置沉淀 10min，转移上部清液。

② 移液管吸取上层悬浮液置于三角瓶，加入 1.8%氢氧化钠溶液，加入钙红指示剂并摇匀。

③ 称取 300g 混合料放在搪瓷杯中，搅散并加入 600mL 的 10%氯化铵溶液。

④ 准备标准曲线。

⑤ 选取有代表性的混合料。

⑥ EDTA 标准溶液滴定，并记录消耗量。

A. ④②③①⑤⑥　　B. ④⑤③①②⑥

C. ①⑤②③④⑥　　D. ①⑤④③②⑥

28. 在采用 EDTA 滴定法进行水泥剂量检测的过程中，溶液从玫瑰红色直接变为蓝色，其原因可能是(　　)。

A. 说明滴定试验成功　　B. EDTA 二钠溶液浓度过低

C. 滴定速度过快　　D. 钙红指示剂滴定量不足

29. 某水泥稳定碎石重型击实试验测试结果：试筒质量 6590g；试筒容积 2177cm^3，试筒与湿样合计质量 11600g，代表试样含水率 6.2%，则混合料干密度为(　　)g/cm^3。

A. 2.17　　B. 2.30　　C. 2.44　　D. 2.48

30. 若 m_0 为混合料质量，m_1 为干混合料质量，m_2 为无机结合料质量，δ 为计算混合料质量的冗余量，a 为无机结合料的掺量，采用内掺法计算每个试件的无机结合料质量的计算公式为(　　)。

A. $m_2=m_1a/(1+a)$　　B. $m_2=m_1a$

C. $m_2=m_1\delta$　　D. $m_2=VP_{max}$

二、判断题

1. 基层材料力学强度越高，其抗开裂性能或抗冲刷性能越好。（　）

2. 石灰中有效氧化镁含量越高，石灰的品质越低。（　）

3. 用于水泥稳定基层的普通硅酸盐水泥初凝时间大于4h，终凝时间大于6h。（　）

4. 无机结合料的粗集料若选用花岗石，其压碎值的范围较石灰岩更严格。（　）

5. 生石灰未消化残渣含量试验，称取试样倒入装有清水的筛筒，静置消化时间如果过短，可能会导致试验结果偏小。（　）

6. 石灰消解之后需陈伏一段时间再使用，以防止石灰应用过程中发生不安定现象。（　）

7. 对无机结合料稳定级配碎石或砾石材料，应根据当地材料特点和技术要求，优化设计混合料级配，确定目标级配曲线和合理的变化范围。（　）

8. 无机结合料生产配合比验证工作分为两个阶段，第一阶段是各个料仓生产剂量的标定和调整，使最终的混合料级配能够与室内试验确定的级配曲线尽量吻合一致；第二阶段是对生产过程中结合料剂量和水量的控制手段与标准的确认。（　）

9. 半刚性基层施工现场压实度的测定，应以当天通过现场取样并成型试件测得到的最大干密度为准进行评定。（　）

10. 在进行石灰有效氧化钙和氧化镁的测定时，应将生石灰样品打碎，使颗粒不大于1.18mm，拌和均匀后用四分法缩减至300g左右，放置在瓷研钵中研细。（　）

11. 水泥稳定碎石圆柱形试件，在养护期间边角被发现有损伤，应立即进行修补。（　）

12. 在无侧限抗压强度试验中，直径相同的试件，随着试件高度增加，抗压强度会先增加后减小。（　）

13. 水泥稳定材料动态抗压回弹模量试验，制备的试件应按照标准养护条件养护90d，同时圆柱形试件的两个端面应用水泥净浆彻底抹平，再饱水24h。（　）

14. EDTA滴定法适用于水泥在初凝之前的水泥含量测定，并可用于检查现场拌和与摊铺均匀性。（　）

15. 在粉煤灰烧失量试验中，若试样灼烧的温度约为850℃，反复灼烧至恒量，则测得的烧失量结果可能偏大。（　）

16. 在无机结合料稳定材料标准养护试验中，对养护90d和180d的试件，在养护期间，稳定细粒材料试件的质量损失不超过1g；中粒材料试件的质量损失不超过4g；粗粒材料试件的质量损失不超过10g。（　）

17. 无侧限抗压强度试验时水泥稳定碎石养护7d，在最后一天需泡水，水温为室温。（　）

18. EDTA标准曲线用于确定水泥或石灰稳定材料中水泥或石灰的剂量，曲线以同一水泥或石灰剂量稳定材料EDTA消耗量的平均值为横坐标，以水泥或石灰剂量为纵坐标。（　）

19. 级配碎石配合比设计时，应按试验确定的级配和最佳含水率，以及现场施工的压

实度标准成型标准试件进行 CBR 强度试验。 ( )

20. 一般来说，无机结合料稳定材料振动压实试验确定的最佳含水率大于击实试验确定的最佳含水率，最大干密度大于击实试验确定的最大干密度。 ( )

三、多项选择题

1. 在确定路面基层、底基层混合料的技术要求时，需要考虑的因素有( )。

A. 公路等级　　B. 交通荷载等级
C. 结构形式　　D. 材料类型

2. 为确定某新建二级公路基层无机结合料稳定材料的最大干密度，可采用( )。

A. 振动压实　　B. 重型击实
C. 轻型击实　　D. 试验路压实机压实

3. 粉煤灰的技术指标要求有( )。

A. SiO_2、Al_2O_3和 Fe_2O_3总含量　　B. 烧失量
C. 比表面积　　D. 含水率

4. 以水泥稳定类材料为例，生产配合比设计技术内容应包括( )。

A. 确定料仓供料比例
B. 确定水泥稳定材料的容许延迟时间
C. 确定结合料剂量的标定曲线
D. 混合料的最佳含水率和最大干密度

5. 路面基层施工过程中，现场基层材料试验取样需要考虑的因素包括( )。

A. 取样数量　　B. 取样部位　　C. 取样温度　　D. 取样方法

6. 在取芯检验无机结合料稳定材料整体性时，符合石灰粉煤灰稳定基层材料取芯时间的有( )。

A. 7d　　B. 15d　　C. 18d　　D. 20d

7. 无机结合料稳定材料无侧限抗压强度试验方法中，试件制备的方法有( )。

A. 静压法　　B. 振动成型法　　C. 击实法　　D. 轮碾法

8. 水稳碎石配合比设计时，如果设计抗压强度大于 5.0MPa，现行规范推荐的水泥试验剂量为( )。

A. 3%　　B. 4%　　C. 5%　　D. 6%

9. 级配碎石配合比设计确定施工参数时，第二阶段试验应符合( )规定。

A. 通过混合料中实际含水率的测定，确定施工过程中水流量计的设定范围
B. 通过混合料中实际结合料剂量的测定，确定施工过程中结合料掺加的相关技术参数
C. 通过击实试验，确定含水率变化对混合料最大干密度的影响
D. 通过 CBR 试验，确定材料的实际强度水平和拌和工艺的变异水平

10. 以下关于水泥稳定碎石击实试验中试验准备工作的描述，正确的有( )。

A. 将具有代表性的风干试样用木槌捣碎或用木碾碾碎，土团应破碎到能通过 4.75mm 的筛孔

B. 必要时可将试料在 105℃烘箱中烘干至恒重

C. 在预定做击实试验的前一天，取有代表性的试料测定其风干含水量

D. 在试验前用游标卡尺准确测量试模的内径、高和垫块的厚度，以计算试筒的容积

11. 在水泥稳定碎石混合料目标配合比设计中，可选择（　　）个结合料剂量，分别确定各剂量条件下混合料的最佳含水率和最大干密度。

A. 3　　B. 4　　C. 5　　D. 6

12. 下列说法正确的是（　　）。

A. 用标准盐酸测定石灰中有效氧化钙含量，以溶液粉红色消失为终点

B. 为防止氧化钙生成碳酸钙，要用新煮沸过且尽量除去二氧化碳的蒸馏水

C. 测定石灰中氧化镁含量时，需用滴定钙、镁含量标准液的消耗量减去滴定钙标准液的消耗量

D. 测定石灰中有效氧化钙和氧化镁含量，当溶液加热时，为防止沸腾可加入玻璃珠

13. 下列关于制备 EDTA 标准曲线内容正确的是（　　）。

A. 不同龄期的无机结合料稳定材料，应用不同的 EDTA 二钠消耗量的标准曲线

B. EDTA 标准液滴定过程，溶液颜色由玫瑰红色变为紫色，并最终变为蓝色

C. 若结合料剂量较大时，可不做素集料和低剂量结合料的试样，而直接做高剂量试验

D. 每个试样，需加入 2 倍试样质量体积的 10％氯化铵溶液浸泡

14. 无机结合料稳定土的含水率测定方法有（　　）。

A. 烘干法　　B. 比重法

C. 酒精法　　D. 砂浴法

15. 以下关于水泥稳定级配碎石无侧限抗压强度试验，表述正确的有（　　）。

A. 根据混合料公称最大粒径不同，试件采用不同尺寸，但是试件径高比均为 1∶2

B. 无侧限抗压强度一般采用标准养护方法进行 7d 的标准养护

C. 试件两顶面用刮刀刮平，必要时采用水泥砂浆抹平试件顶面

D. 为保证试验的可推性和准确性，根据试件大小不同，每组试件的数目也不同

16. 下列关于无机结合料稳定材料振动压实试验，说法正确的是（　　）。

A. 该试验适用于在室内对水泥、石灰、石灰粉煤灰稳定粒料土基层材料进行振动压实试验

B. 以水泥为结合料的试验，拌和后要在 1h 内完成该试验

C. 确定不同含水率下的压实效果时，高含水率下是以压头回弹跳起为停止振动压实的控制条件

D. 混合料拌和后装料时应严格按四分法进行，混合料的离析对室内试验结果有很大影响

17. 下列关于无机结合料稳定材料取样方法的说法，正确的是（　　）。

A. 在无机结合料料堆取样应从中部取样，不得在顶部和底部取样

B. 为评价施工离散性，宜在施工现场取样

C. 在施工过程中取样时，宜在摊铺机后取样，且取料来源于 3 或 4 台不同料车

D. 生产配合比阶段取样总质量应大于分料取样后每份质量的 4～8 倍

18. 水泥稳定类基层材料加水时间超过 1h 后成型，将对水泥基层材料造成的影响有(　　)。

A. 密实度变小　　B. 含水率变大

C. 水泥水化反应变慢　　D. 成型后的强度降低

19. 以下关于无机结合料养护方法的说法中，正确的是(　　)。

A. 标准养护和快速养护相对湿度分别为 95%和 98%以上

B. 标准养护时，发现湿度不够，应立即对试件冲水保湿

C. 快速养护的温度为 60°C±1°C

D. 高温养护需确定龄期与强度的关系

20. 路面基层稳定土粒料进行无侧限抗压强度试验符合条件是(　　)。

A. 在规定温度下保湿养护 6d　　B. 在规定温度下养护 6d

C. 浸水 24h　　D. 浸水 12h

四、综合题

1. 某公路路面底基层为石灰稳定细粒土，基层为水泥稳定碎石，围绕混合料配合比设计路面基层施工中的相关试验，请回答下列问题。

(1)石灰稳定细粒土配合比设计中不需要进行的试验项目是(　　)。

A. 石灰的有效氧化钙和氧化镁含量试验

B. 液塑限试验

C. 压碎值试验

D. 有机质含量

(2)进行石灰稳定细粒土击实试验，在试验准备环节，需风干试料，同时土团应捣碎到能通过(　　)的筛备用。

A. 1.18mm　　B. 2.36mm　　C. 4.75mm　　D. 9.5mm

(3)进行石灰稳定土击实试验，以下不属于该次试验的计算和处理内容的是(　　)。

A. 湿密度的计算　　B. 干密度的计算

C. 级配的确定和计算　　D. 最大干密度和最佳含水率的确定

(4)水泥稳定碎石配合比设计中，必须进行的试验项目有(　　)。

A. 硫酸盐含量测定　　B. 击实试验

C. 压碎值试验　　D. 有机质含量测定

(5)在底基层和基层施工环节需要采用 EDTA 滴定法测定石灰和水泥剂量，以下叙述正确的是(　　)。

A. 基层施工中，可取 300g 湿混合料进行滴定试验

B. 底基层施工中，更换了取土坑，不需要重做标准曲线

C. 底基层施工中，更换了石灰厂家，需要重做标准曲线

D. 基层施工中，更换了水泥厂家，需要重做标准曲线

2. 请回答以下关于无机结合料稳定材料击实试验方法的问题。

(1)无机结合料稳定材料击实试验，甲、乙两类方法的区别在于(　　)。

A. 试样尺寸　　B. 每层击数

C. 平均单位击实功　　D. 容许公称最大粒径

(2)以下关于无机结合料稳定材料击实试验准备的描述，正确的有(　　)。

A. 如果试料是细粒土，将已捣碎的具有代表性的土过 4.75mm 筛备用(用甲法或乙法做试验)

B. 如果试料中含有粒径大于 4.75mm 的颗粒，则先将试料过 19mm 的筛，如存留在孔径为 19mm 筛中颗粒的含量不超过 10%，则过 26.5mm 筛，留作备用(用甲法或乙法做试验)

C. 如果试料中粒径大于 19mm 的颗粒含量超过 10%，则将试料过 37.5mm 筛；如果存留在孔径为 37.5mm 筛中颗粒的含量不超过 10%，则过 53mm 筛备用(用乙法或丙法做试验)

D. 如果试料中粒径大于 37.5mm 的颗粒含量超过 10%，则过 53mm 筛备用(用丙法做试验)

(3)无机结合料稳定材料击实试验，甲类方法的正确步骤为(　　)。

① 齐筒顶细心刮平试样，并拆除底板。

② 用刮土刀沿套环内壁削挖(使试样与套环脱离)后，扭动并取下套环。

③ 进行第一层试样及其余四层试样的击实。

④ 按预定含水率制备试样。

⑤ 用脱模器推出筒内试样。

⑥ 将所需要的无机结合料加到浸润后的试样中。

⑦ 用"工"字形刮平尺齐筒顶和筒底将试样刮平。

A. ④⑥③①⑤⑦②　　B. ④⑥③①⑤②⑦

C. ④⑥③②①⑤⑦　　D. ④⑥③②①⑦⑤

(4)当试样中大于规定最大粒径的超尺寸颗粒含量为(　　)时，应对试验所得最大干密度和最佳含水率进行校正。

A. 5%～30%　　B. 10%～30%

C. 15%～30%　　D. 20%～30%

(5)无机结合料稳定材料击实试验报告应包括(　　)。

A. 试样的最大粒径、超尺寸颗粒的百分率

B. 无机结合料类型及剂量

C. 所用试验方法类别

D. 最大干密度(g/cm^3)和最佳含水率(%)

3. 关于无机结合稳定材料无侧限抗压强度试验方法，请回答以下问题。

(1)粗粒土试模的直径×高为(　　)。

A. 50mm×50mm　　B. 100mm×100mm

C. 150mm×150mm　　D. 200mm×200mm

(2)试件制备和养护中，为保证试验结果的可靠性和准确性，每组试件的数目要求：小试件不少于 6 个，中试件不少于(　　)个，大试件不少于(　　)个。

A. 9，12　　B. 9，13　　C. 10，12　　D. 10，13

(3)将试件放在路面材料强度试验仪或压路机上，并在升降台上先放一扁球座，进行抗压试验。试验过程中，应保持加载速率为(　　)mm/min。

A. 1　　B. 2　　C. 3　　D. 4

(4)同一组试验的变异系数 $C(\%)$ 应符合下列规定，方可为有效试验：小试件 $C_v \leqslant 6\%$；中试件 $C_v \leqslant$(　　)；大试件 $C_v \leqslant 15\%$。

A. 9%　　B. 10%　　C. 11%　　D. 12%

(5)试件的无侧限抗压强度 R_c(MPa)用下列相应的公式计算：$R_c = P/A$，其中 P、A 各代表(　　)。

① 试件破坏时的最大压力

② 试件破坏时的最小压力

③ 试件的截面面积

④ 试件的表面积

A. ①③　　B. ②③　　C. ①④　　D. ②④

4. 关于无机结合料稳定材料试件制作方法(圆柱形)、养护试验方法、无侧限抗压强度试验方法，请回答以下问题。

(1)采用无机结合料稳定材料试件制作方法(圆柱形)制作 1 个 100mm×100mm 的试件需要干土(　　)。

A. 1700～1900g　　B. 1700～2000g

C. 1800～2000g　　D. 1800～2100g

(2)无机结合料稳定材料试件制作方法(圆柱形)的注意事项有(　　)。

A. 在采用生石灰粉时，必须与土拌和后一起进行浸润，而且浸润时间不应少于 3h，使生石灰粉能充分消解

B. 400kN 反力框架和液压千斤顶适宜于制备 50mm×50mm 的试件，也可用它制备 100mm×100mm 的试件

C. 在科学研究中，根据需要可采用径高比为 1∶1.5 或 1∶2 甚至 1 ∶2.5(或 1∶3)的试件

D. 对于粗粒料稳定材料(水泥稳定类材料除外)，由于细集料较少，在成型过程中，内壁涂机油是必要的

(3)无机结合料稳定材料养护试验方法对养护 90d 的试件，要求试件质量损失应符合(　　)。

A. 小试件不超过 1g

B. 中试件不超过 10g

C. 大试件不超过 20g

D. 质量损失超过规定的试件，应该作废

(4)无机结合料稳定材料无侧限抗压强度试验方法要求每组大试件不少于(　　)个。

A. 10　　B. 11　　C. 12　　D. 13

(5)某无机结合稳定材料 7d 无侧限抗压强度的试验结果见下表，下列说法正确的是(　　)。

试件编号	试件 1	试件 2	试件 3	试件 4	试件 5	试件 6
无侧限抗压强度/MPa	3.0	2.7	4.4	4.5	2.5	3.3

A. 试件 3 试验结果不是异常值　　B. 试件 3 试验结果是异常值

C. 试件 4 试验结果不是异常值　　D. 试件 4 试验结果是异常值

5. 某试验室拟设计一组质量比为石灰：粉煤灰：土＝10：14：76 的二灰稳定细粒土试件，经击实试验得到的最大干密度为 1.68g/cm^3，最佳含水率为 18%，压实度为 96%，原材中粉煤灰的含水率为 20%，土样含水率为 10%，请回答以下问题。

(1)单个试件的湿质量为(　　)。

A. 158.26g　　B. 164.85g　　C. 186.74g　　D. 194.52g

(2)单个试件石灰的用量为(　　)。

A. 15.8g　　B. 16.5g　　C. 18.7g　　D. 19.4g

(3)单个试件粉煤灰的用量为(　　)。

A. 22.1g　　B. 26.1g　　C. 26.6g　　D. 31.4g

(4)单个试件土的用量为(　　)。

A. 120.3g　　B. 132.3g　　C. 141.9g　　D. 156.1g

(5)单个试件水的用量为(　　)。

A. 12.0g　　B. 14.2g　　C. 28.5g　　D. 33.6g

第九章　岗位技能测试训练题
——水泥及水泥混凝土

一、单项选择题

1. 水泥密度采用(　　)测定。

A. 比重瓶　　B. 容量瓶　　C. 短颈瓶　　D. 李氏瓶

2. 下列有关水泥凝结时间的说法正确的是(　　)。

A. 水泥的凝结时间不会影响混凝土工程的施工

B. 只有初凝时间会影响混凝土工程的施工

C. 只有终凝时间会影响混凝土工程的施工

D. 初凝时间和终凝时间都会影响混凝土工程的施工

3. 不掺加混合材料的硅酸盐水泥代号为(　　)。

A. P·Ⅰ　　B. P·Ⅱ　　C. P·O　　D. P·P

4. 矿渣水泥不适宜用作(　　)。

A. 耐热耐火要求的混凝土　　B. 大体积混凝土

C. 有抗硫酸盐侵蚀要求的混凝土　　D. 早期强度要求高的混凝土

5. 水泥主要矿物成分中,抗化学侵蚀性最好的是(　　)。

A. 硅酸三钙　　B. 硅酸二钙　　C. 铝酸三钙　　D. 铁铝酸四钙

6. 硅酸盐水泥熟料中,(　　)矿物的含量最大。

A. 硅酸三钙　　B. 硅酸二钙　　C. 铝酸三钙　　D. 铁铝酸四钙

7. 火山灰质、粉煤灰硅酸盐水泥的密度一般为(　　)kg/m^3。

A. 3150～3250　　B. 3100～3200　　C. 2600～3000　　D. 2700～3100

8. 水泥凝结时间试验中,在临近初凝时间时,一般每隔(　　)测定一次。

A. 5min　　B. 10min　　C. 15min　　D. 20min

9. 水泥混凝土用硅酸盐水泥,初凝时间不少于(　　)min,终凝时间不大于(　　)min。

A. 45,390　　B. 45,600　　C. 60,390　　D. 60,600

10. 混凝土立方体抗压强度试验中,混凝土抗压强度试件以边长150mm的正方体为标准试件,其集料公称最大粒径为(　　)。

A. 13.2mm　　B. 26.5mm　　C. 31.5mm　　D. 53mm

11. 用维卡仪法测定水泥标准稠度用水量时,要求整个操作应在搅拌后(　　)内完成。

A. 60s　　B. 90s　　C. 120s　　D. 150s

12. 用维卡仪法测定水泥标准稠度用水量时，规定当试杆距离玻璃板小于(　　)时，应当适量减水。

A. 5mm　　B. 6mm　　C. 7mm　　D. 8mm

13. 水泥碱含量试验方法中，加入热水，压碎残渣使其溶解，加入一滴甲基红指示剂溶液，用(　　)中和至黄色。

A. 氨水　　B. 盐酸　　C. 硫酸　　D. 磷酸

14. 水泥密度试验时，两次试验结果的差值不应大于(　　)kg/cm^3。

A. 5　　B. 10　　C. 15　　D. 20

15. 现行规程规定，采用维卡仪法测定水泥标准稠度用水量，以试杆距底板的距离为(　　)作为水泥达到标准稠度的判定标准。

A. 3mm±1mm　　B. 4mm±1mm　　C. 5mm±1mm　　D. 6mm±1mm

16. 水泥混凝土拌合物在外力作用下，集料在水泥浆体中保持均匀分布，不会产生离析或出现泌水现象的性能为(　　)。

A. 流动性　　B. 可塑性　　C. 稳定性　　D. 易密性

17. 当水泥细度检验采用负压筛法和水筛法得到的结果发生争议时，应以采用(　　)得到的结果为准。

A. 负压筛法　　B. 水筛法

C. 采用两种方法所得结果的算术平均值　　D. 结果较小的方法

18. 为满足施工要求，水泥的初凝时间不宜太(　　)，终凝时间不宜太(　　)。

A. 长，短　　B. 长，长　　C. 短，短　　D. 短，长

19. 混凝土立方体抗压强度试验，强度等级大于C30、小于C60时，取(　　)的加荷速度。

A. 0.3～0.5MPa/s　　B. 0.5～0.8MPa/s

C. 0.8～1.0MPa/s　　D. 1.0～1.5MPa/s

20. 非圆柱体普通水泥混凝土试件成型时，试件抹面与试模边缘高低差不得超过(　　)。

A. 0.5mm　　B. 1.0mm　　C. 1.5mm　　D. 2.0mm

21. 水泥混凝土立方体抗压强度试验采用200mm×200mm×200mm非标准试件时，计算抗压强度值应乘以尺寸换算系数(　　)。

A. 0.85　　B. 0.95　　C. 1.00　　D. 1.05

22. 测定水泥初凝时间时，试件在湿气养护箱中养护至加水后(　　)进行第一次测试。

A. 30min　　B. 45min　　C. 60min　　D. 75min

23. 混凝土的(　　)对混凝土起着极为关键的作用，是保证混凝土各项性能的核心指标。

A. 原材料特性　　B. 单位用水量　　C. 水灰比　　D. 砂率

24. 当混凝土拌合物的坍落度大于限值时，用钢尺测量混凝土扩展后最终的最大直径

和最小直径，在这两个直径之差小于(　　)的条件下，用其算术平均值作为坍落扩展度值。

A. 10mm　　B. 50mm　　C. 100mm　　D. 220mm

25. 在水泥混凝土坍落度试验中，从开始装料到提坍落度筒的整个过程应连续并在(　　)内完成。

A. 50s　　B. 100s　　C. 150s　　D. 200s

26. 采用试饼法测定水泥安定性，当两个试饼判别结果有矛盾时，该水泥的安定性(　　)。

A. 合格　　B. 不合格

C. 再做一个试饼测定　　D. 换雷氏夹法测定

27. 用试饼法测定水泥安定性时，要求将试件放入煮沸箱中，在 30min±5min 内加热水至沸腾，并恒沸(　　)。

A. 60min±5min　　B. 120min±5min

C. 180min±5min　　D. 240min±5min

28. 采用雷氏夹法测定水泥安定性，当两个试件煮后增加距离($C-A$)的平均值不大于(　　)mm 时，即认为该水泥安定性合格。

A. 3.0　　B. 4.0　　C. 5.0　　D. 6.0

29. 水泥混凝土拌合物凝结时间取 3 个试样的平均值，如果有 1 个与中间值之差超过值的(　　)，则以中间值为试验结果。

A. 5%　　B. 10%　　C. 15%　　D. 20%

30. 混凝土配合比设计正确的顺序为(　　)。

① 提出基准配合比。

② 确定试验室配合比。

③ 计算初步配合比。

④ 换算工地配合比。

A. ①②③④　　B. ②③①④　　C. ③①②④　　D. ④③②①

31. 水泥胶砂抗压强度以一组 6 个断块试件抗压强度结果的平均值为试验结果，当 6 个强度中有 1 个超出平均值(　　)时，应将其剔除，再取剩余 5 个值的平均值作为试验结果，如果 5 个值中再有超出平均值(　　)的，则该组试件无效。

A. ±5%，±5%　　B. ±10%，±5%

C. ±10%，±10%　　D. ±5%，±10%

32. 应以标准养护(　　)龄期的试件为准评定水泥混凝土弯拉强度。

A. 3d　　B. 7d　　C. 14d　　D. 28d

33. 以下不属于水泥物理性能指标的是(　　)。

A. 细度　　B. 烧失量　　C. 安定性　　D. 凝结时间

34. 在水泥浆数量一定时，砂率过大，集料的总表面积及空隙率都会增大，需较多水泥浆填充和包裹集料，使(　　)。

A. 水泥浆增多，流动性增大　　B. 水泥浆减少，流动性减小

C. 水泥浆增多，流动性减小　　D. 水泥浆减少，流动性增大

35. 在新拌混凝土中，加入少量(　　)，能使流动性大幅增加。

A. 早强剂　　B. 减水剂　　C. 膨胀剂　　D. 引气剂

36. 为保证水泥安定性合格，对于硅酸盐水泥和普通硅酸盐水泥，水泥中氧化镁含量不得超过(　　)。

A. 5.0％　　B. 6.0％　　C. 6.5％　　D. 7.0％

37. 水泥凝结时间试验中，在临近终凝时间时每隔 15min 测定一次，当试针沉入(　　)，而环形附件未在试件上留下痕迹时，认为水泥达到终凝状态。

A. 4mm±1mm　　B. 0.5mm

C. 2mm±0.5mm　　D. 0.5mm±0.1mm

38. 当水泥氯离子含量为 0.10％～0.30％时，氯离子测定结果的允许差为(　　)。

A. 0.002％　　B. 0.005％　　C. 0.010％　　D. 0.020％

39. 烧失量是指水泥在(　　)高温下产生的质量损失。

A. 800℃　　B. 850℃　　C. 900℃　　D. 950℃

40. 采用(　　)可以测定水泥中三氧化硫含量。

A. 液体排代法　　B. 磷酸蒸馏-汞盐滴定法

C. 硫酸钡质量法　　D. 火焰光度法

41. 混凝土拌合物凝结时间试验步骤的正确顺序为(　　)。

① 记下从开始加水拌和所经过的时间和环境温度。

② 然后转动手轮让测针在 10s±2s 内垂直且均匀地插入试样内，深度为 25mm±2mm。

③ 将砂浆试样筒置于贯入阻力仪上，测针端面刚刚接触砂浆表面。

④ 每个试样的贯入测试应不少于 6 次，直至单位面积贯入阻力大于 28MPa 为止。

A. ①②③④　　B. ①③②④　　C. ③②①④　　D. ④③②①

42. 水泥碱含量试验(火焰光度法)结果精确至(　　)。

A. 0.1％　　B. 0.05％　　C. 0.01％　　D. 0.001％

43. 水泥三氧化硫含量试验方法(硫酸钡质量法)所用试剂不包括(　　)。

A. 盐酸　　B. 氯化钡　　C. 硝酸银　　D. 氢氧化钠

44. 水泥混凝土抗氯离子渗透试验(RCM 法)浸泡试件用的是(　　)。

A. 饱和氢氧化钙溶液　　B. 蒸馏水

C. 去离子水　　D. 饱和盐酸溶液

45. 氯离子渗透性评定为高，可采用的典型混凝土种类是(　　)。

A. 水胶比大于 0.60 的普通混凝土

B. 中等水胶比为 0.50～0.60 的普通混凝土

C. 低水胶比为 0.40～0.50 的普通混凝土

D. 低水胶比小于 0.38 的含矿物微细粉混凝土

46. 水泥混凝土棱柱体抗压弹性模量试验，如果循环后任一根轴心抗压强度与循环前轴心抗压强度之差超过后者的(　　)，则弹性模量值按另外两根试件试验结果的算术平均值计算。

A. 5％　　B. 10％　　C. 15％　　D. 20％

47. 水泥混凝土棱柱体抗压弹性模量试验，持荷时间为(　　)。

A. 30s　　B. 60s　　C. 90s　　D. 120s

48. 水泥胶砂强度试验的试件成型温度为(　　)，相对湿度大于(　　)。

A. 20℃±1℃，90%　　B. 20℃±2℃，90%

C. 20℃±1℃，50%　　D. 20℃±2℃，50%

49. 做水泥混凝土拌合物坍落度试验时要求将代表样分三层装入筒内，每层装入高度稍大于筒高的1/3，用捣棒在每一层的横截面上均匀插捣(　　)次。

A. 15　　B. 20　　C. 25　　D. 30

50. 坍落度法测定水泥混凝土拌合物稠度的适用条件是(　　)。

A. 坍落度大于15mm，集料公称最大粒径不大于31.5mm

B. 坍落度小于15mm，集料公称最大粒径不小于31.5mm

C. 坍落度大于10mm，集料公称最大粒径不大于31.5mm

D. 坍落度小于10mm，集料公称最大粒径不小于31.5mm

51. 下列外加剂对改善混凝土流动性最显著的是(　　)。

A. 减水剂　　B. 引气剂　　C. 增稠剂　　D. 速凝剂

52. 采用贯入阻力试验方法测定水泥混凝土拌合物的凝结时间，通过绘制贯入阻力-时间关系曲线，当单位面积贯入阻力为(　　)时，对应的时间应为初凝时间。

A. 2.5MPa　　B. 3.0MPa　　C. 3.5MPa　　D. 4.0MPa

53. 水泥不溶物含量试验(盐酸-氢氧化钠处理)需要用到(　　)。

A. 快速定量滤纸　　B. 中速定量滤纸

C. 慢速定量滤纸　　D. 玻璃纤维滤纸

54. 混凝土强度等级是根据(　　)标准值来确定的。

A. 立方体抗压强度　　B. 棱柱体抗压强度

C. 棱柱体抗折强度　　D. 立方体抗冲击强度

55. 混合式气压法测定水泥混凝土拌合物含气量适用于集料公称最大粒径不大于(　　)、含气量不大于(　　)且坍落度不为0的水泥混凝土拌合物。

A. 31.5mm，8%　　B. 37.5mm，8%

C. 31.5mm，10%　　D. 37.5mm，10%

56. 水泥氧化镁含量试验(原子吸收分光光度法)在空气-乙炔火焰中，于波长(　　)处测定溶液的吸光度。

A. 258.2nm　　B. 258.5nm　　C. 285.2nm　　D. 285.5nm

57. 混凝土电通量试验中，对试件施加60V直流恒电压并开始记录电流值，直至通电(　　)。

A. 4h　　B. 5h　　C. 6h　　D. 7h

58. 水泥混凝土抗折强度试验中非标准试件的尺寸是(　　)。

A. 100mm×100mm×400mm　　B. 100mm×100mm×550mm

C. 150mm×150mm×400mm　　D. 150mm×150mm×550mm

59. 进行混凝土凝结时间测定时，需要更换测针的情况是(　　)。

A. 贯入阻力超过一定程度　　B. 经过一段时间之后

C. 环境温度或湿度改变　　D. 贯入操作时在测孔边出现微小裂缝

60. 水泥混凝土棱柱体抗压弹性模量试验方法规定，水泥混凝土的受压弹性模量取轴心抗压强度(　　)时对应的弹性模量。

A. 1/2　　B. 1/3　　C. 1/4　　D. 1/5

61. 一组水泥混凝土标准立方体试件进行抗压强度试验，极限荷载分别为780kN、710kN、900kN，该组试件的抗压强度为(　　)。

A. 35.4MPa　　B. 34.7MPa　　C. 33.1MPa　　D. 作废

62. 做水泥混凝土抗渗性试验时，水压从0.1MPa开始，每隔8h增加水压(　　)MPa，一直加至6个试件中有3个试件表面发现渗水，即可停止试验。

A. 0.1　　B. 0.2　　C. 0.3　　D. 0.4

63. 进行混凝土配合比设计时，计算出水灰比后还要根据(　　)进行校正。

A. 强度　　B. 耐久性　　C. 流动性　　D. 用水量

64. 在混凝土中掺减水剂，若保持用水量不变，则可以提高混凝土的(　　)。

A. 强度　　B. 耐久性　　C. 流动性　　D. 抗渗性

65. 在进行混凝上初步配合比设计时，第一步应(　　)。

A. 计算混凝土配制强度　　B. 计算水灰比

C. 确定单位用水量　　D. 确定砂率

66. 水泥胶砂强度检验是将水泥和标准砂以(　　)的比例混合后，以水灰比为(　　)拌制成一组塑性胶砂，然后采用规定的方法测出抗折和抗压强度。

A. 1：2,0.5　　B. 1：2,0.6　　C. 1：3,0.5　　D. 1：3,0.6

67. 从作用机理方面分析，减水剂在混凝土中的作用不包括(　　)。

A. 吸附分散作用　　B. 润滑作用　　C. 湿润作用　　D. 缓凝作用

68. 早强剂对混凝土的早期强度有利，主要是因为早强剂影响了混凝土的(　　)。

A. 流动性　　B. 耐久性　　C. 收缩性　　D. 水化硬化

69. 缓凝剂之所以能延缓水泥凝结时间，是因为在水泥及其水化物表面上的(　　)而达到缓凝效果。

A. 吸附作用　　B. 润滑作用　　C. 润湿作用　　D. 减水作用

70. 泌水率测定试验中，自抹面开始计算时间，在前60min，每隔10min用吸液管吸出泌水一次，以后每隔(　　)min吸水一次，直至连续三次无泌水为止。

A. 10　　B. 15　　C. 20　　D. 25

二、判断题

1. 在同一车水泥混凝土中取样，应从三处以上的不同部位抽取大致相同分量的代表性样品，并搅拌均匀。(　　)

2. 硅酸盐水泥中完全不掺混合料的称为Ⅰ型硅酸盐水泥。(　　)

3. 火山灰水泥中熟料矿物的含量比硅酸盐水泥多。(　　)

4. 水泥的细度越大，水化反应和凝结速度就越快，早期强度就越高。(　　)

5. 在水胶比相同的条件下，达到最佳浆集比后，混凝土强度随着混凝土浆集比的增加而降低。（　）

6. 水泥标准稠度用水量是指水泥净浆对标准试杆沉入时所产生的阻力达到规定状态所用的水量。（　）

7. 工程实践中主要关注的混凝土力学指标有抗压强度和抗折强度。（　）

8. 硅酸盐水泥的细度用比表面积表示，普通硅酸盐水泥的细度采用筛余量表示。（　）

9. 水泥中碱含量以 $Na_2O+0.658K_2O$ 计时，不得超过 0.6%。（　）

10. 采用维卡仪法测定水泥标准稠度用水量，以试杆距底板的距离为 5mm±1mm 作为水泥标准稠度的判定标准。（　）

11. 水泥和粉煤灰细度试验均采用负压筛法，但是粉煤灰需筛析时间更长。（　）

12. 比表面积法是一种测定水泥细度的试验方法。（　）

13. 水泥安定性测定的标准方法是雷氏夹法。（　）

14. 在同一个试验室和试验环境条件下，水泥比表面积试验与水泥成型试验可同时进行。（　）

15. 混凝土的抗渗等级划分为 P4、P6、P8、P10、P12 五个等级。（　）

16. 水泥的初凝时间是指从水泥全部加入水中到水泥浆完全失去塑性的时间。（　）

17. 只要条件许可，水泥混凝土用砂应优先选用中砂，普通混凝土的坍落度与砂率成正比关系。（　）

18. 混凝土的抗拉强度只有抗压强度的 1/20～1/10。（　）

19. 测定水泥初凝时间时，达到初凝时应立即重复测定一次，当两次结果不同时，以第一次结果为准。（　）

20. 测定水泥初凝时间时，当试针沉至距底板 6mm±1mm 时，水泥达到初凝状态。（　）

21. 水泥的安定性不良是由水泥中某些有害成分造成的。（　）

22. 道路路面或机场道面用水泥混凝土，以抗压强度为主要强度指标，抗弯拉强度作为参考指标。（　）

23. 用雷氏夹法测定水泥安定性时，沸煮箱中的水位必须保证在整个沸煮过程中都能没过试件。（　）

24. 采用质量法计算水泥混凝土初步配合比，要首先假定一个合适的混凝土表观密度，粗细集料的用量等于混凝土各组成材料的单位用量之和。（　）

25. 用试饼法测定水泥安定性时，目测试饼未发现裂缝，但用钢直尺检查时，发现试饼有弯曲，则该试饼安定性合格。（　）

26. 水泥强度与水泥的矿物熟料组成密切相关，但与水泥细度无关。（　）

27. 水泥的胶砂强度主要是指抗压强度。（　）

28. 水泥标准稠度用水量测定，用水泥净浆制备搅拌方式是慢速搅拌 120s，停拌 15s，再快速搅拌 120s。（　）

29. 水泥混凝土的密实程度是决定水泥混凝土耐久性的重要指标。 (   )

30. 水泥的有害成分主要是指对水泥流动性造成不利影响的化学成分。 (   )

31. 新拌混凝土中的水泥浆过稀，造成黏聚性和保水性不良，产生流浆和离析现象。 (   )

32. 目前对水泥安定性不良的检测主要是检测游离氧化钙引起的水泥体积安定性不良。 (   )

33. 通用硅酸盐水泥技术指标中的化学指标不包括氯离子含量。 (   )

34. 国家标准规定，硅酸盐水泥的初凝时间不大于 45min。 (   )

35. 对新拌混凝土流动性起决定作用的是用水量。在拌制混凝土时，常用改变用水量的办法来调整新拌混凝土的流动性。 (   )

36. 水泥凝结时间测定用初凝试针和终凝试针的长度相同，直径不同，终凝试针下端带有一个环形试件。 (   )

37. 硅酸盐水泥有 32.5、32.5R、42.5、42.5R、52.5、52.5R 六个等级。 (   )

38. 水泥中不溶物测定时，试样先用氢氧化钠溶液处理，尽量避免可溶性氧化硅的析出，滤出的不溶渣再用酸溶液处理。 (   )

39. 水泥胶砂成型前组装三联模时要涂抹一些黄油，其作用是防止试模与水泥胶砂的粘连。 (   )

40. 公路面层水泥混凝土的配合比设计应首先满足经济性。 (   )

41. 随着砂率的提高，水泥混凝土的坍落度将会降低。 (   )

42. 混凝土坍落度越大，表示混凝土的保水性就越差。 (   )

43. 水泥混凝土路面的设计标准采用 28d 龄期的水泥混凝土抗弯拉强度。 (   )

44. 水泥净浆标准稠度用水量采用代用法时，如果采用不变水量法的结果和采用调整水量法的结果有冲突，则以不变水量法的结果为准。 (   )

45. 水泥混凝土强度等级越高，力学试验加载时要求的标准加载速率就应越快。 (   )

46. 普通硅酸盐水泥、矿渣硅酸盐水泥、火山灰质硅酸盐水泥、粉煤灰硅酸盐水泥和复合硅酸盐水泥初凝不小于 45min，终凝不大于 600min。 (   )

47. 雷氏法用于观察由两个试针相对位移所指示的水泥标准稠度净浆体积膨胀程度。 (   )

48. 进行水泥混凝土抗压强度试验时，其破坏荷载宜在压力机全量程的 10%～90%。 (   )

49. 在混凝土中掺加掺合料，能增加新拌混凝土的黏聚性，减少离析和泌水。 (   )

50. 在用贯入阻力法测定混凝土凝结时间的试验中，测定之前不需要将混凝土拌合物做过筛处理。 (   )

51. 从加水拌和时算起，常温下普通混凝土凝结时间在 3h 后开始测定，以后每次间隔时间为 1h。 (   )

52. 水泥胶砂强度试验(ISO 法)三个抗折强度试验结果中，有一个超出平均值±10%时，取中值为测定结果。 (   )

53. 缓凝剂是在混凝土坍落度基本相同的条件下，能减少拌和用水的外加剂。（　）

54. 根据经验，普通混凝土强度等级和水泥强度等级之间有 1.0～1.5 倍的匹配关系。（　）

55. 减小水灰比可以提高混凝土的抗渗性能。（　）

56. 混凝土试件应在温度为 20℃±5℃、相对湿度在 50%以上的标准养护室中进行养护。（　）

57. 成型混凝土立方体和棱柱体试件前，应进行坍落度或维勃稠度试验，认为品质合格后再成型。（　）

58. 混凝土的强度等级是以混凝土立方体抗压强度标准值划分的。（　）

59. 水泥混凝土拌合物表观密度的实质为水泥混凝土拌合物的毛体积密度。（　）

60. 水泥混凝土拌合物凝结时间测定中，单位面积贯入阻力为 3.5～20.0MPa 时，应选用 $50mm^2$ 型号测针。（　）

61. 混凝土强度的评定是通过测定 7d 龄期的强度进行的。（　）

62. 混凝土抗折强度试验的三个试件中，如有一个断面位于加荷区间外侧，则取另外两个试件测定值的算术平均值作为测定结果，并要求这两个测值的差值不大于其中较小测值的 15%。（　）

63. 无论是混凝土的抗压强度试验还是抗折强度试验，均以三个试件测定值的算术平均值作为测定结果，如果任一个测定值与中值的差超过中值的 15%，则取另外两个测定值的算术平均值作为测定结果。（　）

64. 混凝土抗压强度试件以边长为 150mm 的立方体为标准试件。（　）

65. 水泥凝结时间测定的起始时间是指第一次测定的时间。（　）

66. 水泥混凝土路面高温期施工宜采用普通型水泥。（　）

67. 在进行水泥混凝土配合比设计时，原则上水泥用量能少则少。（　）

68. 要使混凝土达到耐久性要求，必须严格控制混凝土的水灰比和水泥用量。（　）

69. 水泥混凝土拌合物含气量试验方法（混合式气压法）两次测量结果相差人于 0.2%时，应重新试验。（　）

70. 水泥混凝土抗渗等级按下式计算：$P=10H-1$，H 为第四个试件顶面开始有渗水时的水压力。（　）

71. 快速氯离子迁移系数法适用于以测定氯离子在混凝土中非稳态迁移的迁移系数来确定混凝土抗氯离子的渗透性能。（　）

72. 水泥混凝土坍落度试验提筒宜控制在 3～7s 完成，并使混凝土不受横向及扭力作用。（　）

73. 采用体积法计算水泥混凝土初步配合比中粗细集料的用量时，认为混凝土拌合物的总体积等于混凝土各组成材料的绝对体积之和。（　）

74. 减水剂能减少水泥中的拌和用水。（　）

75. 缓凝剂会对混凝土后期的物理力学性能产生不良影响。（　）

76. 减水剂只能改善新拌混凝土的工作性，对其他方面的性能没有贡献。（　）

77. 测定水泥混凝土拌合物坍落扩展度达 500mm 的时间，即 T_{500}，应自坍落筒提起离

开底板时开始计时。（　）

78. 水泥混凝土拌合物坍落扩展度试验从开始装料到测得混凝土扩展度值的整个过程应连续进行，并应在 4min 内完成。（　）

79. 水泥胶砂强度试件的龄期是从水泥加水搅拌时开始计算的。（　）

80. 混凝土使用引气剂后，将有利于混凝土的抗冻性能，但不利于混凝土的力学性能。（　）

三、多项选择题

1. 下列水泥不能用于配制严寒地区处在水位升降范围内的混凝土的是(　　)。

A. 普通硅酸盐水泥　B. 硅酸盐水泥　C. 火山灰水泥　D. 粉煤灰水泥

2. 复合硅酸盐水泥的特性有(　　)。

A. 早期强度较低，后期强度增长较快　B. 抗冻性较差

C. 抗碳化能力较强　D. 耐硫酸盐腐蚀性较好

3. 下列水泥中可应用在有抗硫酸盐侵蚀要求工程的水泥品种有(　　)。

A. 矿渣水泥　B. 粉煤灰水泥　C. 火山灰水泥　D. 硅酸盐水泥

4. 下列有关水泥标准稠度用水量的说法，正确的是(　　)。

A. 测定水泥标准稠度用水量的方法有标准法和代用法

B. 水泥标准稠度用水量是指水泥净浆对标准试杆沉入时所产生的阻力达到规定状态所具有的水泥和水用量百分率

C. 标准稠度是水泥凝结时间、安定性试验结果具有可比性的基础

D. 水泥的标准稠度用水量与水泥品种无关

5. 测定水泥标准稠度用水量的方法有(　　)。

A. 维勃稠度法　B. 比表面积法

C. 标准维卡仪法　D. 代用维卡仪法

6. 下列有关测定水泥标准稠度用水量方法的说法，正确的是(　　)。

A. 采用代用法测定水泥标准稠度用水量时，行标以试锥贯入的深度为 28mm±2mm 时的拌和水量作为该水泥的标准稠度用水量

B. 采用维卡仪法测定水泥标准稠度用水量，以试杆距底板的距离为 6mm±1mm 作为水泥达到标准稠度的判定标准

C. 试锥法可分为调整水量法和不变水量法

D. 不变用水量法不适用于试锥下沉深度小于 13mm 时的水泥

7. 配制混凝土时所采用的粗集料质量要求有(　　)。

A. 力学性质　B. 粒径、颗粒形状及级配

C. 有害物质　D. 细度模数

8. 混凝土合理砂率随(　　)而变化，需要根据实际施工条件，通过试验来选择。

A. 粗集料种类

B. 最大粒径和级配

C. 砂子的粗细程度和级配

D. 混凝土的水胶比和施工要求的流动性

9. 下列有关水泥凝结时间的说法，正确的是(   )。

A. 水泥的矿物组成和细度会影响水泥的凝结时间

B. 水泥的初凝时间是指从水泥全部加入水中到水泥浆开始失去塑性所需的时间

C. 水泥的终凝时间是指从水泥全部加入水中到水泥浆完全失去塑性所需的时间

D. 水泥的凝结时间分为初凝时间和终凝时间

10. 水泥对新拌混凝土和易性的影响主要是水泥的(   )。

A. 需水量　　B. 保水性　　C. 泌水性　　D. 黏聚性

11. 集料对新拌混凝土和易性的影响主要是(   )。

A. 集料的级配　　B. 颗粒形状　　C. 表面特征　　D. 最大粒径

12. 下列选项中，属于测定水泥中氯离子含量试验方法的有(   )。

A. 硫氰酸铵容量法　　B. 火焰光度法　　C. 电位滴定法　　D. 离子色谱法

13. 测定水泥凝结时间的仪器除和测定水泥净浆稠度试验相同的外，还需要(   )。

A. 养护箱　　B. 试针　　C. 试锥　　D. 维卡仪

14. 强度等级为 32.5 的水泥品种包括(   )。

A. 硅酸盐水泥　　B. 火山灰硅酸盐水泥

C. 粉煤灰硅酸盐水泥　　D. 复合硅酸盐水泥

15. 下列有关水泥安定性的说法，正确的是(   )。

A. 安定性是水泥的一项力学性质

B. 水泥安定性不良可能对水泥结构造成严重的结构破坏，因此必须测定水泥的安定性

C. 水泥中有害成分，如游离氧化钙和游离氧化镁含量过多，在水泥硬化过程中或硬化后引起水泥石内部体积膨胀，可能引发水泥石结构的严重破坏

D. 如果水泥的安定性不良，但其他指标均合格，则该水泥仍为合格水泥

16. 测定水泥安定性的方法有(   )。

A. 雷氏夹法　　B. 试饼法　　C. 调整水量法　　D. 筒压法

17. 下列关于用雷氏夹法测定水泥安定性的说法，正确的是(   )。

A. 必须同时测定两个试件

B. 沸煮前必须将试件放在标准养护箱中进行养护

C. 沸煮过程中必须使沸煮箱中的水位没过试件

D. 雷氏夹法是测定水泥安定性的唯一方法

18. 下列有关用试饼法测定水泥体积安定性的说法，错误的是(   )。

A. 当与其他测定方法的测定结果有争议时，以试饼法为主

B. 沸煮前无须对试件进行养护

C. 沸煮前必须先检查试饼是否完整，如试饼表面出现开裂，应检查原因，若没有外因作用，则该试饼已属于不合格产品，不必煮沸

D. 沸煮过程中必须使沸煮箱中的水位没过试饼

19. (   )会影响水泥的强度。

A. 水泥矿物熟料组成和细度　　B. 石膏的掺量

C. 养护条件　　D. 龄期

20. 下列关于勃氏法测量水泥比表面积说法不正确的有(　　)。

A. 试样需要烘干并冷却　　B. 试样需要过 1.0mm 筛

C. 试验室相对湿度≥50%　　D. 平行试验结果相差不大于 1%

21. 下列采用跳桌法测定水泥胶砂流动度的试验中,步骤正确的有(　　)。

A. 如跳桌在 24h 内未被使用,先空跳一个周期 25 次

B. 将拌好的水泥胶砂分两层迅速装入流动试模,第一层装至截锥圆模高度约 2/3 处

C. 将截锥圆模垂直向上轻轻提起,立刻开动跳桌,每秒一次,在 25s±1s 内完成 25 次跳动

D. 从胶砂拌和开始到测量扩散直径结束,须在 6min 内完成

22. 游离氧化钙引起的水泥安定性不良,可用(　　)进行检测。

A. 试饼法　　B. 雷氏夹法　　C. 蒸压法　　D. 滴定法

23. 水泥混凝土用细集料的有害物质包括(　　)。

A. 云母　　B. 轻物质　　C. 氯离子　　D. 硫酸盐

24. 硅酸盐水泥的物理指标主要包括(　　)。

A. 凝结时间　　B. 安定性　　C. 强度　　D. 不溶物

25. 硅酸盐水泥的强度等级主要是以不同龄期的(　　)进行划分的。

A. 抗拉强度　　B. 抗剪强度　　C. 抗压强度　　D. 抗折强度

26. 判断水泥是否合格的指标包括(　　)。

A. 化学指标　　B. 凝结时间　　C. 安定性　　D. 强度

27. 在水泥混凝土拌合物凝结时间试验中用到的仪器设备包括(　　)。

A. 贯入阻力仪　　B. 测针　　C. 坍落度仪　　D. 计时器

28. 下列关于用坍落度法测定混凝土拌合物流动性的说法,正确的是(　　)。

A. 坍落度法适合测定集料公称最大粒径不大于 31.5mm 的混凝土

B. 坍落度越大表示流动性越大

C. 当混凝土拌合物的坍落度大于 200mm 时,坍落度不能准确反映混凝土的流动性

D. 测定坍落度的同时应观察混凝土拌合物的黏聚性和保水性,以全面评定新拌混凝土的工作性

29. 以下水泥(　　)检测均有标准法和代用法,实际检测时应首选标准法。

A. 标准稠度用水量　　B. 凝结时间　　C. 安定性　　D. 抗折强度

30. 普通混凝土路面的配合比设计在兼顾经济性的同时,应满足下列(　　)技术要求。

A. 抗弯拉强度　　B. 工作性　　C. 抗压强度　　D. 耐久性

31. 水泥混凝土拌合物含气量的测定试验(混合式气压法)主要包括对(　　)的含气量的测定。

A. 混凝土拌合物　　B. 集料　　C. 水泥　　D. 外掺料

32. 测得混凝土坍落度值后应进一步观察其黏聚性。具体做法是用捣棒轻轻敲击拌

合物,若混凝土试体出现(　　),则说明混凝土的黏聚性差。

A. 突然倒坍　　B. 部分崩裂、石子离析

C. 底部明显有水流出　　D. 表面泌水

33. 水泥混凝土拌合物凝结时间试验中,以下试验描述正确的有(　　)。

A. 从每批混凝土拌合物中取一个试样,共取三个试样,分装三个试样筒

B. 试件静置于温度为20℃±2℃的环境中

C. 每个试样做贯入阻力试验时,贯入阻力应为0.2～28MPa,且试验次数不少于5次

D. 普通混凝土从加水拌和时算起,2～3h后开始测定

34. 测定混凝土拌合物和易性的现行主要方法有(　　)。

A. 坍落度法　　B. 贯入阻力法　　C. 维勃稠度法　　D. 目测法

35. 下列因素中(　　)会影响新拌混凝土的和易性,因此在混凝土配合比设计时要不断调整,使其和易性满足相关要求。

A. 水灰比　　B. 砂率　　C. 用水量　　D. 外加剂

36. 在新拌混凝土中掺加(　　)能增大流动性。

A. 减水剂　　B. 引气剂　　C. 增稠剂　　D. 速凝剂

37. 下列关于新拌混凝土工作性的调整,说法正确的是(　　)。

A. 在组成材料一定的情况下,混凝土拌合物的流动性随单位用水量的增加而加大

B. 水灰比小,则水泥浆稠度大,混凝土拌合物流动性小

C. 存在一个合适的砂率使新拌混凝土的和易性最佳

D. 砂率越大,工作性越好

38. 下列关于用贯入阻力法测定混凝土凝结时间试验的说法,正确的是(　　)。

A. 当单位面积贯入阻力为3.5MPa时,对应的时间应为初凝时间

B. 当单位面积贯入阻力为28MPa时,对应的时间应为终凝时间

C. 测点与试样筒壁的距离不小于25mm

D. 测定时,每个试样筒每次测3个点,各测点的间距不小于15mm

39. 改善混凝土耐久性的外加剂有(　　)。

A. 减水剂　　B. 早强剂　　C. 阻锈剂　　D. 防水剂

40. 调节混凝土凝结时间和硬化功能的外加剂有(　　)。

A. 减水剂　　B. 缓凝剂　　C. 早强剂　　D. 速凝剂

41. 下列关于水泥混凝土试件制作的描述,正确的有(　　)。

A. 立方体抗压强度试件标准尺寸为150mm×150mm×150mm

B. 非圆柱体试件成型时,坍落度大于25mm且小于70mm的水泥混凝土可采用人工成型

C. 采用人工成型直径为200mm的圆柱体试件时,拌合物需分厚度大致相等的三层装入试模,每层插捣25次

D. 圆柱体试件用抹刀仔细抹平后,使表面略低于试模边缘0.5mm

42. 水泥混凝土抗弯拉强度试验可以选用的试件尺寸有(　　)。

A. 100mm×100mm×400mm　　B. 150mm×150mm×550mm

C. 150mm×150mm×600mm　　　　　　　　　D. 150mm×150mm×650mm

43. 水泥混凝土抗压强度试验时，抗压强度测定值可能为(　　)。

A. 最大值　　　　B. 最小值　　　　C. 平均值　　　　D. 中间值

44. 下列关于水泥凝结时间测定，说法正确的是(　　)。

A. 最初测定的操作时应轻扶金属柱，使其徐徐下降，以防止试针撞弯，但结果以自由下落为准

B. 在整个测试过程中，试针沉入的位置至少要距试模内壁 25mm

C. 每次测定不能让试针落入原针孔

D. 每次测定完毕须将试针擦净并将试模放回湿气养护箱内，整个测试过程要防止试模振动

45. ISO 标准砂用于检验水泥胶砂强度的基准物质，由粒径范围为(　　)级配石英砂组成。

A. 0.08～0.5mm　　　　　　　　B. 0.5～1.0mm

C. 1.0～2.0mm　　　　　　　　D. 2.0～5.0mm

46. 判断水泥安定性状态合格与否的错误方法是(　　)。

A. 采用代用法测定试饼膨胀量

B. 采用标准法测定雷氏夹沸煮后指针端部增加距离

C. 采用代用法观察钢尺与试饼之间的接触情况

D. 采用标准法测定雷氏夹指针在 300g 砝码的重量下的打开程度

47. 水泥中的有害成分指(　　)。

A. 石膏　　　　　　　　B. 游离氧化镁

C. 三氧化硫　　　　　　D. 氯离子或碱含量

48. 混凝土配合比设计需满足的要求是(　　)。

A. 满足结构物设计强度要求　　　　B. 满足施工工作性要求

C. 满足耐久性要求　　　　　　　　D. 满足经济性要求

49. 水泥混凝土配合比设计步骤包括(　　)。

A. 计算初步配合比　　　　　　　　B. 提出基准配合比

C. 确定试验室配合比　　　　　　　D. 换算施工配合比

50. 在混凝土基准配合比设计阶段，通过具体的坍落度试验，下列调整初步配合比设计方法正确的有(　　)。

A. 坍落度值达到设计要求，且混凝土的黏聚性和保水性亦良好，则原有初步配合比无须调整

B. 混凝土的坍落度不能满足设计要求，但黏聚性和保水性却较好时，此时应在保持原有水灰比不变的条件下，调整水和水泥用量，直至工作性满足要求

C. 当试拌并实测后，如果发现流动性能够达到设计要求，但黏聚性和保水性不好，此时，保持原有水泥和水的用量，在维持砂石总量不变的条件下，适当调整砂率，改善混凝土的黏聚性和保水性，直至坍落度、黏聚性和保水性均满足要求

D. 当试拌并实测后，如果发现拌合物的坍落度不能满足要求，且黏聚性和保水性也不

好，则应在水灰比和砂石总量维持不变的条件下，改变用水量和砂率，直至符合要求为止

51. 水泥胶砂强度试验的试件成型步骤中，每成型三个试件需称量的材料用量为(　　)。

A. 水泥 350g±2g　　B. 水泥 450g±2g

C. ISO 标准砂 1050g±5g　　D. ISO 标准砂 1350g±5g

52. 以下可以获得水泥细度的试验方法有(　　)。

A. 负压筛法　　B. 水筛法　　C. 比表面积法　　D. 观察法

53. 水泥胶砂强度试验(ISO 法)的加载速度可以是(　　)。

A. 50N/s　　B. 500N/s　　C. 1500N/s　　D. 2500N/s

54. 成型后的混凝土养护分为初期的带模养护和脱模后的正常养护，下列选项中说法正确的是(　　)。

A. 带模养护：保湿条件下室温 20℃±5℃，相对湿度大于 50%

B. 脱模养护：温度 20℃±2℃，相对湿度大于 95%

C. 带模养护：温度 20℃±2℃，相对湿度大于 90%

D. 脱模养护：用水温 20℃±5℃的饱和石灰水浸泡

55. 混凝土施工配合比是在试验室配合比的基础上修正了(　　)用量。

A. 水泥　　B. 细集料　　C. 粗集料　　D. 水

56. 水泥混凝土棱柱体抗压回弹模量试验需要的器具有(　　)。

A. 压力试验机　　B. 分度值为 1mm 的钢尺

C. 微变形测量仪　　D. 毛玻璃片

57. 特重交通荷载等级公路的面层水泥混凝土可采用(　　)。

A. 道路硅酸盐水泥　　B. 硅酸盐水泥

C. 矿渣硅酸盐水泥　　D. 普通硅酸盐水泥

58. 水泥混凝土按初步配合比试拌并实测之后，发现流动性能够达到设计要求，但黏聚性和保水性却不好，经过调整，得到基准配合比，同初步配合比对照，(　　)的用量肯定改变。

A. 水泥　　B. 水　　C. 砂　　D. 石

59. 水泥氧化镁含量测定是以(　　)试样的方法制备溶液的。

A. 氢氟酸-高氯酸分解　　B. 硝酸分解

C. 氢氧化钠熔融　　D. 碳酸钠熔融

60. 采用混合式气压法测定水泥混凝土拌合物的含气量时，需要标定(　　)。

A. 量钵容积　　B. 含气量 0%点

C. 含气量 1%～10%　　D. 集料含气量

四、综合题

1. 关于水泥混凝土立方体抗压强度和抗弯拉强度试验方法，请回答以下问题。

(1)以下关于水泥混凝土立方体抗压强度试验方法、试验步骤的说法，正确的有(　　)。

A. 以成型时侧面为上下受压面，试件中心应与压力机几何对中

B. 强度等级小于 C30 的混凝土，取 0.3～0.5MPa/s 的加荷速度

C. 强度等级大于 C30 且小于 C60 的混凝土，取 0.5～0.8MPa/s 的加荷速度

D. 强度等级大于 C60 的混凝土，取 0.8～1.0MPa/s 的加荷速度

(2)水泥混凝土立方体抗压强度试验方法测定的 3 个试件测值中的最大值或最小值，如果有一个与中间值之差超过中间值的(　　)，则取中间值为测定值。

A. 5%　　B. 10%　　C. 15%　　D. 20%

(3)采用非标准试件时，在三分点加荷的试验方法同前，但所取得的抗折强度值应乘以尺寸换算系数(　　)。

A. 0.80　　B. 0.85　　C. 0.90　　D. 0.95

(4)关于水泥混凝土抗弯拉强度试验方法注意事项的说法，正确的有(　　)。

A. 3 根试件中如果有 1 根试件出现断裂面位于加荷点外侧，则该组结果无效

B. 弯拉强度试验装置对试验结果有显著影响，所以试验过程中必须使用符合规定的装置

C. 试验时应选择合适的压力机加载量程，否则可能引起较大误差

D. 试验要求的加载速率单位是 MPa/s

(5)关于水泥混凝土立方体抗压强度和抗弯拉强度试验结果的计算，说法正确有(　　)。

A. f_{cu}为混凝土抗弯拉强度

B. f_f为混凝土立方体抗压强度

C. 混凝土立方体抗压强度试验结果计算精确至 0.1MPa

D. 混凝土抗弯拉强度试验结果计算精确至 0.01MPa

2. 关于新拌水泥混凝土的工作性，请回答以下问题。

(1)新拌混凝土的工作性又称和易性，是指混凝土具有(　　)等几方面的一项综合性能。

A. 流动性　　B. 可塑性　　C. 稳定性　　D. 易密性

(2)影响混凝土工作性的因素有(　　)。

A. 水泥浆的数量和稠度　　B. 砂率

C. 组成材料的性质　　D. 时间和温度

(3)当混凝土拌合物的坍落度大于(　　)时，坍落度不能准确反映混凝土的流动性，用混凝土扩展后的平均直径(即坍落扩展度值)作为流动性指标。

A. 160mm　　B. 180mm　　C. 200mm　　D. 220mm

(4)关于水泥混凝土拌合物稠度试验方法(坍落度仪法)的试验要求，说法错误的有(　　)。

A. 将代表样分三层装入筒内，每层装入高度稍大于筒高的 1/3，用捣棒在每一层的横截面上均匀插捣 25 次

B. 坍落筒中的装填插捣操作，采用将捣棒垂直压下的方式，而不能采用冲击的方式进行

C. 从开始装筒至提起坍落筒的全过程，时间不应超过 150s

D. 混凝土试件的一侧发生崩坍或一边剪切破坏，则表示该混凝土工作性不好

(5)做坍落度试验的同时，可用目测方法评定混凝土拌合物的(　　)。

A. 棍度　　B. 含砂情况　　C. 黏聚性　　D. 保水性

3. 设计强度为 C35 的水泥混凝土，施工抽检了 10 组试件，其 28d 的抗压强度(标准尺寸试件、标准养护)为 33.0MPa、34.0MPa、36.0MPa、35.0MPa、33.0MPa、36.0MPa、35.0MPa、35.0MPa、38.0MPa、35.0MPa，取判定系数 $K_1=1.7$，$K_2=0.9$，请回答以下问题。

(1)$S_n=$(　　)。

A. 1.149MPa　　B. 1.491MPa　　C. 1.941MPa　　D. 2.100MPa

(2)$R_n-K_1S_n=$(　　)。

A. 33.05MPa　　B. 32.46MPa　　C. 31.70MPa　　D. 31.43MPa

(3)$R_n-K_1S_n$(　　)$0.9R$。

A. 大于　　B. 等于　　C. 小于　　D. 无法判断

(4)下列水泥混凝土抗压强度的合格标准中正确的是(　　)。

A. $R_n \geqslant K_2R$　　B. $R_n \leqslant K_1R$

C. $R_{min} \geqslant K_2R$　　D. $R_{min} \geqslant (K_1-K_2)R$

(5)该组试件强度(　　)要求。

A. 满足　　B. 不满足　　C. 部分满足　　D. 无法判断

4. 某试验室按体积法设计某混凝土配合比，混凝土设计强度等级为 C40，强度标准差 $\sigma=4.5$MPa。可供材料：42.5 级硅酸盐水泥，密度 $\rho_c=3.1\times10^3$ kg/m³，富余系数 $\gamma_c=1.16$；中砂，表观密度 $\rho_s=2.65\times10^3$kg/m³；碎石，最大粒径为 20mm，表观密度 $\rho_g=2.70\times10^3$kg/m³。回归系数 $\alpha_a=0.47$，$\alpha_b=0.08$，单位用水量为 195kg，砂率取 31%，要求最大水灰比限制值为 0.55，最小水泥用量限定值为 280kg/m³。请回答以下问题。

(1)该混凝土的水灰比为(　　)。

A. 0.41　　B. 0.47　　C. 0.50　　D. 0.55

(2)该混凝土的单位水泥用量为(　　)。

A. 354kg/m³　　B. 390kg/m³　　C. 415kg/m³　　D. 476kg/m³

(3)该混凝土的单位砂用量为(　　)。

A. 534kg/m³　　B. 550kg/m³　　C. 557kg/m³　　D. 566kg/m³

(4)该混凝土的单位碎石用量为(　　)。

A. 1188kg/m³　　B. 1224kg/m³　　C. 1239kg/m³　　D. 1259kg/m³

(5)该混凝土的初步配合比为(　　)。

A. 354 : 195 : 566 : 1259　　B. 390 : 195 : 557 : 1239

C. 415 : 195 : 550 : 1224　　D. 476 : 195 : 534 : 1188

5. 在水泥混凝土配合比设计中，混凝土的性能是非常重要的内容，根据配合比设计过程和设计要求回答下列问题。

(1)公路面层水泥混凝土的配合比设计应满足(　　)要求。

A. 经济性　　　　B. 耐久性　　　　C. 工作性　　　　D. 抗压强度

(2)水泥混凝土配合比设计应包括(　　)阶段。

A. 目标配合比设计　　　　B. 施工配合比设计

C. 计算配合比设计　　　　D. 理论配合比设计

(3)为提高水泥混凝土的强度,可以采取的措施有(　　)。

A. 选用高强度水泥　　　　B. 提高浆集比

C. 提高粗集料的最大粒径　　　　D. 降低水灰比

(4)水泥混凝土抗弯拉强度试验的标准试样尺寸为(　　)。

A. 100mm×100mm×100mm　　　　B. 150mm×150mm×550mm

C. 150mm×150mm×150mm　　　　D. 350mm×350mm×550mm

(5)养护 28d 的一组水泥混凝土抗弯拉强度试验用标准小梁,采用标准方法试验时,测得的最大抗弯拉荷载分别是 30.20kN、36.55kN、37.75kN,则该试验结果为(　　)。

A. 4.64MPa　　　　B. 4.87MPa　　　　C. 4.95MPa　　　　D. 作废

6. 通过经验方法得到混凝土的室内初步配合比为水泥∶砂∶石=1∶1.73∶3.33,W/C=0.42。但是,该配合比还需进行一系列检验和修正,以确保室内配合比满足设计要求。针对这样的工作内容,请回答下列问题。(配合比结果四舍五入取整数,水灰比保留 2 位小数)

(1)不同条件下,当配制 $1m^3$ 混凝土时,下列各材料用量计算结果中,正确的有(　　)。

A. 如果水泥用量是 370kg,则配合比是水泥∶水∶砂∶石=370∶155∶640∶1232

B. 如果用水量是 160kg,则配合比是水泥∶水∶砂∶石=381∶160∶659∶1269

C. 如果砂用量是 660kg,则配合比是水泥∶水∶砂∶石=382∶160∶660∶1272

D. 如果碎石用量是 1300kg,则配合比是水泥∶水∶砂∶石=385∶162∶674∶1300

(2)当采用水泥用量为 $370kg/m^3$ 的配合比进行坍落度试验时,发现测得的坍落度值不满足工作性设计要求,而黏聚性和保水性较好,需要调整 3%的用水量,则调整后正确的配合比有可能有(　　)。

A. 水泥∶水∶砂∶石=370∶160∶623∶1266

B. 水泥∶水∶砂∶石=381∶160∶623∶1266

C. 水泥∶水∶砂∶石=370∶150∶623∶1266

D. 水泥∶水∶砂∶石=381∶150∶623∶1266

(3)当对上述工作性的配合比进行强度验证时,发现强度偏低,需要适当降低混凝土的水灰比,由原来的水灰比降低 0.02,则下述对配合比调整的结果可能有(　　)。

A. 水泥∶水∶砂∶石=400∶160∶623∶1266

B. 水泥∶水∶砂∶石=381∶152∶623∶1266

C. 水泥∶水∶砂∶石=375∶150∶623∶1266

D. 水泥∶水∶砂∶石=359∶144∶623∶1266

(4)若对上述问题(3)的四个选项分别进行密度修正,假设实测密度均为 $2450kg/m^3$,则正确的修正结果可能有(　　)。(密度修正系数四舍五入取小数点后 2 位)

A. 水泥∶水∶砂∶石=400∶160∶623∶1266

B. 水泥∶水∶砂∶石=385∶154∶629∶1279

C. 水泥∶水∶砂∶石=379∶152∶629∶1279

D. 水泥∶水∶砂∶石=366∶147∶635∶1291

(5)当砂、石含水率分别是3%和1%时,正确的施工配合比有(　　)。

A. 室内配合比为水泥∶水∶砂∶石=400∶160∶623∶1266,对应的施工配合比是水泥∶水∶砂∶石=400∶123∶648∶1279

B. 室内配合比为水泥∶水∶砂∶石=400∶160∶623∶1266,对应的施工相对用量配合比是水泥∶砂∶石=1∶1.56∶3.17,$W/C=0.40$

C. 室内配合比为水泥∶水∶砂∶石=384∶154∶629∶1279,如需拌和0.5m^3的混凝土,工地材料组成计算结果是水泥∶水∶砂∶石=192∶61∶324∶646

D. 室内配合比为水泥∶水∶砂∶石=384∶154∶629∶1279,对应的工地相对用量配合比是水泥∶砂∶石=1∶1.69∶3.36,$W/C=0.32$

7. 关于水泥胶砂强度检验方法(ISO法),请回答以下问题。

(1)水泥胶砂强度检验方法(ISO法)要求水泥与ISO标准砂的质量比为(　　),水灰比为(　　)。

A. 1∶2,0.4　　B. 1∶3,0.4

C. 1∶2,0.5　　D. 1∶3,0.5

(2)水泥胶砂强度检验方法(ISO法)要求各龄期(试件龄期从水泥加水搅拌开始算起)的试件应在(　　)时间内进行强度试验。

A. 龄期24h,试验时间24h±15min　　B. 龄期48h,试验时间48h±30min

C. 龄期7d,试验时间7d±2h　　D. 龄期28d,试验时间28d±8h

(3)水泥胶砂强度检验方法(ISO法)试件养护要求有(　　)。

A. 对于24h龄期的,应在破型试验前20min内脱模

B. 对于24h以上龄期的,应在成型后2～8h内脱模

C. 脱模时要非常小心,应防止试件损伤。硬化很慢的水泥允许延期脱模,但须记录脱模时间

D. 试件脱模后即放入水槽中养护,试件之间间隙和试件上表面的水深不得小于5mm

(4)关于水泥胶砂强度检验方法(ISO法)试验步骤要求,正确的是(　　)。

A. 采用杠杆式抗折试验机试验时,试件放入前,应使杠杆呈水平状态

B. 抗折强度试验,试件放入后调整夹具,使杠杆在试件折断时尽可能地接近水平位置

C. 抗压试验不用夹具进行,试件受压面为试件成型时的两个侧面,面积为40mm×40mm

D. 抗压强度试验,压力机加荷速度应控制在2400N/s±200N/s速率范围内,在接近破坏时应更严格掌握

(5)某水泥抗折强度试验结果分别为4.4MPa、3.6MPa和3.8MPa,则其抗折强度为(　　)。

A. 3.6MPa　　B. 3.7MPa　　C. 3.8MPa　　D. 3.9MPa

8. 某工地试验室的试验人员开展水泥标准稠度用水量试验,请完成下列问题。

(1)开展试验工作的试验室温度应为(　　),室内相对湿度应不低于(　　)。

A. 20℃±1℃,50%　　B. 20℃±1℃,90%

C. 20℃±2℃,50%　　D. 20℃±2℃,90%

(2)以下关于水泥浆拌制工作的描述,正确的有(　　)。

A. 搅拌机运行正常

B. 搅拌锅内先加水,后加水泥

C. 搅拌锅内先加水泥,后加水

D. 低速搅拌 120s 后停 15s,再高速搅拌 120s

(3)标准稠度的水泥净浆是指试杆沉入净浆并距底板(　　)的水泥净浆。

A. 5mm±1mm　　B. 6mm±1mm　　C. 5mm±2mm　　D. 6mm±2mm

(4)以下关于采用代用法测定水泥标准稠度用水量的描述,正确的有(　　)。

A. 分为调整水量法和不变水最法

B. 不变水量法的拌和用水量为 142.5mL

C. 试锥停止下沉时记录下沉深度

D. 当试锥下沉深度小于 13mm 时,应改用调整水量法测定

(5)以下关于标准法测定标准稠度用水量的描述,正确的有(　　)。

A. 浆体一次性装入试模

B. 整个操作应在搅拌后 3min 内完成

C. 试验结束时,试杆升起后应立即擦净

D. 当试杆距玻璃板小于 5mm 时,应适当减水,重复试验

第十章　岗位技能测试训练题
——沥青及沥青混合料

一、单项选择题

1. 若取来的沥青试样含有水分，则首先应放入烘箱，在（　　）左右的温度下进行加热，至沥青全部熔化后供脱水用。

A. 70℃　　B. 80℃　　C. 90℃　　D. 100℃

2. 制备沥青延度试样需要使用甘油滑石粉隔离剂，现行试验规程建议的配制比例中甘油与滑石粉的质量比为（　　）。

A. 1∶1　　B. 2∶1　　C. 3∶1　　D. 3∶2

3. 我国现行规范规定在（　　）℃温度条件下进行沥青针入度标准试验。

A. 20　　B. 25　　C. 30　　D. 35

4. 沥青的标号是由针入度决定的，针入度越大，标号（　　）；标号越高，软化点（　　）；标号越高，延度（　　）。

A. 越高，越低，越大　　B. 越高，越高，越大

C. 越低，越高，越小　　D. 越低，越低，越小

5. 针入度范围为50～149的沥青，同一试样三次针入度平行试验结果极差的允许差值为（　　）（以0.1mm计）。

A. 1　　B. 2　　C. 3　　D. 4

6. （　　）指标既可以反映沥青的感温性，又可以划分沥青的胶体结构。

A. 针入度　　B. 延度　　C. 软化点　　D. 针入度指数

7. 某试验人员进行试验，测得同一试件其标准针贯入度为7.25mm、7.60mm和7.55mm，则最终的针入度值为（　　）。

A. 75　　B. 74.7　　C. 74.67　　D. 应重做试验

8. 沥青软化点试验结果受升温速度的影响，升温速度快，结果（　　）。

A. 保持不变　　B. 偏大

C. 偏小　　D. 对较稠硬的沥青无影响

9. 沥青软化点试验中，当试样软化点大于80℃时，复现性试验的允许差为（　　）。

A. 5℃　　B. 6℃　　C. 7℃　　D. 8℃

10. 沥青动力黏度试验，一次试验的三支黏度计平行试验的误差应不大于平均值的（　　），否则需重新试验。

A. 5%　　B. 6%　　C. 7%　　D. 8%

11. 下列试验操作中，需对沥青样品质量进行准确称重的是(　　)。

A. 薄膜烘箱试验　　B. 针入度试验　　C. 软化点试验　　D. 延度试验

12. 沥青材料老化后其质量将(　　)。

A. 减小　　B. 增加

C. 不变　　D. 有的减小，有的增加

13. 以下关于热沥青取样的描述不正确的是(　　)。

A. 从有搅拌设备的储罐中取样时，先将经加热已经变成流体的黏稠沥青充分搅拌，之后用取样器从沥青层的中部取规定数量样品

B. 从沥青罐车中取样，当仅有放料阀，待放出全部沥青的 1/2 时取样；若从顶盖处取样，可用取样器从中部取样

C. 当从沥青罐车卸料过程中取样时，按时间间隔均匀地取至少 3 批规定数量的沥青，然后将这些沥青充分混合后取规定数量样品

D. 沥青样品可存放在密封带盖的金属容器中，或灌入塑料桶等密闭容器中。存放样品应存放在阴凉干净处，注意防止污染

14. 在沥青动力黏度试验(真空减压毛细管法)中，将备好的沥青注入毛细管黏度计中，应使沥青试样液面在(　　)标线处±2mm 之内。

A. A　　B. B　　C. E　　D. F

15. SBS 改性沥青的针入度试验内容：①将位移计或刻度盘指针复位为零。②将盛有试样的平底玻璃皿置于针入度仪的平台上。③按下释放键时开始计时，与标准针落下贯入试样同时开始，至 5s 时自动停止。④取出达到恒温的盛样皿，并移入水温控制在试验温度±0.1℃的平底玻璃皿中的三脚支架上，试样表面以上的水层深度不小于 10mm。⑤慢慢放下针连杆，用适当位置的反光镜或灯光反射观察，使针尖恰好与试样表面接触。⑥读取位移计或刻度盘指针的读数。正确的试验步骤是(　　)。

A. ②④①⑤③⑥　　B. ④②①⑤③⑥　　C. ④②⑤①③⑥　　D. ②④①⑤③⑥

16. 沥青软化点试验中当试样软化点小于 80℃时，重复性试验的允许差为(　　)。

A. 1℃　　B. 2℃　　C. 3℃　　D. 4℃

17. 沥青密度与相对密度试验，对固体沥青，重复性试验的允许差为(　　)，复现性试验的允许差为(　　)。

A. $0.02g/cm^3$，$0.02g/cm^3$　　B. $0.02g/cm^3$，$0.03g/cm^3$

C. $0.01g/cm^3$，$0.02g/cm^3$　　D. $0.01g/cm^3$，$0.03g/cm^3$

18. 蜡在高温时融化沥青黏度和温度敏感性的变化规律是(　　)。

A. 沥青黏度降低，减小温度敏感性　　B. 沥青黏度增大，减小温度敏感性

C. 沥青黏度降低，增大温度敏感性　　D. 沥青黏度增大，增大温度敏感性

19. 我国沥青蜡含量要求的试验方法是以(　　)分离出油分后，将规定的溶剂在规定的低温条件下结晶析出的固体物质当作蜡。

A. 薄膜加热法　　B. 蒸馏法　　C. 环球法　　D. 离心分离法

20. 沥青溶解度测定采用(　　)对沥青进行过滤。

A. 古氏坩埚　　B. 沥青过滤装置

C. 沥青过滤装置和玻璃纤维滤纸　　　　D. 古氏坩埚和玻璃纤维滤纸

21. 木质素纤维的吸油量不小于纤维自身质量的(　　)倍。

A. 3　　B. 4　　C. 5　　D. 6

22. 木质素纤维进行灰分含量测定,下列步骤的正确顺序为(　　)。

① 加热高温炉至试验温度:595～650℃。

② 取出坩埚,放入干燥器中冷却(不少于 30min),称取坩埚质量 m_3,精确至 0.01g。

③ 将瓷坩埚放入高温炉中烘干至恒重,然后置于干燥器中冷却后称取质量 m_2,精确至 0.01g。

④ 称取烘干过的纤维 $m_1 = 2.00\text{g} \pm 0.10\text{g}$,放入瓷坩埚中,然后将瓷坩埚置于预热的高温炉中,615℃恒温 2h。

A. ①②③④　　B. ①③④②　　C. ③①④②　　D. ③④①②

23. 木质素纤维耐热性试验要求木质素纤维在(　　)℃烘箱中恒温 2h。

A. 150　　B. 160　　C. 200　　D. 210

24. 以下条件适用 C 级沥青的有(　　)。

A. 高速公路、一级公路沥青下面层及以下的层次

B. 三级及三级以下公路的各个层次

C. 二级及二级以下公路的各个层次

D. 用作改性沥青、乳化沥青、改性乳化沥青、稀释沥青的基质沥青

25. 以下不属于沥青中蜡对路用性能影响的主要表现是(　　)。

A. 蜡使沥青与集料的亲和力变小,影响沥青的黏结力及抗水剥离性

B. 蜡在低温时结晶析出,分散在其他各组分之间,减小了分子间的紧密联系

C. 蜡在高温时融化,使沥青黏度降低,影响高温稳定性,减小温度敏感性

D. 减小了低温时的应力松弛性能,使沥青的收缩应力迅速增加而容易开裂

26. 乳化沥青不适用于(　　)。

A. 沥青表面处置路面　　　　B. 沥青贯入式路面

C. 热拌沥青混合料路面　　　　D. 喷洒透层、黏层、封层

27. 下列表征沥青混合料高温稳定性的指标是(　　)。

A. 空隙率　　　　B. 矿料间隙率

C. 沥青饱和度　　　　D. 马歇尔稳定度

28. 液体石油沥青宜采用针入度较大的石油沥青,使用前按照(　　)顺序,掺配(　　),经适当的搅拌、稀释制成。

A. 先加热沥青,后加稀释剂;重柴油

B. 先加热沥青,后加稀释剂;煤油或轻柴油

C. 先加稀释剂,后加热沥青和稀释剂;煤油

D. 先加稀释剂,后加热沥青和稀释剂;重柴油

29. 以下不属于 SBS 改性沥青特点的是(　　)。

A. 在温差较大的地区有很好的耐高温、抗低温能力

B. 具有较好的抗车辙能力,其弹性和韧性提高了路面的抗疲劳能力

C. 提高了路面的抗滑能力

D. 增大了路面表面的构造深度

30. 适用于炎热地区的 SBS 改性沥青是(　　)。

A. I-D 型　　B. I-C 型　　C. I-B 型　　D. I-A 型

31. 空隙率在 18%以上的沥青混合料类型为(　　)。

A. AC　　B. OGFC　　C. SMA　　D. AM

32. 尤其适合于高温地区、交通量较大路段的沥青混合料结构类型是(　　)。

A. 悬浮密实型　　B. 骨架密实型　　C. 骨架空隙型　　D. 均匀密实型

33. 残留稳定度表征沥青混合料的(　　)。

A. 承载能力　　B. 高温稳定性　　C. 抗变形能力　　D. 水稳性

34. 随沥青含量增加,沥青混合料空隙率将(　　)。

A. 增加　　B. 出现谷值　　C. 减少　　D. 保持不变

35. 沥青混合料理论最大相对密度试验常用(　　)进行测定。

A. 表干法　　B. 水中重法　　C. 真空法　　D. 蜡封法

36. 轮碾法成型一块沥青混合料板型试件至少要碾压(　　)次。

A. 12　　B. 14　　C. 24　　D. 28

37. 密实型沥青混合料空隙率一般为(　　)。

A. 3%～8%　　B. 3%～6%　　C. 2%～6%　　D. 2%～4%

38. 一个沥青混合料标准马歇尔试件的材料用量约为(　　)。

A. 1000g　　B. 1250g　　C. 1200g　　D. 4050g

39. 不同类型沥青混合料采用的级配应不同,ATB-25 宜采用(　　)。

A. 连续级配　　B. 间断级配　　C. 开级配　　D. 半开级配

40. 下列不是 OGFC 沥青混合料特点的是(　　)。

A. 细颗粒较少　　B. 比普通 AC 更容易老化

C. 排水功能显著　　D. 力学性能较好

41. 饱和度是用来评价沥青混合料(　　)的指标。

A. 高温稳定性　　B. 低温抗裂性　　C. 耐久性　　D. 抗滑性

42. 沥青混合料空隙率偏小,可能给沥青路面带来的问题是(　　)。

A. 耐久性变差　　B. 高温抗车辙能力较低

C. 水稳性不好　　D. 低温环境易于开裂

43. 采用沥青混合料试件制作方法(击实法)制作的标准试件,直径应符合(　　)。

A. 101.6mm±0.2mm　　B. 63.5mm±1.3mm

C. 152.4mm±0.2mm　　D. 95.3mm±2.5mm

44. 采用沥青混合料试件制作方法(击实法)将沥青试样用烘箱加热至规定的沥青混合料拌和温度,但不得超过(　　)℃。

A. 110　　B. 163　　C. 175　　D. 180

45. 当缺乏沥青黏度测定条件时,道路石油沥青混合料拌和温度可参考选用(　　)。

A. 140～160℃　　B. 130～150℃　　C. 140～150℃　　D. 150～160℃

46. 当缺乏沥青黏度测定条件时，道路石油沥青混合料压实温度可参考选用(　　)。

A. 140～160℃　　B. 120～150℃　　C. 110～130℃　　D. 110～140℃

47. 对 OGFC 沥青混合料试件的密度测定应采用(　　)。

A. 表干法　　B. 水中重法　　C. 蜡封法　　D. 体积法

48. 已知称取 1200g 沥青混合料，击实完成后所得马歇尔试件高度为 66.0mm，若要得到高度符合要求的标准马歇尔试件，则应称取质量调整为(　　)的沥青混合料再击实。

A. 1050g　　B. 1100g　　C. 1150g　　D. 1250g

49. 确定马歇尔试件材料用量时，若已知沥青混合料的密度，则可根据试件的标准尺寸计算并乘以(　　)得到要求的混合料质量。

A. 1.00　　B. 1.01　　C. 1.02　　D. 1.03

50. 计算沥青混合料空隙率，除需要沥青混合料的毛体积相对密度外，还需要沥青混合料的(　　)。

A. 材料组成比例　　B. 表观相对密度

C. 理论最大相对密度　　D. 试件的压实度

51. 将沥青混合料密度试验的四种方法与它们的适用条件用短线相组合：① 表干法；②水中重法；③蜡封法；④体积法；⑤试件吸水率小于 0.5%；⑥试件吸水率大于 2%；⑦蜡封法不能解决的问题；⑧试件吸水率小于 2%。其正确组合是(　　)。

A. ①－⑧，②－⑤，③－⑥，④－⑦　　B. ①－⑤，②－⑥，③－⑦，④－⑧

C. ①－⑥，②－⑦，③－⑤，④－⑧　　D. ①－⑦，②－⑧，③－⑥，④－⑤

52. 沥青旋转黏度试验(布洛克菲尔德黏度计法)重复性试验和再现性试验的允许误差分别为平均值的(　　)。

A. 1.5%，12.5%　　B. 1.5%，14.5%

C. 3.5%，12.5%　　D. 3.5%，14.5%

53. 沥青混合料马歇尔试件毛体积密度的试验结果保留(　　)位小数。

A. 1　　B. 2　　C. 3　　D. 4

54. 沥青混合料马歇尔稳定度单位为(　　)。

A. Pa　　B. MPa　　C. N　　D. kN

55. 沥青混合料马歇尔稳定度试验中试件的加载速率是(　　)。

A. 10mm/min　　B. 0.5mm/min　　C. 1mm/min　　D. 50mm/min

56. 黏稠石油沥青混合料马歇尔稳定度试验的温度是(　　)。

A. 50℃　　B. 60℃　　C. 65℃　　D. 80℃

57. 一组沥青混合料马歇尔稳定度试验，5 个试件测定结果分别为 7.00kN、8.00kN、9.00kN、10.00kN、11.00kN，则该沥青混合料马歇尔稳定度试验结果为(　　)。

A. 9.00kN　　B. 8.50kN　　C. 9.50kN　　D. 10.00kN

58. 一组沥青混合料马歇尔试件计算得马歇尔模数为 4.4kN/mm，测得流值为 2.2mm，则该组试件的马歇尔稳定度为(　　)。

A. 6.66kN　　B. 8.86kN　　C. 9.68kN　　D. 10.46kN

59. 采用真空法测定沥青混合料理论最大相对密度时，可选用的负压容器有

(　　)种。

A. 2　　B. 3　　C. 4　　D. 5

60. 采用真空法测定沥青混合料理论最大相对密度时的温度为(　　)。

A. 20℃　　B. 25℃　　C. 30℃　　D. 50℃

61. 采用真空法测定沥青混合料理论最大相对度时，集料公称最大粒径若为19mm，则试样质量最小为(　　)。

A. 500g　　B. 1000g　　C. 1500g　　D. 2000g

62. 采用真空法测定沥青混合料理论最大相对密度时，要求将沥青混合料团块仔细分散，粗集料不破碎，那么对细集料团块的粒径要求是小于(　　)。

A. 4.75mm　　B. 5.2mm　　C. 6.4mm　　D. 6.8mm

63. 我国现行规范通过对(　　)等指标的控制，来保证沥青混合料的耐久性。

A. 空隙率、饱和度和残留稳定度　　B. 稳定度、流值和马歇尔模数

C. 空隙率、含蜡量和含水率　　D. 针入度、针入度指数

64. 进行沥青混合料马歇尔试件密度测定时，当过度擦去混合料马歇尔试件开口空隙中的水分后，测得的毛体积密度结果将(　　)。

A. 偏大　　B. 偏小　　C. 不受影响　　D. 偏差不明显

65. 不可用于改善酸性集料与沥青黏附性的材料是(　　)。

A. 水泥　　B. 消石灰　　C. 氢氧化钠溶液　　D. 抗剥落剂

66. 以下关于木质素纤维灰分含量试验的表述，正确的是(　　)。

A. 灰分含量越高，说明纤维杂质越多，因此灰分含量越低越好

B. 如果燃烧温度过高，灰分含量的试验结果会偏大

C. 相同质量的试样，燃烧后残留物含量越高，则灰分含量越高

D. 某一样品的灰分含量为11%，则该样品的灰分含量指标可评定为合格

67. 制作沥青混合料马歇尔试件的拌和温度与压实温度参考范围，沥青针入度较小时，应取(　　)；针入度较大时，取(　　)。

A. 高限，低限　　B. 高限，高限　　C. 低限，高限　　D. 低限，低限

68. 随着沥青用量的增加，以下指标会持续增加的是(　　)。

A. 稳定度　　B. 空隙率　　C. 密度　　D. 流值

69. 在进行SBS改性沥青离析试验时，将沥青徐徐注入盛样管后放入烘箱中静置一段时间，关于烘箱温度和静置时间正确的是(　　)。

A. 163℃±5℃；48h±1h　　B. 163℃±5℃；24h±1h

C. 135℃±5℃；24h±1h　　D. 根据施工温度确定；24h±1h

70. 做沥青混合料谢伦堡沥青析漏试验时，在玻璃上加玻璃板盖，放入(　　)的烘箱中较合适。

A. 167℃　　B. 171℃　　C. 173℃　　D. 175℃

71. 沥青混合料生产配合比设计阶段确定(　　)个沥青用量进行马歇尔试验及试拌。

A. 2　　B. 3　　C. 4　　D. 5

72. 对沥青混合料做浸水飞散试验，先在60℃±0.5℃恒温水槽中养护(　　)，然后取

出在室温中放置。

A. 12h　　B. 24h　　C. 36h　　D. 48h

73. 计算沥青混合料最佳沥青用量 OAC_2 无须用到的指标是(　　)。

A. 马歇尔稳定度　　B. 空隙率　　C. 沥青饱和度　　D. 矿料间隙率

74. 沥青混合料配合比设计中马歇尔试验结果分析的步骤如下。

① 绘制沥青用量与物理力学指标关系图:以沥青用量为横坐标,以密度、空隙率、饱和度、稳定度和流值为纵坐标,将试验结果绘制成沥青用量与各指标的关系曲线图。

② 根据稳定度、密度和空隙率确定最佳沥青用量初始值 OAC_1:在图中取对应稳定度最大值的沥青用量 a_1,对应密度最大值的沥青用量 a_2,和对应规定空隙率范围的中值的沥青用量 a_3,取三者的最大值作为最佳沥青用量的初始值 OAC_1。

③ 根据符合各项技术指标的沥青用量范围确定沥青最佳用量初始值 OAC_2;按满足各项指标选择沥青用量的范围 OAC_{min}～OAC_{max},取 OAC_{min} 和 OAC_{max} 的平均值为 OAC_2。

④ 一般情况下,OAC_1 和 OAC_2 的平均值为沥青最佳用量 OAC。

上述叙述中可能存在的错误共有(　　)。

A. 一处　　B. 两处　　C. 三处　　D. 四处

75. 沥青混合料高温稳定性不足可能引起的病害不包括(　　)。

A. 车辙　　B. 推移　　C. 拥包　　D. 松散

76. 某试验人员对沥青混合料的马歇尔稳定度和流值测定时未进行修正,测得的马歇尔稳定度可能会(　　)。

A. 偏大　　B. 偏小　　C. 不能确定　　D. 不变

77. 车辙试验主要用来评价沥青混合料的(　　)。

A. 高温稳定性　　B. 低温抗裂性　　C. 耐久性　　D. 抗滑性

78. 车辙试验可在沥青混合料配合比设计的(　　)阶段用到。

A. 目标配合比设计　　B. 生产配合比设计

C. 生产配合比验证　　D. 目标配合比验证

79. 沥青混合料车辙试验用通常尺寸为(　　)的板块试件。

A. 300mm×300mm×50mm　　B. 300mm×300mm×500mm

C. 300mm×300mm×300mm　　D. 300mm×300mm×30mm

80. 高温稳定性和低温抗裂性都较好的沥青混合料的结构类型是(　　)。

A. 悬浮密实型　　B. 骨架空隙型　　C. 骨架密实型　　D. 均匀密实型

81. 不能用来评价沥青混合料高温稳定性的指标有(　　)。

A. 马歇尔稳定度　　B. 流值

C. 动稳定度　　D. 浸水残留稳定度

82. 在沥青软化点试验中,如估计试样软化点高于(　　),则试样环和试样底板(不得用玻璃板)均应预热至80～100℃。

A. 80℃　　B. 100℃　　C. 120℃　　D. 140℃

83. 沥青混合料车辙试验时,试件内部温度要求为(　　)。

A. 60℃±0.1℃　　B. 60℃±0.5℃　　C. 60℃±1℃　　D. 60℃±1.5℃

84. 乳化沥青破乳速度试验中，(　　)不属于破乳速度分级。

A. 快裂　　B. 迅裂　　C. 中裂　　D. 慢裂

85. 沥青混合料浸水马歇尔稳定度试验中，其中一组马歇尔试件是在60℃热水中恒温30min，另一组的保温时间为(　　)。

A. 12h　　B. 24h　　C. 36h　　D. 48h

86. 沥青混合料冻融劈裂试验试件的击实次数为双面各(　　)次。

A. 50　　B. 75　　C. 112　　D. 120

87. 沥青混合料中，沥青含量试验(离心分离法)以3次试验的平均值作为试验结果时，3次试验的最大值与最小值之差不得大于(　　)。

A. 0.3%　　B. 0.4%　　C. 0.5%　　D. 0.6%

88. 离心分离法测定沥青混合料中沥青含量时，沥青混合料的用量要求为(　　)。

A. 800～1000g　　B. 1000～1200g　　C. 1000～1500g　　D. 1500～1800g

89. 采用燃烧炉法测定沥青混合料中沥青含量时，当沥青用量的修正系数 C 大于0.5%时，设定(　　)燃烧温度重新标定。

A. 538℃±3℃　　B. 538℃±5℃　　C. 482℃±3℃　　D. 482℃±5℃

90. 车辙试验前，车辙板需在规定温度下恒温一定时间，当恒温时间明显不足时，试验有可能(　　)。

A. 随季节变化测得不同的动稳定度

B. 导致动稳定度偏高

C. 随混合料的类型变化对动稳定度造成不同影响

D. 不影响动稳定度试验结果

91. 采用离心分离法测定沥青混合料的沥青含量时，应考虑泄漏入抽提液中矿粉的含量，如果忽略该部分质量，测得的结果较真实值(　　)。

A. 偏大　　B. 偏小

C. 相同　　D. 大小不能确定

92. 采用离心分离法测定沥青混合料中的沥青含量时，离心机的转速要求为(　　)。

A. 3000r/min　　B. 2000r/min　　C. 1000r/min　　D. 500r/min

93. 采用离心分离法测定沥青混合料中的沥青含量时，滤纸干燥后的增重部分为(　　)。

A. 沥青　　B. 矿粉　　C. 石屑　　D. 其他杂质

94. 按组成结构分类，SMA属于(　　)结构。

A. 悬浮密实型　　B. 骨架空隙型　　C. 骨架密实型　　D. 均匀密实型

95. SMA混合料的特点是"三多一少"，其中"一少"指的是(　　)。

A. 沥青　　B. 粗集料　　C. 细集料　　D. 矿粉

96. SMA混合料最常用的纤维类型是(　　)。

A. 木质素纤维　　B. 玻璃纤维　　C. 石棉纤维　　D. 任意纤维

97. OGFC混合料所属的沥青混合料结构类型是(　　)。

A. 悬浮密实型　　B. 骨架密实型　　C. 骨架空隙型　　D. 均匀密实型

98. 对于低温延度，当试验温度高于规定时，试验结果(　　)，相反(　　)。

A. 偏大，偏小　　B. 偏小，偏小　　C. 偏大，偏大　　D. 偏小，偏大

99. 对于改性 SMA 混合料，析漏试验的温度为(　　)。

A. 170℃　　B. 175℃　　C. 180℃　　D. 185℃

100. 标准飞散试验可用于确定沥青路面表面层使用的 SMA 混合料所需(　　)沥青用量。

A. 最多　　B. 最少　　C. 中值　　D. 最佳

二、判断题

1. 直馏沥青为原油通过常压或减压蒸馏方法得到的沥青产品，该产品符合沥青标准的就是直馏沥青，不符合沥青标准的是裂化沥青。(　　)

2. 沥青标号的选用，宜按照公路等级、气候条件、交通条件、路面类型及在结构层中的层位及受力特点、施工方法等，结合当地的使用经验，经技术论证后确定。(　　)

3. 因为沥青的针入度是本身固有的，所以在做沥青针入度试验时标准针的破损与否对试验没有影响。(　　)

4. 针入度测得的是沥青的黏度而非稠度。(　　)

5. 当沥青桶不便用于加热熔化沥青时，可在桶高的中部将桶凿开取样，但样品应在距桶壁 5cm 以上的内部凿取。(　　)

6. 通常，沥青的软化点越高，黏度也越高，针入度越小。(　　)

7. 为避免混进气泡，在沥青灌模时应反复搅动沥青。(　　)

8. 液体石油沥青宜采用针入度较小的石油沥青，使用前按先加热沥青后加稀释剂的顺序，掺配煤油或轻柴油，经适当的搅拌稀释制成。(　　)

9. 当试样软化点大于 80℃时，重复性试验精度的允许误差为 1℃，再现性试验精度允许误差为 4℃。(　　)

10. 对于 SBS、SBR 等聚合物改性沥青，要求试验：温度为 5℃，拉伸速度为 5cm/min±0.25cm/min 条件下的延度。(　　)

11. 当沥青延度试验结果小于 100cm 时，重复性试验的允许误差为平均值的 20%；复现性试验的允许误差为平均值的 30%。(　　)

12. 用薄膜烘箱或旋转薄膜烘箱加热后的沥青的各项指标与加热前的沥青相比，其差别越小，说明沥青的抗老化能力越高。(　　)

13. 木质素纤维的吸油率越大，吸收沥青越多，造成一定的浪费。(　　)

14. 对沥青混合料进行取样时，试样数量根据试验目的决定，宜不少于试验用量的 2 倍。(　　)

15. 木质素纤维灰分含量越低说明纤维纯度越高，因此灰分含量越低，纤维质量越好。(　　)

16. 液体沥青密度与相对密度试验中注意勿使沥青黏附瓶口或上方瓶壁，并防止混入气泡。(　　)

17. 沥青密度与相对密度试验中的比重瓶水值的测定步骤：瓶塞顶部需要擦拭干净，

膨胀瓶塞上不得有小水滴。（　　）

18. 蜡随着温度升高极易融化，使沥青的黏度增加，进而减小沥青的温度敏感性。

（　　）

19. 利用布洛克菲尔德黏度计测定的不同温度的表观黏度，绘制黏温曲线。一般可采用 135℃及 175℃时测定的表观黏度，不能采用其他温度。（　　）

20. 木质素纤维的耐热性试验宜按照拌和楼拌和时的温度进行加热。（　　）

21. 对于中粒式或粗粒式密级配沥青混合料，可以适当地减少沥青的用量来提高混合料的高温稳定性。（　　）

22. 最大粒径大于 13.2mm 的粗集料，应选用水浸法来确定其黏附性。（　　）

23. 当同一种料源集料最大粒径既有大于又有小于 13.2mm 的集料时，取小于 13.2mm 水浸法试验为标准。（　　）

24. 在黏附性试验中，黏附性等级为"1"，说明沥青膜完全保存，剥离面积百分率接近于 0。（　　）

25. 用水浸法测定沥青与矿料的黏附性试验中，按每 100g 矿料加入沥青 5.5g±0.2g 的比例称取沥青，准确至 0.1g，放入小型拌和容器中，放入同一烘箱中加热 30min。（　　）

26. 考虑高温稳定性时，沥青混合料中粗集料的粒径要大一些，考虑耐久性时，粗集料的粒径要小一些。（　　）

27. 混合料的空隙率随着沥青用量的增加先降低后升高。（　　）

28. SBS 改性沥青可显著提高路面的使用性能，延长路面的使用寿命，但大大增加了养护费用。（　　）

29. 对于道路石油沥青，延度试验中要求温度为 15℃或 10℃，拉伸速度通常为 5cm/min±0.25cm/min。（　　）

30. 对于聚合物改性沥青混合料，不得采用真空法测定理论最大相对密度。（　　）

31. 通过沥青延度试验测定沥青能够承受的塑性变形总能力，并用于评价沥青在高温状态下的抗车辙性。（　　）

32. 沥青饱和度指沥青混合料试件内沥青部分的体积占矿料部分以外的体积的百分率。（　　）

33. 马歇尔稳定度和流值是表示沥青混合料高温时的稳定性和抗变形能力的指标。

（　　）

34. 由于沥青混合料中的空隙易于造成混合料的老化，所以路用沥青混合料中的空隙率越小越好。（　　）

35. 薄膜加热试验中，把烘箱调整为水平状态，使转盘在水平面上以 5.5r/min±1r/min 的速度旋转，温度计位置距转盘中心和边缘距离相等。（　　）

36. 沥青混合料中的剩余空隙率，其作用是以备高温季节沥青材料膨胀之用。（　　）

37. 沥青混合料试件的空隙率要大于沥青混合料试件的矿料间隙率。（　　）

38. 我国现行规范采用马歇尔方法确定沥青混合料的最佳沥青用量。（　　）

39. 在使用轮碾法进行沥青混合料试件制作时，连同试模将成型好的试件放置 24h，然后脱模。（　　）

40. 凡在试验室制作的沥青混合料马歇尔试件，高度超出误差规定都应视为废试件。 (　　)

41. 沥青混合料成型马歇尔试件时，套筒不需加热。 (　　)

42. 沥青混合料成型马歇尔试件时，试模内壁应用黄油适当擦拭。 (　　)

43. 沥青针入度较小时，应取成型马歇尔试件的温度范围上限。 (　　)

44. 基于温度的考虑，沥青混合料马歇尔试件的成型过程须在一定时间内完成。 (　　)

45. 沥青混合料标准马歇尔试件质量按 1200g 计，1200g 乘以油石比为所需沥青的质量。 (　　)

46. 沥青混合料马歇尔稳定度试验时的温度越高，则稳定度越大，流值越小。 (　　)

47. 毛细管运动黏度试验方法适用于采用毛细管黏度计测定黏稠石油沥青、固体沥青及其蒸馏后残留物的运动黏度。 (　　)

48. 采用表干法测定沥青混合料马歇尔试件毛体积密度时，将试件置于网篮中，若天平读数持续变化，不能很快达到稳定，说明试件吸水较严重，不适合用此法测定。 (　　)

49. 采用表干法测定沥青混合料马歇尔试件毛体积密度时，饱和面干状态应用干毛巾擦拭获得。 (　　)

50. 采用表干法测定沥青混合料马歇尔试件毛体积密度时，擦拭过程不宜超过 5s，称量过程中流出的水不得再擦拭。 (　　)

51. 马歇尔稳定度指按规定条件采用马歇尔试验仪测定的沥青混合料所能承受的最大荷载。 (　　)

52. 马歇尔稳定度是设计沥青混合料配合比的主要技术指标。 (　　)

53. 如果低温延度值较大，则在低温环境下沥青的开裂性相对较大。 (　　)

54. 沥青混合料马歇尔稳定度试验中，仪器压头可不必保温。 (　　)

55. 沥青混合料浸水马歇尔稳定度试验结果中，浸水残留稳定度与马歇尔稳定度单位一致。 (　　)

56. 沥青混合料马歇尔稳定度试验结果中稳定度与流值结果精度要求一致。 (　　)

57. 沥青密度与相对密度试验中，凡涉及密度瓶在盛满物体时的称重，都要对密度瓶进行加热操作，以取得更加精确的测定结果。 (　　)

58. 真空法适合于测定各种沥青混合料的理论最大相对密度。 (　　)

59. 采用真空法测定沥青混合料理论最大相对密度时，为提升抽真空的效果，可在真空容器的水中添加少量无泡沫表面活性剂。 (　　)

60. 采用真空法测定沥青混合料理论最大相对密度进行负压容器标定时，尤其注意要将气泡排尽。 (　　)

61. 空隙率越小，沥青混合料的耐久性越好。 (　　)

62. 沥青面层中集料的公称最大粒径应与该层压实后的结构厚度相匹配，即要求压实层厚度不宜小于集料公称最大粒径的 2.5～3.0 倍。 (　　)

63. 沥青混合料的矿料级配应使其空隙率尽可能得小。 (　　)

64. 乳化沥青稀浆混合料的配合比设计过程中，进行拌和试验和黏聚力试验时，可拌

和时间的试验温度应考虑最高施工温度，黏聚力试验的温度应考虑施工可能遇到的最低温度。（　）

65. 为改善沥青混合料水稳性，可以采用干燥的消石灰粉或水泥部分替代填料。（　）

66. 夏季温度高、高温持续时间长的路段，宜选用粗型密级配沥青混合料。（　）

67. 确定沥青混合料最佳沥青用量时，沥青用量与各马歇尔指标关系曲线图中横坐标是油石比。（　）

68. 随着沥青用量的增加，混合料的马歇尔稳定度会持续增加。（　）

69. 乳化沥青筛上筛余量试验，是测定乳化沥青 1.18mm 试验筛筛上剩余物含量的，对于阳离子乳液和阴离子乳液均采用蒸馏水将筛网润湿。（　）

70. 沥青混合料目标配合比设计用于确定最佳沥青用量。（　）

71. 沥青与集料的黏附性试验主要用于评价沥青与集料的吸附能力。（　）

72. 沥青混合料在规定温度下燃烧产生的损失量即沥青混合料中的沥青含量。（　）

73. 沥青混合料最佳沥青用量 OAC_1 是稳定度、密度、空隙率及饱和度四个指标中对应沥青用量的最大值。（　）

74. 沥青混合料最佳沥青用量 OAC_2 是各指标均符合技术标准（不包括 VMA）的沥青用量范围的最大值和最小值的平均值。（　）

75. 沥青混合料因高温稳定性不足而出现车辙、拥包等病害，是温度、荷载和时间综合作用的结果。（　）

76. 车辙是沥青混合料高温稳定性不足引起的典型路面病害。（　）

77. 高温季节，重载路段的沥青路面更容易出现车辙、拥包等病害。（　）

78. 车辙试验不可用于沥青混合料配合比设计的高温稳定性检验。（　）

79. 沥青混合料车辙试验中，要求至少平行试验三个试件，结果取其平均值。（　）

80. 空隙率较大的沥青混合料，高温稳定性较好。（　）

81. 现行规范采用沥青混合料低温弯曲试验评价沥青混合料的低温性能。（　）

82. 做沥青混合料车辙试验时，直接在拌和厂取拌和好的样品，将其冷却后，可二次加热重塑制作试件。（　）

83. 沥青混合料车辙试验结果计算中 t_2-t_1 肯定等于 15min。（　）

84. 我国将测定针入度的标准条件设定为温度 25℃，针总质量 100g，贯入时间 10s。（　）

85. 空隙率越大的沥青混合料的疲劳寿命越长。（　）

86. 间断级配的沥青混合料施工过程中易发生离析。（　）

87. 沥青混合料冻融劈裂试验结果不满足要求，则说明其抗冻性能不满足要求。（　）

88. 马歇尔稳定度是评价沥青混合料高温性能的指标，而残留稳定度是评价沥青混合料水稳定性的指标。（　）

89. 沥青混合料冻融劈裂试验用试件的击实次数与马歇尔稳定度试验用试件的击实

次数相同。 (　　)

90. 离心分离法抽提的沥青不可再作他用。 (　　)

91. 沥青混合料中掺加纤维或橡胶粉时，对采用燃烧炉法测定的沥青含量的结果，需仔细修正检查。 (　　)

92. 沥青混合料中沥青含量试验，可以采用离心分离法和燃烧炉法。离心分离法可以直接得出试验结果，但是操作复杂，溶剂会影响环境；燃烧炉法效率高，但事前必须标定。 (　　)

93. 沥青混合料的级配范围中，靠近级配范围下限的级配曲线总体偏粗，靠近上限的级配曲线总体偏细。 (　　)

94. 采用燃烧炉法测定沥青混合料中沥青含量时，如果482℃与538℃条件下得到的沥青用量的修正系数差值在0.1%以内，以482℃条件下的沥青用量作为最终的修正系数 C_f。 (　　)

95. 通过针入度的测定不仅能够掌握不同沥青的黏稠性以及进行沥青标号的划分，还可以建立描述沥青的温度敏感性的指标，如针入度指数、当量软化点和当量脆点等。 (　　)

96. 在薄膜加热试验中，蒸发"损失"试验计算结果只有正值，表明加热时沥青试样不但没有损失，而且还有一定增加，原因在于加热过程中沥青与空气中某些成分发生了反应。 (　　)

97. 采用离心分离法测定沥青混合料中的沥青含量时，至少应进行两次平行试验。 (　　)

98. 采用燃烧炉法测定沥青混合料中的沥青含量时，对每一种沥青混合料都必须进行标定。 (　　)

99. SMA混合料中粗集料多，矿粉多，沥青多，细集料少。 (　　)

100. SMA混合料所用的沥青结合料要求必须是改性沥青。 (　　)

101. 实际工程中，往往选择能够兼顾高温时变形量较小和低温时有一定变形能力的凝胶型沥青。 (　　)

102. 石油沥青的黏滞性是指在外力作用下，沥青材料中沥青粒子产生相互位移时抵抗剪切变形的能力。 (　　)

103. OGFC混合料抗滑性能优异，主要是由于其空隙率较大，排水能力较好。 (　　)

104. OGFC混合料的空隙率通常大于20%。 (　　)

105. 对于SMA混合料，粗集料通常指的是粒径大于4.75mm的集料。 (　　)

106. 对于SMA混合料，析漏试验是确定其沥青用量的一种辅助试验方法。 (　　)

107. 对于SMA混合料，飞散试验是检验结合料与集料黏附性的方法。 (　　)

108. SMA混合料的配合比设计采用马歇尔试件的体积设计方法进行，但马歇尔试验的稳定度和流值并不作为配合比设计接受或者否决的唯一指标。 (　　)

109. 浸水飞散试验是在60℃水中浸水48h后进行的试验，目的是考察试件在热水中膨胀和沥青老化对集料和沥青黏结力下降的影响，积雪寒冷地区不可进行飞散试验。 (　　)

110. 最佳沥青用量是指沥青混合料各项指标达到最好状态时所对应的用量。（　　）

三、多项选择题

1. 沥青针入度试验的关键性条件是（　　）

A. 温度　　B. 湿度　　C. 测试时间　　D. 针的质量

2. 乳化沥青储存稳定性试验时，储存时间按需要可选（　　）。

A. 1d　　B. 2d　　C. 5d　　D. 7d

3. 根据沥青针入度试验测试结果，按公式计算法可以计算（　　）。

A. 针入度指数　　B. 延度　　C. 当量软化点　　D. 当量脆点

4. 进行沥青试验前，试样准备工作包括（　　）。

A. 落实生产沥青的油源　　B. 除去沥青中所含水分

C. 确认沥青所属等级　　D. 筛除沥青中的异物

5. 环球法适用于测定（　　）的软化点。

A. 石油沥青　　B. 煤沥青

C. 页岩沥青　　D. 聚合物改性沥青

6. 对于热沥青试样的制备，下列说法不正确的有（　　）。

A. 当石油沥青试样中含有水分时，将沥青置于温度 90℃左右烘箱中加热脱水

B. 无水石油沥青在电炉上直接加热至 135℃

C. 采用电炉加热时，加热时间不得超过 30min

D. 加热后的沥青需要过 0.6mm 筛才能灌模

7. 沥青延度试验适用于测定（　　）的延度。

A. 道路石油沥青　　B. 聚合物改性沥青

C. 液体石油沥青蒸馏残留物　　D. 乳化沥青蒸发残留物

8. 我国沥青及沥青混合料试验规程使用（　　）试验来估计沥青发生的短期老化。

A. TFOT　　B. RTFOT

C. 加速加载　　D. 压力老化容器加速沥青老化

9. 沥青旋转薄膜加热试验，根据需要测定旋转薄膜加热后残留物的（　　）等各项性质的变化。

A. 针入度及针入度比　　B. 软化点及软化点增值

C. 黏度及黏度比　　D. 密度及密度比

10. 克利夫兰开口杯适合测定（　　）的闪点。

A. 70 号道路石油沥青　　B. SBS 聚合物改性沥青

C. 闪点在 79℃以上的液体石油沥青　　D. SBR 聚合物改性沥青

11. 软化点试验过程中，对试验结果产生影响的因素包括（　　）

A. 试验起始温度　　B. 升温速度　　C. 球的质量　　D. 球的直径

12. 以下属于沥青与矿料黏附性试验水浸法操作步骤的有（　　）。

A. 对于集料过 13.2mm、19mm 的筛，取存留在 13.2mm 筛上的颗粒 5 个，要求试样表面规整，接近立方体

B. 对于集料过 13.2mm、9.5mm 的筛，取粒径 9.5～13.2mm、形状规则的集料 200g，洗净后在 105℃的烘箱中烘干备用

C. 用细线将试样集料颗粒逐个系牢，继续放入 105℃的烘箱中加热待用

D. 按四分法称取备用试样颗粒 100g 置搪瓷盘上，连同搪瓷盘一起放入已升温至沥青拌和温度以上 5℃的烘箱中持续加热 1h

13. 关于石油沥青延度试验，说法错误的是（　　）。

A. 恒温水槽温度控制精度为＋0.1℃

B. 根据试验温度有两种不同的拉伸速度

C. 石油沥青延度对沥青混合料的低温性能影响显著

D. 采用循环水域的延度仪时，在试验过程中不得关闭循环系统

14. 下列属于热拌沥青混合料取样方法的有（　　）。

A. 在沥青混合料拌和厂取样　　　　B. 在碾压成型的路面上取样

C. 在沥青混合料运料车上取样　　　D. 在道路施工现场取样

15. 以下属于再生沥青混合料的有（　　）。

A. 厂拌热再生混合料　　　　B. 乳化沥青冷再生混合料

C. 就地热再生混合料　　　　D. 泡沫沥青冷再生混合料

16. 以下关于沥青弹性恢复试验，说法正确的有（　　）。

A. 非经注明，试验温度为 25℃，拉伸速率为 5cm/min±0.5cm/min

B. 拉伸停止就立即用剪刀在中间将沥青试样剪断

C. 注意在停止拉伸后至剪断试样之间不得有时间间隔，以免使拉伸应力松弛

D. 取下两个半截的回缩的沥青试样并轻轻捋直，但不得施加拉力，移动滑板使改性沥青试样的尖端刚好接触

17. SBS 改性沥青的高温、低温性能都好，且有良好的弹性恢复性能，所以采用（　　）作为主要指标。

A. 软化点　　B. 5℃低温延度　　C. 回弹率　　D. 闪点

18. SBS 改性沥青的技术指标以改性沥青的（　　）。

A. 针入度反映改性后沥青感温性的改善程度

B. 针入度指数反映改性后沥青感温性的改善程度

C. 针入度作为分级的主要依据

D. 针入度指数作为分级的主要依据

19.（　　）是 SBS 改性沥青的安全要求指标纯度指标和 SBS 改性沥青混合料工作性要求指标。

A. 闪点　　　　B. 溶解度

C. 回弹率　　　D. 135℃运动黏度

20. 不属于悬浮密实结构类型的沥青混合料有（　　）。

A. AC　　B. SMA　　C. AM　　D. OGFC

21. 沥青混合料的技术指标包括（　　）。

A. 稳定度和流值　　B. 矿料间隙率　　C. 空隙率　　D. 沥青饱和度

22. 沥青混合料的主要技术性能有(   )。

A. 高温稳定性　B. 低温抗裂性　C. 耐久性　D. 抗滑性

23. 沥青混合料试件空隙率的影响因素包括(   )。

A. 矿料级配　B. 沥青用量　C. 压实程度　D. 试件尺寸

24. 与沥青混合料空隙率相关的不同密度有(   )。

A. 毛体积相对密度　B. 表观相对密度　C. 理论最大相对密度　D. 真实密度

25. 沥青混合料空隙率过小可能引起的损害有(   )。

A. 车辙　B. 泛油　C. 老化　D. 推移

26. 一些沥青常规试验制样时需使用隔离剂,下列试验项目中需要隔离剂的有(   )。

A. 针入度试验　B. 薄膜烘箱试验　C. 软化点试验　D. 延度试验

27. 当缺乏沥青黏度测定条件时,制作 90 号石油沥青混合料试件的拌和温度可选用(   )。

A. 120℃　B. 130℃　C. 150℃　D. 160℃

28. 参考《公路工程沥青及沥青混合料试验规程》(JTG E20—2011),当缺乏沥青黏度测定条件时,道路石油沥青混合料试件压实温度可选用(   )。

A. 110℃　B. 120℃　C. 130℃　D. 140℃

29. 沥青的黏度为(   )时,对应的温度适宜进行沥青混合料的碾压成型。

A. 0.20Pa·s　B. 0.25Pa·s　C. 0.30Pa·s　D. 0.35Pa·S

30. 以下沥青混合料大型马歇尔试件高度符合要求的有(   )。

A. 92.0mm　B. 94.0mm　C. 96.0mm　D. 98.0mm

31. 沥青混合料马歇尔试件成型过程中,需要加热的仪具有(   )。

A. 击实锤　B. 套筒　C. 试模　D. 底座

32. 成型马歇尔试件时,计算材料用量需要用到的参数有(   )。

A. 矿料级配　B. 粉胶比　C. 沥青用量　D. 空隙率

33. 造成沥青路面产生车辙的原因有(   )。

A. 沥青标号偏低　B. 采用高黏度沥青

C. 沥青混合料中矿料嵌挤力不够　D. 矿料的棱角性不好

34. 易造成沥青混合料高温稳定性不好的内在原因是(   )。

A. 空隙率过高　B. 空隙率过低

C. 沥青用量偏高　D. 集料的酸碱性

35. 计算沥青混合料马歇尔试件毛体积密度时,考虑的体积包括(   )。

A. 材料实体　B. 闭口孔隙　C. 开口孔隙　D. 表面凹陷

36. 可用表干法测定马歇尔试件毛体积密度的沥青混合料类型有(   )。

A. AC　B. OGFC　C. SMA　D. AM

37. 采用表干法测定马歇尔试件毛体积密度的温度可以为(   )。

A. 24.0℃　B. 24.5℃　C. 25.0℃　D. 25.5℃

38. 采用表干法测定马歇尔试件毛体积密度的过程中,试件浸水时间可为(   )。

A. 3min　　B. 4min　　C. 5min　　D. 6min

39. 沥青蜡含量试验(蒸馏法)使用的化学试剂有(　　)。

A. 三氯乙烯　　B. 无水乙醚　　C. 无水乙醇　　D. 石油醚

40. 某试验人员对沥青混合料进行取样,其做法不对的是(　　)。

A. 用于检验拌和质量时,应从拌和机一次放料的下方或提升斗中取样,但不得分多次取样并混合后使用

B. 在拌和厂的运输车中取样时,宜在装料一半时从不同的三个方向进行取样

C. 在到达现场的运输车中取样时,宜从三台不同车的顶面取样并混合

D. 道路施工现场取样时,应在摊铺后、未碾压前,在摊铺宽度的两侧1/3~1/2位置处取样

41. 马歇尔稳定度试验过程的主要控制因素有(　　)。

A. 试件保温温度　　B. 试件尺寸　　C. 试件保温时间　　D. 室内温度

42. 按浸水条件的不同,沥青混合料马歇尔稳定度试验有(　　)。

A. 标准马歇尔稳定度试验　　B. 浸水马歇尔稳定度试验

C. 真空饱水马歇尔稳定度试验　　D. 残留稳定度试验

43. 沥青混合料马歇尔稳定度试验中,标准试件保温时间为(　　)。

A. 20min　　B. 30min　　C. 40min　　D. 50min

44. 沥青混合料马歇尔稳定度试验过程中,消耗时间(保温完成取出试件至测试完成)可为(　　)s。

A. 15　　B. 25　　C. 35　　D. 45

45. 一组沥青混合料马歇尔稳定度试验,4个试件测定结果分别为5.20kN、8.55kN、9.65kN、14.00kN,结果评定时(h=1.46)应选取(　　)的平均值作为试验结果。

A. 5.20kN　　B. 8.55kN　　C. 9.65kN　　D. 14.00kN

46. 随着沥青含量的增加,以下指标不会出现峰值的是(　　)。

A. 稳定度　　B. 空隙率　　C. 饱和度　　D. 流值

47. 沥青混合料马歇尔稳定度试验试件数目一般为(　　)。

A. 3　　B. 4　　C. 5　　D. 6

48. 采用真空法测定沥青混合料理论最大相对密度时,若混合料较坚硬,可用烘箱适当加热进行分散,那么加热温度可为(　　)。

A. 50℃　　B. 55℃　　C. 60℃　　D. 65℃

49. 采用真空法测定沥青混合料理论最大相对密度时,负压容器内负压可为(　　)。

A. 3.0kPa　　B. 3.5kPa　　C. 4.0kPa　　D. 4.5kPa

50. 采用真空法测定沥青混合料理论最大相对密度时,振动及抽真空过程可持续(　　)。

A. 10min　　B. 12min　　C. 14min　　D. 16min

51. 沥青混合料所用沥青应根据(　　)来综合选择。

A. 气候条件　　B. 混合料类型

C. 道路等级及交通条件　　D. 路面类型

52. 以下关于 SMA 沥青混合料谢伦堡沥青析漏和肯塔堡飞散试验描述正确的有(　　)。

A. 谢伦堡沥青析漏试验时,随着沥青用量增加,析漏损失逐渐增加

B. 肯塔堡飞散试验时,随着沥青用量增加,飞散损失逐渐降低

C. 对于同一 SMA 沥青混合料,按析漏损失标准确定的沥青用量一般要高于按飞散损失标准确定的沥青用量

D. 增加试验温度,两种试验的测定结果都会增加

53. 取(　　)对应的沥青用量计算确定最佳沥青用量初始值 OAC_1。

A. MS　　B. FL

C. 毛体积相对密度　　D. 空隙率

54. 在沥青混合料配合比设计过程中,当空隙率与稳定度均较低时,可采用(　　)的方法进行调整。

A. 降低沥青含量　　B. 增加粗集料

C. 增加细集料　　D. 增加矿粉

55. 沥青混合料配合比设计包括(　　)阶段。

A. 目标配合比设计　　B. 试验室配合比设计

C. 生产配合比设计　　D. 生产配合比验证

56. 沥青混合料目标配合比设计阶段工作的中心是(　　)。

A. 材料选择　　B. 矿质混合料配合比设计

C. 最佳沥青用量确定　　D. 配合比检验

57. 压实沥青混合料密度试验有(　　)。

A. 表干法　　B. 水中重法　　C. 蜡封法　　D. 体积法

58. 对于寒区和旅游区道路,可在 OAC 基础上增加(　　)作为最佳沥青用量。

A. 0.2%　　B. 0.3%　　C. 0.4%　　D. 0.5%

59. 以下沥青混合料车辙试验的相关条件的描述,正确的是(　　)。

A. 试验温度为 60℃　　B. 加载水平为 0.7MPa

C. 试验持续时间为 1h　　D. 试件保温时间为 8h

60. 密级配沥青混合料有(　　)。

A. 沥青混凝土　　B. 沥青稳定碎石

C. 沥青碎石　　D. 沥青玛蹄脂碎石

61. 下列措施有助于提升沥青混合料高温性能的是(　　)。

A. 使用较低标号的沥青

B. 使用质地坚硬、表面接近立方体的集料

C. 混合料采用较粗的级配

D. 沥青用量应偏下限

62. 沥青混合料的表观密度是指单位表观体积混合料的质量,表观体积包括(　　)。

A. 实体体积　　B. 不吸水的内部闭口孔隙体积

C. 开口孔隙体积　　D. 部分开口孔隙体积

63. 关于SBS沥青闪点试验,以下表述正确的有(　　)。

A. 开始加热试样时,升温速度可快一些,后期升温速度可以降低一些,并保持恒定升温速度

B. 当试样液面上最初出现一瞬间即灭的蓝色火焰时,立即从温度计上读记温度,作为试样的闪点

C. 同一样品试验时大气压越低,测定的闪点越低

D. 同一样品至少平行试验两次,两个测定值之差超过允许误差时,可以再增加测试一个试样,取三个测定值的平均值作为试验结果

64. 根据现行规范的要求,(　　)为通常路用沥青的针入度指数适宜值。

A. −1.5　　B. −0.5　　C. 0.5　　D. 1.5

65. 车辙试验时,要求试件的保温时间为(　　)。

A. 3h　　B. 8h　　C. 12h　　D. 15h

66. 我国规范采用(　　)来评价沥青混合料的水稳定性。

A. 浸水马歇尔试验　　B. 浸水车辙试验

C. 冻融劈裂试验　　D. 浸水劈裂试验

67. 沥青混合料水稳定性的评价主要是(　　)

A. 评价沥青与集料黏附性

B. 评价沥青混合料渗水性能

C. 评价沥青混合料空隙情况

D. 评价沥青混合料浸水后的力学性能

68. 用来评价沥青混合料水稳定性的指标有(　　)。

A. 浸水残留稳定度　　B. 冻融劈裂强度比

C. 残留强度比　　D. 渗水系数

69. 沥青含量太高,沥青混合料可能出现的病害是(　　)。

A. 车辙　　B. 泛油　　C. 拥包　　D. 析漏

70. 采用离心分离法测定沥青混合料中的沥青含量时,沥青混合料的用量可为(　　)。

A. 800g　　B. 1000g　　C. 1500g　　D. 2000g

71. 采用燃烧炉法测定沥青混合料中的沥青含量时,设定的修正系数为0对应的燃烧温度可以为(　　)。

A. 530℃　　B. 535℃　　C. 540℃　　D. 545℃

72. 采用燃烧炉法测定沥青混合料中的沥青含量时,燃烧前后混合料级配允许差值包括(　　)。

A. +0.5%　　B. +1.0%　　C. +2.0%　　D. +3.0%

73. 沥青混合料谢伦堡沥青析漏试验供检验(　　)最大沥青用量使用。

A. SMA　　B. OGFC　　C. AM　　D. AC

74. 相比于普通沥青混合料,SMA混合料配合比设计新增的性能检验试验包括(　　)。

A. 车辙试验　　B. 析漏试验

C. 飞散试验　　D. 浸水马歇尔试验

75. 计算 SMA 混合料粗集料骨架间隙率时需用到的参数有(　　)。

A. 粗集料骨架的合成毛体积相对密度　　B. 混合料试件的毛体积相对密度

C. 粗集料占混合料的质量比　　D. 粗集料松装堆积密度

76. 对于沥青混合料车辙试验,下列说法正确的有(　　)。

A. 其结果可用于评价沥青混合料的高温稳定性

B. 恒温室与试件内部温度应保持在 60℃±1℃

C. 试验报告应注明试验温度、试验轮接地压强、试件密度空隙率及试件制作方法等

D. 公称最大粒径大于或等于 26.5mm 的混合料试件厚度比公称最大粒径小于 26.5mm 的混合料试件厚度要厚

77. 关于沥青与粗集料的黏附性能试验,说法正确的是(　　)。

A. 水煮法和水浸法都要由两名以上经验丰富的试验人员分别目测评定取平均等级

B. 同一种粒料存在大于 13.2mm 和小于 13.2mm 的情况,对于小于 13.2mm 的粒料应采用水浸法

C. 水浸法的浸泡水温度 80℃±1℃

D. 评价沥青混合料的综合抗水损害能力还需要进行浸水马歇尔试验和渗水试验

78. 普通沥青混合料的马歇尔稳定度试验和冻融劈裂试验操作方法的不同之处有(　　)。

A. 试件的尺寸　　B. 加载方式

C. 试件成型方法　　D. 试件加载时的温度

79. 关于沥青混合料水稳定性,说法正确的是(　　)。

A. 我国对改性沥青混合料的要求要比对普通沥青混合料的要求严格

B. 浸水马歇尔试验和冻融劈裂试验都能检验混合料的水稳定性

C. 粗集料采用石灰岩的沥青混合料的水稳定性要优于花岗石的沥青混合料

D. 从混合料组成结构来看,产生水稳定性差的主要原因是混合料矿料间隙率太大

80. 关于同一沥青混合料的沥青含量和油石比关系,以下说法正确的有(　　)。

A. 沥青含量指沥青占沥青混合料的百分数

B. 油石比指沥青与矿料质量比的百分数

C. 在配合比设计过程中采用油石比更为方便

D. 沥青含量一般大于油石比

四、综合题

1. 某沥青针入度、延度、软化点试验结果如下,请回答以下问题。

试样编号	技术指标		
	针入度/0.1mm	延度/cm	软化点/℃
1	88	101	50.0
2	90	102	51.0

（续表）

试样编号	技术指标		
	针入度/0.1mm	延度/cm	软化点/℃
3	86	103	—
试验结果	88	>100	50.5

(1)沥青针入度试验要求包括(　　)。

A. 其标准试验条件为温度25℃,荷重100g,贯入时间5s

B. 试验开始前,用适当位置的反光镜或灯光反射观察,使针尖恰好与试样表面接触

C. 同一试样平行试验至少3次,各测试点之间及与盛样皿边缘的距离不应少于10mm

D. 测定针入度大于200的沥青试样时,每次试验应将标准针取下,用蘸有三氯乙烯溶剂的棉花或布揩净,再用干棉花或布擦干

(2)沥青延度试验注意事项包括(　　)。

A. 将隔离剂拌和均匀,涂于清洁干燥的试模底板和试模的内侧表面。

B. 用热刮刀自试模中间刮向两端刮除高出试模的沥青,使沥青面与试模面齐平。

C. 在试验过程中,仪器不得有振动,水面不得有晃动

D. 当试样出现上浮或下沉时,应调整水的密度,重新试验

(3)沥青软化点试验(环球法)使用的金属支架中金属环下面距下层底板为(　　)。

A. 12.7mm　　B. 19mm　　C. 25.4mm　　D. 51mm

(4)有关沥青针入度、延度、软化点、针入度指数指标说法正确的有(　　)。

A. 针入度值越大,表示沥青黏度越低

B. 延度值越大,表示沥青低温抗裂性越好

C. 软化点越高,表示沥青高温稳定性越好

D. 针入度指数越小,表示沥青的感温性越低

(5)该沥青的针入度指数为(　　)。

A. 0.4　　B. 0.5　　C. 0.6　　D. 0.8

2. 某一试验室需要进行AC-20C沥青混合料(70号A级道路石油沥青)马歇尔试验。已知沥青混合料最佳沥青用量为4.5%;粗集料、细集料和矿粉的比例分别为65%、32%和3%,粗、细集料毛体积相对密度分别为2.723、2.685,矿粉的表观相对密度为2.710。最佳沥青用量对应的沥青混合料理论最大相对密度为2.497,马歇尔试件毛体积相对密度为2.386。请回答下列问题。

(1)进行成型试验时,称量一个马歇尔试件的混合料总质量约为(　　)。

A. 1200g　　B. 1268g　　C. 1248g　　D. 1228g

(2)计算得到的最佳沥青用量相应的空隙率为(　　)。

A. 4.2%　　B. 4.0%　　C. 4.4%　　D. 4.6%

(3)计算得到的合成矿料的毛体积相对密度为(　　)。

A. 2.707　　B. 2.710　　C. 2.71　　D. 2.713

(4)计算得到的矿料间隙率为(　　)。

A. 15.9%　　B. 16.2%　　C. 15.7%　　D. 16.4%

(5)试验过程中发现第一个击实成型的马歇尔试件的高度为 65.7mm,以下操作正确的有(　　)。

A. 无须调整,继续进行马歇尔击实成型所有试件

B. 提高拌和温度 5~10℃,称量 1168g,混合料重新进行马歇尔击实成型所有试件

C. 第一个试件应废弃,并重新进行试验

D. 称量 1168g 混合料重新进行马歇尔击实试件,再次测量,判断试件高度是否满足要求

3. 关于沥青混合料马歇尔试件制作,密度、马歇尔稳定度、车辙、冻融劈裂试验,请回答以下问题。

(1)沥青混合料拌和时,最后加入的材料是(　　)。

A. 粗集料　　B. 细集料　　C. 沥青　　D. 矿粉

(2)关于采用表干法测定沥青混合料毛体积密度试验要求,正确的是(　　)。

A. 把试件置于网篮中时注意尽量不要晃动水

B. 称取试件的水中质量时若天平读数持续变化,不能很快达到稳定说明试件吸水较严重

C. 用洁净柔软的拧干的毛巾轻轻擦去试件的表面水时,不得吸走空隙内的水。

D. 从试件拿出水面到擦拭结束不宜超过 5s,称量过程中流出的水应尽快擦拭。

(3)某沥青混合料马歇尔稳定度试验结果如下,该沥青混合料马歇尔稳定度为(　　)

试件编号	1	2	3	4	5
稳定度值/kN	8.20	8.50	8.82	7.04	11.62
k	1.67				

A. 8.14kN　　B. 8.50kN　　C. 8.66kN　　D. 8.84kN

(4)在寒冷地区的沥青混合料车辙试验温度可以为(　　)。

A. 40℃　　B. 45℃　　C. 50℃　　D. 55℃

(5)沥青混合料冻融劈裂试验第二组试件冻融操作正确的包括(　　)。

A. 在真空度 97.3~98.7kPa 条件下保持 15min,然后常压水中放置 0.5h

B. 放入−18℃±2℃恒温冰箱中,保持 16h±1h

C. 放入已保温为 60℃±0.5℃的恒温水槽中 24h

D. 浸入温度为 25℃±0.5℃的恒温水槽中不少于 2h

4. 关于沥青混合料试件制作方法(击实法),请回答以下问题。

(1)沥青混合料试件制作方法(击实法)要求包括(　　)。

A. 当集料公称最大粒径小于或等于 26.5mm 时,一组试件的数量不少于 4 个

B. 当集料公称最大粒径大于 26.5mm 时,一组试件数量不少于 6 个

C. 大部分聚合物改性沥青,混合料的拌和与压实温度通常比普通沥青提高 10~20℃

D. 沥青混合料保持在要求的拌和温度范围内,标准的总拌和时间为 3min

(2)沥青混合料试件制作方法(击实法)成型步骤的正确顺序应为(　　)。

① 插入温度计至混合料中心附近,检查混合料温度。

② 在装好的混合料上面垫一张吸油性小的圆纸。

③ 用小铲将混合料铲入试模中,插捣后将沥青混合料表面整平。

④ 将装有击实锤及导向棒的压实头放入试模中。

⑤ 试件击实一面后,以同样的方法和次数击实另一面。

⑥ 将试模装在底座上,放一张圆形的吸油性小的纸。

⑦ 待将试模连同底座一起放在击实台上固定。

A. ③①②⑥⑦④⑤　　B. ⑥③①⑦②④⑤

C. ③①⑥②⑦④⑤　　D. ⑥⑦③①②④⑤

(3)乳化沥青混合料试件在两面击实后,有一组试件需置于烘箱中养护 24h,养护取出后再立即两面击实各(　　)次。

A. 25　　B. 50　　C. 75　　D. 112

(4)某大型马歇尔试件高度为 98mm,原用混合料质量为 4000g,则应(　　)混合料质量再制件会使高度符合要求。

A. 增加 50g　　B. 减少 50g　　C. 保持不变　　D. 以上均可

(5)沥青混合料试件制作方法(击实法)的注意事项包括(　　)。

A. 矿料、试模套筒及击实座等要按规范置于烘箱中加热

B. 严格控制混合料的拌和时间和矿粉加入时机

C. 浸水脱模法不能用于测量密度、空隙率等各项物理指标

D. 标准马歇尔试件击实次数为 75 次,大马歇尔试件为 90 次

5. 某类型沥青混合料配合比设计过程中,需进行马歇尔试件制件、试件密度测定、混合料理论最大相对密度测定及车辙的试验等项目,请根据相关条件回答下列问题。

(1)已知马歇尔试件制作采取标准击实法,试件高度符合要求的有(　　)

A. 62.2mm　　B. 63.8mm　　C. 64.8mm　　D. 64.9mm

(2)在制件过程中,试验人员往 7500g 矿料里加入了 377g 沥青,则该试件的沥青含量是(　　)。

A. 4.7%　　B. 4.8%　　C. 4.9%　　D. 5.0%

(3)试件密度测定过程中,测得干燥试件的空气中的质量为 1220.1g,试件的水中质量为 719.6g,试件的表干质量为 1221.3g,试件的高度为 64.1mm。对于此沥青混合料试件,下述所用测试方法及相关表述正确的是(　　)。

A. 用水中重法,测得表观密度,以表观相对密度代替毛体积相对密度

B. 用表干法,测得毛体积相对密度

C. 用体积法,测得毛体积相对密度

D. 用蜡封法,测得毛体积相对密度

(4)有关真空法测定沥青混合料理论最大相对密度试验,以下叙述正确的是(　　)。

A. 真空法不适用吸水率大于 3%的多孔性集料的沥青混合料

B. 测定前需将沥青混合料团块仔细分散,粗集料不破损,细集料团块分散到小于

6.4mm 的程度

C. 测定时，开动真空泵，使负压容器内负压在 2min 内达到 3.7kPa±0.3kPa

D. 负压达到后，开动振动装置持续 10min±2min

(5)对于聚合物改性沥青混合料，成型车辙试件放置的时间以(　　)为宜，使聚合物改性沥青充分固化后方可进行车辙试验，室温放置时间不得长于(　　)。

A. 24h,1 周　　B. 24h,2 周　　C. 48h,1 周　　D. 48h,2 周

6. 某一试验室需要进行 AC20C 沥青混合料(70 号 A 级道路石油沥青)目标配合比试验。已知沥青混合料最佳沥青用量为 4.5%，马歇尔试件毛体积相对密度为 2.412。请回答下列问题。

(1)目标配合比性能验证的一般试验参数有(　　)。

A. 动稳定度和渗水系数

B. 燃烧法或离心分离法检验沥青含量

C. 冻融劈裂残留强度比和浸水马歇尔稳定度

D. 析漏和飞散

(2)若成型 5cm 车辙试件，一块车辙试件的混合料总质量约为(　　)。

A. 10820g　　B. 10854g　　C. 10980g　　D. 11180g

(3)车辙试验的动稳定度结果为 500 次/mm，以下分析正确的有(　　)。

A. 结果不满足规范的动稳定度指标要求

B. 设计的沥青混合料最佳沥青用量可能偏高

C. 设计沥青混合料级配需要调细一些

D. 沥青混合料所用沥青软化点肯定偏低

(4)沥青混合料冻融试验中，以下分析正确的有(　　)。

A. 成型试件不少于 8 个，一般每个试件采用马歇尔双面击实 50 次

B. 劈裂强度试验温度为 25℃，加载速率为 10mm/min

C. 真空饱水时，在规定的真空度条件下将试件抽真空并保持 15min；随后打开阀门，回复常压，试件在水中浸泡 30min

D. 冻融劈裂试验强度比为经冻融循环后有效试件劈裂抗拉强度代表值除以未冻融循环的有效试件劈裂抗拉强度代表值，以百分比表示

(5)车辙试验时，三个平行试件的动稳定度测定值分别为 5790 次/mm、6230 次/mm 和 6710 次/mm，标准差为 460 次/mm。下列试验结果表述正确的是(　　)。

A. 试验误差过大，应追加试验

B. 动稳定度测定结果为 6243 次/mm

C. 动稳定度测定结果为>6000 次/mm

D. 试验误差过大，应重新试验

7. 某一工程从现场取 SBS 改性沥青样品进行试验，请回答下列问题。

(1)如果取沥青样品进行全套指标检测，则取样过程正确的有(　　)。

A. 采用金属容器，取不少于 4kg 样品

B. 热沥青制样时加热温度可采用 135℃

C. 在沥青灌模时可搅动沥青，但不得反复搅动

D. 当沥青试样中含有水分时，将盛样器皿放在可控温的砂浴、油浴、电热套上加热脱水，不得已采用电炉、燃气炉加热脱水时，必须加放石棉垫

(2)该试样无须进行的试验项目有(　　)。

A. 针入度　　B. 离析软化点差

C. 蜡含量　　D. 10℃延度

(3)该试样25℃针入度试验三个检测记录分别为48.1(0.1mm)、47.2(0.1mm)、44.3(0.1mm)，则以下说法正确的是(　　)。

A. 该试样25℃针入度为45.9(0.1mm)

B. 该试样25℃针入度为46(0.1mm)

C. 该试验结果无效，应重新进行试验

D. 该试样满足SBS-Ⅰ-D沥青针入度指标要求

(4)该试样软化点试验两个检测记录分别为61.3℃、61.9℃，则以下说法正确的是(　　)

A. 该试样软化点为62℃

B. 该试样软化点为61.5℃

C. 该试样软化点为60℃

D. 该软化点试验结果无效，要重新进行试验

(5)以下关于该样品离析试验，说法正确的是(　　)。

A. 离析试验温差越大，说明该沥青的改性剂与基质沥青相容性越差

B. 盛样管和沥青从烘箱中取出后，放入冰箱的冷柜中，保持盛样管处于水平状态不少于4h，使改性沥青试样凝为固体

C. 可用剪刀将盛样管剪成相等的3截，取顶部和底部试样分别进行软化点试验

D. 离析试验温差越大，说明用于改性沥青的基质沥青质量差

8. 下列关于沥青密度与相对密度试验的说法，请回答以下问题。

(1)非经说明，测定沥青密度的标准温度为(　　)，而沥青的相对密度是指(　　)时与相同温度下水的密度之比。

A. 15℃,20℃　　B. 15℃,25℃　　C. 20℃,25℃　　D. 20℃,30℃

(2)下列关于沥青密度与相对密度试验的注意问题说法正确的有(　　)。

A. 凡涉及密度瓶在盛满物体时的称重，都要对密度瓶进行恒温操作，以达到更加精确的测定结果

B. 对于黏稠及液体沥青，重复性试验的允许差为0.005g/cm^3，复现性试验的允许差为0.007g/cm^3

C. 密度瓶的水值应经常校正，一般每年至少进行两次

D. 抽真空不宜过快，防止样品被带出密度瓶

(3)试验所涉及的主要仪器与材料有(　　)。

A. 恒温水槽　　B. 密度瓶　　C. 石棉垫　　D. 温度计

(4)下列关于固体沥青密度与相对密度试验步骤，正确的顺序应为(　　)。

① 取下瓶塞，将恒温水槽内烧杯中的蒸馏水注入比重瓶，水面高于试样约 10mm。

② 取 0.6～2.36mm 的粉碎试样不少于 5g 放入清洁、干燥的比重瓶中，塞紧瓶塞后称其质量，准确至 1mg

③ 将保温烧杯中的蒸馏水再注入比重瓶中至满，轻轻地塞好瓶塞，再将带塞的比重瓶放入盛有蒸馏水的烧杯中，并塞紧瓶塞。

④ 取下瓶塞，将盛有试样和蒸馏水的比重瓶置真空干燥箱(器)中抽真空，逐渐达到真空度 98kPa(735mmHg)且不少于 15min。

⑤ 将有比重瓶的盛水烧杯再置恒温水槽(试验温度±0.1℃)中保持至少 30min 后，取出比重瓶，迅速揩干瓶外水分后称其质量，准确至 3 位小数。

A. ②④①③⑤　　B. ②④③①⑤

C. ②①③④⑤　　D. ②①④③⑤

(5)试验温度下液体沥青试样的相对密度按式 $y_b=(m_3-m_1)/(m_2-m_1)$ 计算，m_3 是指(　　)。

A. 比重瓶质量

B. 液体沥青质量

C. 比重瓶与盛满水时的合计质量

D. 比重瓶与盛满液体沥青试样时的合计质量

9. 某试验室从拌和楼取沥青、纤维及沥青混合料进行相关试验。沥青为 SBS 改性沥青，沥青混合料为 SMA－13，其中掺加 0.3%木质素纤维，请完成下列题目。

(1)以下关于材料取样正确的有(　　)。

A. 沥青宜采用金属容器作为盛样容器

B. 沥青混合料宜采用搪瓷盘或金属盛样容器

C. 纤维样品宜现场密封，防止受潮

D. 沥青和沥青混合料取样时应采取必要的防护措施

(2)以下关于 SBS 改性沥青弹性恢复试验的描述正确的是(　　)。

A. 试验温度为 25℃，试样拉伸 10cm 停止拉伸

B. 试验温度为 15℃，试样拉伸 10cm 停止拉伸

C. 试验温度为 15℃，试样拉伸 15cm 停止拉伸

D. 试验温度为 10℃，试样拉伸 15cm 停止拉伸

(3)进行木质素纤维试验时，已知纤维干燥质量为 10.0g，煤油浸泡后质量为 61.9g，则该纤维吸油率为(　　)。

A. 619%　　B. 519%　　C. 6.2 倍　　D. 5.2 倍

(4)采用击实法双面击实 50 次成型试件后测定 SMA－13 试件毛体积相对密度，主要试验步骤包括：①将溢流水箱水温保持在 25℃，挂上网篮，浸入溢流水箱中，调节水位，将天平调平并复零，把试件置于网篮中浸水 3～5min，称取水中质量；②除去试件表面的浮粒，称取干燥试件的空中质量；③从水中取出试件，用洁净柔软的拧干湿毛巾轻轻擦去试件的表面水，称取试件的表干质量，从试件拿出水面到擦拭结束不宜超过 5s；④选择适宜的浸水天平，最大称量应满足试件质量的要求。正确的试验步骤排序为(　　)。

A. ④②①③　　B. ①②④③　　C. ④③①②　　D. ②④③①

(5)采用轮碾法对成型板块式试件进行 SMA－13 车辙试验，以下表述正确的有（　　）。

A. 该板块试件厚度一般为 50mm

B. 车辙试验时温度一般为 50℃

C. 成型的试件需要按照要求放置一定时间才能进行车辙试验

D. 车辙试验时，试件不脱模，试件连同试模一起放入恒温室内

10. 某沥青混合料物理力学指标测定结果如下，请回答以下问题。

油石比/%	密度/(g·cm^3)	V_V/%	VMA/%	VFA/%	稳定度/kN	流值/0.1mm
3.5	2.470	5.0	15.1	60.0	10.70	19.5
4.0	2.480	4.5	15.2	68.0	11.60	22.0
4.5	2.490	3.8	15.3	73.0	12.50	25.0
5.0	2.480	3.4	15.4	80.0	11.70	28.0
5.5	2.470	2.9	15.5	84.0	10.60	30.0
技术标准	—	3～6	不小于 15	70～85	不小于 7.5	20～40

(1)该沥青混合料的最佳沥青用量 OAC_1 为（　　）。

A. 4.2%　　B. 4.5%　　C. 4.6%　　D. 4.8%

(2)该沥青混合料的最佳沥青用量 OAC_2 为（　　）。

A. 4.6%　　B. 4.7%　　C. 4.8%　　D. 4.9%

(3)对于寒冷地区公路、交通量很少的公路，最佳沥青用量可以在 OAC 的基础上增加（　　）。

A. 0.1%　　B. 0.2%　　C. 0.3%　　D. 0.4%

(4)关于沥青混合料配合比指标调整原则，下列说法正确的有（　　）。

A. 空隙率与稳定度均较低，在混合料中添加粗矿料以提高 VMA 值

B. 空隙率与稳定度均较低，在混合料中提高沥青含量

C. 空隙率高，稳定度满足要求，通常采用的方法是适当增加细料

D. 空隙率低，稳定度满足要求，在混合料中提高沥青含量

(5)标准配合比的矿料合成级配中，至少应包括（　　）筛孔的通过率接近优选的工程设计级配范围的中值。

A. 0.075mm　　B. 2.36mm

C. 4.75mm　　D. 公称最大粒径

11. 关于沥青旋转黏度试验（布洛克菲尔德黏度计法）请回答以下问题。

(1)布洛克菲尔德黏度计法适用于测定道路沥青在（　　）以上温度范围内的表观黏度。

A. 35℃　　B. 40℃　　C. 45℃　　D. 50℃

(2)135℃测定时，对 RV、HA HB 型黏度计可采用转子速率为（　　）。

A. 0.5r/min　　B. 2r/min　　C. 12r/min　　D. 20r/min

(3)关于沥青旋转黏度试验(布洛克菲尔德黏度计法)的试验步骤,正确的包括(　　)。

A. 将转子与盛样筒一起置于已控温至试验温度的烘箱中保温,维持1.5h

B. 使沥青试样在恒温容器中保温,达到试验所需的平衡温度(不少于15min)

C. 开动布洛克菲尔德黏度计,观察读数,扭矩读数应在10%～98%范围内

D. 在每个试验温度下,每隔60s读数一次,连续读数3次

(4)沥青旋转黏度试验(布洛克菲尔德黏度计法)试验要求正确的包括(　　)。

A. 仪器在安装时必须调至水平,使用前应检查仪器的水准器气泡是否对中

B. 在整个测量黏度过程中,不能改变设定的转速,改变剪变率

C. 如果在试验温度下的扭矩读数不在10%～98%的范围内,必须更换转子重新试验

D. 绘制黏温曲线。一般可采用135℃及175℃测定的表观黏度

(5)关于黏温曲线说法正确的有(　　)。

A. 当使用石油沥青时,宜以黏度为0.28Pa·s±0.03Pa·s时的温度作为拌和温度范围

B. 当使用石油沥青时宜以黏度为0.17Pa·s±0.02Pa·s时的温度作为压实成型温度范围

C. 黏温曲线斜率越大,拌和温度范围越小

D. 黏温曲线斜率越小,压实成型温度范围越大

12. 关于沥青老化性能评定试验,请回答以下问题。

(1)老化的沥青三大指标的变化规律是(　　)。

A. 针入度减小,软化点升高,延度减少

B. 针入度增加,软化点升高,延度减少

C. 针入度减小,软化点降低,延度增加

D. 针入度增加,软化点降低,延度增加

(2)沥青薄膜加热试验的要求包括(　　)。

A. 将沥青试样分别注入4个已称质量的盛样皿中35g±0.5g,并形成沥青厚度均匀的薄膜

B. 不允许将不同品种或不同标号的沥青同时放在一个烘箱中试验

C. 把烘箱调整水平,使转盘在水平面上以5.5r/min±1r/min的速度旋转

D. 从放置试样开始至试验结束的总时间,不得超过5.25h

(3)沥青旋转薄膜加热试验的要求包括(　　)。

A. 用汽油或三氯乙烯洗净盛样瓶后,置温度为105℃±5℃烘箱中烘干

B. 选择盛样瓶的数量应能满足试验的试样需要,通常不少于8个

C. 将沥青试样分别注入已称质量的盛样瓶中,其质量为50g±0.5g

D. 若10min内达不到试验温度163℃±0.5℃时,试验不得继续进行

(4)关于沥青薄膜加热试验和旋转薄膜加热试验结果误差要求,错误的有(　　)。

A. 当薄膜加热后质量变化小于或等于0.4%时,重复性试验的允许误差为0.04%

B. 当薄膜加热后质量变化小于或等于0.4%时,再现性试验的允许误差为0.16%

C. 当薄膜加热后质量变化大于0.4%时，重复性试验的允许误差为平均值的8%

D. 当薄膜加热后质量变化大于0.4%时，再现性试验的允许误差为平均值的32%

(5)关于沥青薄膜加热试验和旋转薄膜加热试验说法正确的有(　　)。

A. 当黏度较高的沥青在进行沥青薄膜加热试验时，有时就会出现沥青从瓶口流出的现象

B. 旋转薄膜烘箱试验使试验时间缩短，并且试验结果精度较高

C. 沥青薄膜加热试验和旋转薄膜加热试验后的质量变化可正可负

D. 沥青薄膜加热试验和旋转薄膜加热试验允许互相替代

第十一章 岗位技能测试训练题——建筑钢材

一、单项选择题

1. 对没有明显屈服现象的钢材，通常取塑性延伸率为(　　)所对应的应力作为规定塑性延伸强度。

A. 0.2%　　B. 0.3%　　C. 0.4%　　D. 0.5%

2. 对公称直径 $d=25$mm 的 HRB400 钢筋进行弯曲性能试验，对弯芯直径的要求是(　　)。

A. 3d　　B. 4d　　C. 5d　　D. 6d

3. 钢筋焊接接头拉伸试验中，有 1 个试件呈延性断裂，2 个试件发生脆性断裂，应再取(　　)个试件进行复验。

A. 2　　B. 3　　C. 4　　D. 6

4. 钢筋连接接头的受拉承载力标准值不应小于被连接钢筋的受拉承载力标准值的(　　)倍。

A. 1.0　　B. 1.1　　C. 1.2　　D. 1.25

5. 钢筋拉伸试验计算抗拉强度时，采用(　　)作为钢筋的计算横截面面积。

A. 实测横截面面积　　B. 公称横截面面积

C. 参考横截面面积　　D. 理论横截面面积

6. 每批热轧带肋钢筋拉伸试验和弯曲试验的试件数量分别为(　　)。

A. 2 和 1　　B. 2 和 2　　C. 1 和 2　　D. 3 和 3

二、判断题

1. 钢筋断后伸长率为试样拉伸断裂后的长度与原始标距之比。(　　)

2. 钢筋拉伸试验测定断后伸长率时，应使用分辨率优于 0.1mm 的量具，准确到±0.25mm。(　　)

3. 在室温条件下，对有明显屈服现象的钢材标准试样进行拉伸试验，通常取下屈服强度作为屈服强度特征值。(　　)

4. 钢筋焊接接头拉伸试验中，3 个试件均断于钢筋母材，呈延性断裂，其抗拉强度大于或等于钢筋母材抗拉强度标准值，则可判定该检验批接头拉伸试验合格。(　　)

三、多项选择题

1. 下列不属于钢材加工性能指标的是(　　)。

A. 弯曲性能　　B. 断后伸长率　　C. 钢筋连接　　D. 冲击性能

2. 下列需要进行弯曲试验的钢筋包括(　　)。

A. 热轧带肋钢筋　　B. 热轧光圆钢筋

C. 预应力混凝土用钢绞线　　D. 预应力混凝土用钢棒

3. 热轧钢筋常规试验检测项目包括(　　)。

A. 屈服强度　　B. 抗拉强度　　C. 松弛率　　D. 断后伸长率

4. 钢筋闪光对焊接头试验项目包括(　　)。

A. 拉伸试验　　B. 弯曲试验　　C. 伸长率　　D. 外观检查

5. 钢筋试件按规定的弯曲角度、弯心直径反复弯曲后,试件弯曲处不产生(　　)现象时即认为弯曲性能合格。

A. 收缩　　B. 裂纹　　C. 断裂　　D. 延伸

四、综合题

1. 对热轧带肋钢筋 HRB335 进行拉伸试验,钢筋规格型号为 ϕ20mm×400mm。请回答下列问题。

(1)钢筋应按批进行检查和验收,每批钢筋由(　　)的钢筋组成。

A. 同一规格　　B. 同一重量　　C. 同一炉罐号　　D. 同一牌号

(2)钢筋拉伸试验的一组试样数量应为(　　)根。

A. 1　　B. 2　　C. 3　　D. 5

(3)钢筋拉伸试验速率控制方法有(　　)。

A. 应变速率控制　　B. 应力速率控制

C. 应力、应变综合速率控制　　D. 时间-位移控制

(4)已知钢筋实测最大力值为 160.925kN,则抗拉强度(数据修约为整数)为(　　)。

A. 511MPa　　B. 512MPa　　C. 513MPa　　D. 514MPa

(5)通过钢筋拉伸试验可以获得的力学性能参数指标有(　　)。

A. 屈服强度　　B. 抗拉强度　　C. 最大力总伸长率

D. 断后伸长率　　E. 弯曲性能

【岗位技能测试训练题参考答案及解析——石料与集料】

一、单项选择题

1. C

[**解析**]石料单轴抗压强度试验以 0.5～1.0MPa/s 的速率加荷直至破坏，记录破坏荷载及加荷过程中出现的现象。

2. A

[**解析**]石料单轴抗压强度试验的试件是边长为 70mm±2mm 的立方体试件，每组试件共 6 个。

3. C

[**解析**]我国《公路工程集料试验规程》(JTG E42—2005)规定，沥青混合料用粗集料针片状颗粒含量用游标卡尺法测定。

4. C

[**解析**]游标卡尺法测定的针片状颗粒，是指粗集料颗粒的最大长度(或宽度)方向与最小厚度(或直径)方向的尺寸之比大于 3 倍的颗粒。

5. C

[**解析**]集料粒径划分时，SMA－10 的划分界限是 2.36mm，而 SMA－13、SMA－16 和 SMA－20 的界限则是 4.75mm。

6. C

[**解析**]五种密度大小关系：真实密度＞表观密度(视密度)＞表干密度＞毛体积密度＞堆积密度。

7. D

[**解析**]在沥青混合料中起填充作用的、粒径小于 0.075mm 的矿物质粉末，称为填料。

8. B

[**解析**]压力试验机(或万能试验机)要求测量精度为±1%，试件破坏荷载应大于压力试验机全程的 20%且小于压力试验机全程的 80%。

9. B

[**解析**]集料最大粒径是指集料颗粒能够 100%通过的最小标准筛筛孔尺寸；集料公称最大粒径是指集料可能全部通过或允许有少量筛余(筛余量不超过 10%)的最小标准筛筛孔尺寸。10～20mm 的集料过 26.5mm 的筛能够 100%通过，过 19mm 的筛 90%以上能通过，只有 19～20mm 的无法通过。

10. A

[**解析**]测定矿粉的密度及相对密度,用于检验矿粉的质量,供沥青混合料配合比设计计算使用,同时适用于测定供拌制沥青混合料用的其他填料(如水泥、石灰、粉煤灰)的相对密度。

11. B

[**解析**]细集料表观密度试验用容量瓶法测定,本方法适用于含有少量大于 2.36mm 部分的细集料。

12. D

[**解析**]规准仪法适用于测定水泥混凝土使用的 4.75mm 以上的粗集料的针状及片状颗粒含量,以百分率计。

13. C

[**解析**]粗集料筛分要求各筛分计筛余量及筛底存量的总和与筛分前试样的干燥总质量相比,相差不得超过干燥总质量的 0.5%。

14. C

[**解析**] 粗集料洛杉矶磨耗试验对水泥混凝土集料设定回转次数为 500 转。

15. D

[**解析**]D 选项应为:若矿粉加热后颜色发生变化,则应报告矿粉在受热后的颜色变化,判断矿粉的变质情况。

16. A

[**解析**]当每个筛子手摇筛出的量每分钟不超过筛上剩余量的 0.1%时,停止过筛。

17. C

[**解析**] 集料压碎值试验用于测定粗集料抵抗压碎的能力,间接评价其相应承载能力和强度。粗集料压碎值=加载试验后通过 2.36mm 筛的质量/加载试验前质量,压碎值越小越好。

18. A

[**解析**]单位体积包括材料实体、开口及闭口孔隙、颗粒间空隙。

19. B

[**解析**]将悬浮液倒在由 1.18mm 和 0.075m 组成的套筛上。

20. A

[**解析**]粗集料坚固性试验所需要的粒级为 9.5～19mm 的试样中,应含有 9.5～16mm 粒级颗粒 40%,16～19mm 粒级颗粒 60%。

21. C

[**解析**]冲击值越小,表示集料的抗冲击性能越好。

22. B

[**解析**]岩石坚固性采用在饱和硫酸钠溶液中多次浸泡与烘干的循环试验,考察粗集料承受硫酸钠在烘干结晶过程中产生的晶胀压力,集料颗粒不会产生明显破坏或降低强度的性能,用来评价粗集料的坚固性。

23. B

[解析]各级过筛不彻底则分计筛余百分率 a_i 和累计筛余百分率 A_i 变大,因细度模数 $u_f=(A_{4.75}+A_{2.36}+A_{1.18}+A_{0.6}+A_{0.3}+A_{0.15})/100$,细度模数变大。

24. B

[解析]测量水温,要求前后两次水温差不超过 2℃。

25. D

[解析]细集料泥块含量试验,以两个试样平行试验结果的算术平均值作为测定值。两次结果的差值如果超过 0.4%,则应重新取样进行试验。

26. C

[解析]A 选项应为:砂当量试验方法适用于测定天然砂、人工砂、石屑等各种细集料中所含的黏性土或杂质的含量,以评定集料的洁净度。B 选项应为:砂当量冲洗液由氯化钙、甘油和甲醛按一定的比例配制。D 选项应为:筛析法、砂当量和亚甲蓝试验都能对砂的洁净度进行评价,但亚甲蓝试验能更加准确地评价。

27. B

[解析]$PS=PS_{ra}+49-PS_{bra}$,取整数,计算得 45。

28. D

[解析]配制冲洗液过程中三种分析纯的先后顺序是无水氯化钙、甘油、甲醛。

29. B

[解析]粗砂细度模数为 3.7~3.1。中砂细度模数为 3.0~2.3。细砂细度模数为 2.2~1.6。特细砂细度模数为 1.5~0.7。

30. A

[解析]石料抗冻性试验待冰箱温度下降到－15℃时,将铁盘连同试件一起放入冰箱,并立即开始计时。冻结 4h 后取出试件,放入 20℃±5℃的水中融解 4h,如此反复冻融至规定次数为止。

二、判断题

1. 错误

[解析] 级配反映砂中粗细颗粒的分布状况;细度模数反映砂的粗细程度。

2. 正确

[解析]采用 II 区的砂即中砂是配制混凝土优先选用的级配类型。

3. 正确

[解析]硫酸盐坚固性试验实质上是一种快速评价集料抵抗低温冻胀破坏能力的一项验。

4. 正确

[解析] 粗集料试验取样数量与试验项目和公称最大粒径有关。

5. 正确

[解析]粗集料密度试验时,用拧干的湿毛巾轻轻擦拭集料颗粒表面的水,直到表面看不到发亮的水迹,使集料处在饱和面干状态。

6. 错误

[解析]粗集料压碎值试验用于测定粗集料抵抗压碎能力，间接评价其相应承载能力强度。压碎值越大，说明集料的强度越差，但集料的耐久性采用坚固性试验测定。

7. 错误

[解析]粗集料的吸水率是饱和面干状态下的含水率。

8. 错误

[解析]路用粗集料的力学性质主要指抗压碎能力（压碎值试验）和磨耗性（洛杉矶磨耗试验）两大指标，当粗集料用于表层路面时，还涉及磨光值（磨光试验）、磨耗值（道瑞磨耗试验）等力学指标。

9. 正确

10. 正确

11. 正确

12. 错误

[解析]粗集料密度试验时环境温度应保持在 15～25℃，并且试验过程中温度波动应不超过 2℃。

13. 错误

[解析]路面工程用石料的单轴抗压强度试件为边长 50mm±2mm 的立方体试件，每组 6 个。

14. 错误

[解析]按照行业标准《公路工程集料试验规程》（JTC E42—2005），试样处理是要保留全部粒径范围内的颗粒；而按照国家标准《建设用卵石、碎石》（GB/T 14685—2011），试样处理要除去针片状颗粒。

15. 正确

16. 正确

17. 错误

[解析]在水泥混凝土中，细集料是指粒径小于 4.75mm 的天然砂、人工砂及石屑。

18. 正确

19. 正确

20. 正确

21. 正确

22. 错误

[解析]粗集料洛杉矶磨耗值的大小与集料的耐磨性好坏有直接关系。

23. 正确

24. 错误

[解析]有机质含量是指砂中混有动植物腐殖质、腐殖土等有机物，它会延缓混凝土凝结时间，并降低混凝土强度，多采用比色法来检验。

25. 错误

[解析]表层沥青路面的粗集料适用性采用磨光值试验或道瑞磨耗试验评价。

26. 错误

[解析]在沥青混合料中，针片状颗粒是指用游标卡尺测定的粗集料颗粒的最大长度（或宽度）方向与最小厚度（或直径）方向的尺寸之比大于 3 倍的颗粒。

27. 错误

[解析]细集料中石粉也会影响砂当量的大小。

28. 错误

[解析]粗集料毛体积包括集料自身实体体积、闭口孔隙体积和开口孔隙体积，与真实密度相差越小，说明开口和闭口孔隙体积越小。

29. 正确

30. 错误

[解析]集料根据母岩中二氧化硅含量大小来划分，当集料中二氧化硅含量大于 65% 时属于酸性集料；低于 52%时属于碱性集料；介于两者之间是中性集料。

三、多项选择题

1. ABC

[解析]岩石按照地质形成条件可分为岩浆岩、沉积岩和变质岩三大类。

2. ACE

[解析]石料的抗压强度受一系列因素的影响和控制，如石料的矿物组成和结构、含水率、试件尺寸等。一般情况下试件的尺寸和高径比变大、含水率增大，石料强度会降低。

3. ABCD

[解析]细集料的表观密度试验需要测定烘干后试样的质量，水和容量瓶的总质量，试样、水和容量瓶的总质量，水的试验温度。

4. AB

[解析]C 选项应为：用规准仪测定粗集料针片状颗粒含量的测定方法仅适用于水泥混凝土集料。D 选项应为：由于沥青路面对粗集料针片状颗粒的要求更为严格，两种不同用途集料的针片状颗粒检测方法采用不同的手段，因此不能用规准仪法代替游标卡尺法判定沥青混合料粗集料的形状。

5. ABCD

6. ACD

[解析]B 选项应为：将试样分 3 次（每次数量大体相同）均匀装入试模中。

7. BCD

[解析]对水泥混凝土用粗集料可采用干筛法筛分。

8. BC

[解析]砂的细度模数$=(A_{2.36}+A_{1.18}+A_{0.6}+A_{0.3}+A_{0.15})-5A_{4.75}/100-A_{4.75}$。

9. BCD

[解析] 粗集料软弱颗粒试验需要的标准筛孔径有 4.75mm、9.5mm、16mm。

10. ACD

[解析]采用筛洗法测定的天然砂含泥量（不能测定机制砂含泥量），采用亚甲蓝试验测定的亚甲蓝值，采用砂当量试验测定的砂当量，可以评价沥青混合料用细集料洁净度。

11. ABD

[**解析**] C 选项应为:集料按级配类型可分为连续级配、间断级配和开级配。

12. ABE

[**解析**]结构物所用石料一般包括石料制品的物理性质、几何尺寸要求和力学性能要求。

13. BD

[**解析**]A 选项应为:称量细集料用感量 0.1g 的天平,称量亚甲蓝粉末用感量 0.01g 的天平。C 选项应为:试验结束的标准是滴于滤纸上的沉淀物周围出现 1mm 稳定浅蓝色色晕。

14. BC

[**解析**]A 选项应为:高速公路及一级公路表面层的洛杉矶磨耗损失应不大于 28%。D 选项应为:其他等级公路的针片状颗粒含量应不大于 20%。

15. AB

[**解析**]对天然砂,宜以"在试样中心部分上部成为 2/3 左右的圆锥体,即大致坍塌 1/3 左右"作为标准状态;对机制砂和石屑,宜以"当移去坍落筒第一次出现坍落时的含水率,即最大含水率"作为试样的饱和面干状态。

16. BD

[**解析**]B 选项应为:当细集料中的 0.075mm 通过率小于 3%时,可不进行此项试验即作为合格看待。D 选项应为:配制亚甲蓝溶液时水温不超过 40℃。

17. BD

[**解析**]A 选项应为:干筛法试验过程中,所有各筛的分计筛余量和底盘中剩余量的总量与筛分前的试样总量,相差不得超过后者的 1%。C 选项应为:根据各筛的累计筛余百分率绘制级配曲线。

18. ABCD

[**解析**]A、B 选项为该试验的目的与适用条件,计算结果用洛杉矶磨耗损失 Q 表示,结果精确至 0.1%。

19. BCD

[**解析**]A 选项应为:细度模数为 3.0～2.3 为中砂。

20. ABCD

[**解析**]矿粉筛分试验的标准筛孔径为 0.6mm、0.3mm、0.15mm 和 0.075mm。

四、综合题

1. (1)ABCD　(2)ABD　(3)ABCD　(4)ABCD　(5)B

[**解析**](1)有关粗集料的力学指标有磨光值、磨耗值、冲击值、压碎值。

(2)C 选项应为:《公路工程集料试验规程》(JTG E42—2005)规定加载方法为在 10min 左右的时间内达到总荷载 400kN,稳压 5s,然后卸荷。

(3)选项均为粗集料洛杉矶磨耗试验要点。

(4)选项均为粗集料道瑞磨耗试验要点。

(5)步骤⑦应在步骤⑤之前，步骤⑤应在步骤④之前，步骤③应在步骤⑥之前。

2.(1)ABD　(2)ACD　(3)ABD　(4)D　(5)ABCD

[解析](1)C 选项应为：可从沥青拌和楼的热料仓取样。应在放料口的全断面上取样，通常宜将一开始按正式生产的配比投料拌和的几锅(至少 5 锅以上)废弃，然后分别将每个热料仓放出至装载机上，倒在水泥地上后适当拌和，从 3 处以上的位置取样，拌和均匀，取要求数量的试样。

(2)A 选项应为：因是沥青混合料，所以粗集料的针片状颗粒含量只能采用游标卡尺法进行测定。C 选项应为：针片状颗粒是指底面最大长度方向与最大厚度方向尺寸之比大于 3 倍的颗粒。D 选项应为：沥青混合料用粗集料针片状颗粒试验(游标卡尺法)结果仅以针片状颗粒总含量表示。

(3)C 选项应为(行标方法)：开动压力机，均匀地施加荷载，在 10min 左右的时间内达到总荷载 400kN，稳压 5s，然后卸荷。

(4)一种集料应平行测定 2 次，取两个试样的平均值，并以活塞测得砂当量为准，并以整数表示。

(5)A 选项应为：以水洗法除去小于 0.075mm 的粉尘部分，取 0.075～4.75mm 的试样约 6kg 放入 105℃±5℃烘箱中烘干至恒重，在室温下冷却。B 选项应为：试样所需的质量与试样的表观相对密度有关，与试样的公称最大粒径无关。C 选项应为：将试样从圆筒中央开口处(高度与筒顶齐平)徐徐倒入漏斗，表面尽量倒平，但倒完后不得以任何工具扰动或刮平试样。D 选项应为：一种试样需平行试验 5 次，以流动时间的平均值作为细集料棱角性的试验结果。

3.(1)A　(2)BC　(3)AD　(4)AC　(5)B

[解析](1)C 选项是堆积密度定义，D 选项是表干密度定义。

(2)毛体积密度＝毛体积相对密度×水的密度，在常温下；水的密度一般小于 1。各密度大小关系：真实密度＞表观密度＞表干密度＞毛体积密度＞堆积密度。

(3)10～20mm 集料的公称最大粒径是 19mm，所以每份试样最小质量为 1kg。试验前的试样，含一定的风干水以及尘土细颗粒等，洗净烘干后，总质量(即烘干质量)会稍微减小，可以继续试验。

(4)表观相对密度＝烘干质量/(烘干质量－水中质量)＝1003.1/(1003.1－621.4)＝2.628，毛体积相对密度＝烘干质量/(饱和面干质量－水中质量)＝1003.1/(1014.1－621.4)＝2.554，密度＝相对密度×水的密度。在常温下，水的密度一般小于 1，换算后，密度在数值上肯定小于相对密度。

(5)吸水率＝(饱和面干质量－烘干质量)/烘干质量＝(1014.1－1003.1)/1003.1＝1.10%，精确至 0.01%。

4.(1)CD　(2)ABC　(3)B　(4)ABD　(5)AC

[解析](1)A 选项为天然砂洁净度试验方法；B 选项为土颗粒分析试验方法。

(2)D 选项应为：亚甲蓝试验适用于小于 2.36mm 或小于 0.15mm 的细集料，也可用于矿粉的质量检验。

(3)湿砂质量 $m_1=120\times(100+w)$，w 为湿砂样的含水率。本题 $w=1.5\%$，则湿砂质

量 $m_1=121.8g$。

(4)C 和 D 选项说法矛盾。

(5)B 选项应为:砂当量越大,说明砂中小于 0.075mm 的颗粒中黏性土所占的数量越少,对应砂的洁净度越高,则砂的品质越好。D 选项应为:h_2 试筒中用活塞测定的集料沉淀物的高度。

5.(1)C (2)BC (3)B (4)B (5)D

[解析](1)步骤①应在步骤⑥之前,步骤⑥应在步骤②之前。

(2)A 选项应为:粗集料洛杉矶磨耗损失,计算精确至 0.1%;D 选项应为:对水泥混凝土集料,回转次数为 500 转,对沥青混合料集料,回转次数应符合《公路工程集料试验规程》(JTC E42—2005)中表 T0317—2005 的要求。

(3)试验中开动磨耗机,应以 30~33r/min 转速转动至要求的回转次数为止。

(4)转动结束后,将试样用 1.7mm 方孔筛过筛,筛去试样中被撞击磨碎的细屑。

(5)水泥混凝土用集料洛杉矶磨耗试验使用钢球个数为 12 个,钢球总质量为 5000g±25g。

6.(1)A (2)A (3)ABD (4)ABC (5)D

[解析](1)集料总质量=10+150+75+110+130+20+5=500(g),计算各筛分计筛余率:$a_{4.75}=10/500\times100\%=2\%$;$a_{2.36}=150/500\times100\%=30\%$;$a_{1.18}=75/500\times100\%=15\%$;$a_{0.6}=110/500\times100\%=22\%$;$a_{0.3}=130/500\times100\%=26\%$;$a_{0.15}=20/500\times100\%=4\%$。计算各筛累计筛余百分率:$A_{4.75}=2\%$;$A_{2.36}=32\%$;$A_{1.18}=47\%$;$A_{0.6}=69\%$;$A_{0.3}=95\%$;$A_{0.15}=99\%$。计算砂细度模数:$M_X=[(A_{2.36}+A_{1.18}+A_{0.6}+A_{0.3}+A_{0.15})-5A_{4.75}]/(100-A_{4.75})=[(32+47+69+95+99)-5\times2]/(100-2)=3.4$。因为细度模数为 3.1~3.7,故为粗砂。

(2)根据样品中最大粒径的大小,选用适宜的标准筛,通常采用 9.5mm 筛(水泥混凝土用天然砂)或 4.75mm 筛(沥青路面及基层用天然砂、石屑、机制砂等)筛除其中的超粒径材料。

(3)C 选项应为:对水泥混凝土用细集料可采用干筛法,如果需要也可采用水洗法筛分;对沥青混合料及基层用细集料必须采用水洗法筛分。

(4)D 选项应为:天然砂的细度模数计算应精确至 0.01。

(5)细集料筛分试验称量各筛筛余的质量应精确至 0.5g。

【岗位技能测试训练题参考答案及解析——无机结合料稳定材料】

一、单项选择题

1. A

[解析]JTG/T F20—2015 对石灰的技术要求，按照有效氧化钙和氧化镁含量、未消化残渣含量分为Ⅰ、Ⅱ、Ⅲ三级。

2. D

[解析]有机结合料稳定类材料一般指沥青稳定碎石、水泥土、水泥稳定粒料(碎石、砂砾或矿渣等)等。

3. D

[解析]步骤③在步骤⑤前，步骤④在步骤②前。

4. C

[解析]对于水泥稳定材料，将烘箱温度调到 110℃；对于其他材料(本题为石灰稳定土)，将烘箱调到 105℃；待烘箱达到设定的温度后，取下盒盖，并将盛有试样的铝盒放在盒盖上，然后一起放入烘箱中进行烘干。

5. A

[解析]如制作标准曲线所用素土、水泥或石灰改变，则必须重做标准曲线。

6. D

[解析]延迟时间是指从加水拌和后至碾压成型之前的时间。

7. D

[解析]该方法用于测定粉煤灰中的含碳量。

8. B

[解析]该方法中，将试样放在马福炉内从低温开始逐渐升高温度，在 900～1000℃下灼烧 15～20min。

9. C

[解析]步骤②应在步骤①之前，步骤③应在步骤④之前。

10. C

[解析]对水泥稳定、水泥粉煤灰稳定材料分别进行不同成型时间条件下的混合料强度试验，绘制相应的延迟时间曲线，并根据设计要求确定容许延迟时间。

11. A

[解析]半刚性基层材料无侧限抗压强度应以 7d 的强度为评定依据。

12. B

[解析]对水泥稳定材料,工地实际采用的水泥剂量应比室内试验确定的剂量多0.5%～1.0%。采用集中厂拌法施工时,可只增加0.5%;采用路拌法施工时,宜增加1%。

13. B

[解析]无机结合料稳定材料应在现场碾压结束后及时检测压实度,压实度检测中,测定的含水率与规定含水率的绝对误差应不大于2%;不满足要求时,应分析原因并采取必要的措施。

14. B

[解析]B选项是生产配合比技术内容。

15. B

[解析]应根据已确定的各档材料使用比例和各档材料级配的波动范围,计算实际生产中混合料的级配波动范围,并应针对这个波动范围的上、下限验证性能。

16. C

[解析]级配碎石配合比设计时,确定目标级配曲线后,应针对各档材料进行筛分,确定各档材料的平均筛分曲线及相应的变异系数,并按2倍标准差计算各档材料筛分级配的波动范围。

17. C

[解析]石灰中有较多的氧化钙和氧化镁起作用,石灰稳定效果越好,因此,主要测定的是有效氧化钙和氧化镁的含量。

18. D

[解析]五种方法全是测定回弹模量的方法。

19. C

[解析]一般来说,振动压实试验确定的最佳含水率小于击实试验确定的最佳含水率,最大干密度大于击实试验确定的最大干密度。

20. A

[解析]标准养护室温度为20℃±2℃,相对湿度在95%以上。

21. B

[解析]A选项应为:烧失量主要来自粉煤灰中的含碳量。C选项:无此说法。D选项:高温灼烧时间不确定。

22. A

[解析]用EDTA滴定法测定水泥和石灰稳定材料中结合料的剂量时,溶液颜色由玫瑰红色变为紫色时,放慢滴定速度,直至变为蓝色为止,确定EDTA二钠消耗量。

23. D

[解析]击实试验甲法试样层数为5层,每层击实次数为27次。

24. B

[解析]P指的是试件破坏过程中的最大压力。

25. B

[解析]五种混合料水泥剂量:水泥剂量为0%,最佳水泥剂量左右,最佳水泥剂量±

2%和+4%。若最佳水泥剂量为 6%,则应该配制下列剂量的水泥稳定材料:0%、4%、6%、8%、10%。

26. C

[解析]①③④为快速养护试验方法步骤,其余为标准养护试验方法。

27. B

[解析]步骤④在步骤⑤之前,步骤⑤在步骤②之前。

28. C

[解析]溶液从玫瑰红直接变为蓝色,说明滴定过量,只有 C 选项正确。

29. A

[解析]该水泥稳定碎石湿密度=(11600－6590)/2177=2.30(g/cm^2),干密度=2.30/(1+6.2%)=2.17(g/cm^3)。

30. B

[解析]干扰项 A 为外掺法计算公式,B 选项为内掺法计算公式。

二、判断题

1. 错误

[解析]通常混合料的抗压强度越高,其抗冲刷性能越好,与抗开裂性能无关。因此,可通过适当提高抗压强度的方法来提高半刚性基层的抗冲刷性能。

2. 错误

[解析]石灰中有效氧化镁含量越高,石灰品质越高。

3. 错误

[解析]用于水泥稳定基层的普通硅酸盐水泥初凝时间大于 3h,终[illegible]于 10h。

4. 错误

[解析]如采用花岗石类的压碎值指标要求石灰岩,则放宽了对[illegible]求,不利于工程的质量控制。

5. 错误

[解析]生石灰未消化残渣含量试验,称取试样倒入装有清水的筛筒,静置消化时间如果过短,可能会导致试验结果偏大。

6. 正确

7. 正确

8. 正确

9. 正确

10. 错误

[解析]在进行石灰有效氧化钙和氧化镁的测定时,应将生石灰样品打碎,使颗粒不大于 1.18mm,拌和均匀后用四分法缩减至 200g 左右,放置在瓷研钵中研细。

11. 错误

[解析]如在养护期间发现试件有明显的边角缺损,试件应该作废。

12. 错误

[解析]在无机结合料稳定材料无侧限抗压强度试验中，直径相同的试件，随着试件高度增加，抗压强度会先减小。

13. 正确

14. 错误

[解析]EDTA 滴定法适用于水泥在终凝之前的水泥含量测定。

15. 错误

[解析]在粉煤灰烧失量试验中，若试样灼烧的温度约为 850℃(应在 950～1000℃灼烧)，反复灼烧至恒量，则测得的烧失量结果可能偏小。

16. 错误

[解析]对养护 90d 和 180d 的试件，养护期间，关于试件的质量损失，中粒材料不超过 10g；粗粒材料不超过 20g。

17. 错误

[解析]无侧限抗压强度试验时水泥稳定碎石养护 7d，在最后一天需泡水，水温为 20℃±1℃。

18. 错误

[解析]EDTA 标准曲线以同一水泥或石灰剂量稳定材料 EDTA 消耗量的平均值为纵

(而不是横坐标)，以水泥或石

水率应小于击实试验确定的最佳含

凝时间大于 6h 且小

材料的技术要求

[解析]在确定路面基层、底基层混合料的技术要求时，需要考虑的因素有公路等级、交通荷载等级、材料类型、结构层位。

2. AB

[解析]确定无机结合料稳定材料最大干密度指标时，宜采用重型击实方法，其也可采用振动压实方法，其与公路等级无关。

3. ABCD

[解析]粉煤灰的技术指标要求：粉煤灰中 SiO_2、Al_2O_3 和 Fe_2O_3 的总含量(应大于 70%)，烧失量(不应超过 20%)，比表面积(应大于 2500cm^2/g)和含水率(不宜超过 35%)。

4. ABCD

[解析]本题考查水泥稳定类材料生产配合比设计与技术要求。

5. ABD

[解析]无机结合料稳定材料现场取样需要考虑取样数量、取样部位和取样方法。

6. BCD

[解析]用于基层的石灰粉煤灰稳定材料，龄期 14～20d。用于底基层的石灰粉煤灰稳定材料，龄期 20～28d。

7. AB

[解析]该试验试件制备采用静压法或振动成型法。

8. CD

[解析]水稳碎石配合比设计时，如果设计抗压强度大于 5.0MPa，《公路路面基层施工技术细则》(JTG/T F20—2015)推荐水泥试验剂量为 5%、6%、7%、8%、9%。

9. ACD

[解析]B 选项是无机结合料稳定材料配合比设计确定施工参数时，第二阶段试验应符合的规定。

10. ACD

[解析]B 选项应为：必要时也可将试料在 50℃烘箱内烘干。

11. CD

[解析]在水泥稳定碎石混合料目标配合比设计中，选择不少于 5 个结合料剂量，分别确定各剂量条件下混合料的最佳含水率和最大干密度。

12. BCD

[解析]用标准盐酸测定石灰中有效氧化钙含量，以溶液粉红色消失并在 30s 内不再复现为终点。

13. ABCD

[解析]本题关于 EDTA 标准曲线制作的选项都正确。

14. ACD

[解析]无机结合料稳定土的含水率测定方法有烘干法、砂浴法和酒精法。

15. BCD

[解析]A 选项应为：试件径高比均为 1∶1。

16. ABD

[解析]该试验方法适用于在室内对水泥、石灰、石灰粉煤灰稳定粒料土基层材料进行振动压实试验。对于水泥稳定类材料，从加水拌和到进行压实试验间隔的时间越长，水泥的水化作用和结硬程度就越大，因此，要求以水泥为结合料的试验，拌和后要在 1h 内完成试验。由于振动压实中水分的影响作用显著，高含水率下压头回弹跳起现象很难出现，因此，高含水率不是以试料挤出为停止振动压实的控制条件。混合料拌和后装料时应严格按四分法进行，混合料的离析对室内试验结果有很大影响。

17. BCD

[解析]A 选项应为：无机结合料稳定材料料堆取样应在料堆的上部、中部和下部各取一份试样，混合后按四分法分料取样。

18. AD

[解析]对于水泥稳定类材料，从加水拌和到进行压实试验间隔的时间越长，水化作用越大，用水越多，含水率越小，水化反应越快。

19. CD

[解析]A 选项应为：标准养护采用标准养护室温度 20℃±2℃，相对湿度在 95%以上。快速养护采用高温养护室温度 60℃±1℃，相对湿度 95%以上。B 选项应为：试件表面应保持一层水膜，并避免用水直接冲淋。

20. AC

[解析]对无机结合料稳定材料无侧限抗压强度试验，标准养护方法养护龄期为 7d；最后一天泡水。

四、综合题

1. (1)C (2)C (3)C (4)ACD (5) CD

[解析](1)石灰稳定细粒土无粗集料，不需要进行粗集料压碎值试验。

(2)将具有代表性的风干试料(必要时，也可以在 50℃烘箱内烘干)用木槌或木碾捣碎，土团均应捣碎到能通过 4.75mm 的筛孔，但应注意不使粒料的单个颗粒破碎或不使其破碎程度超过施工中拌和机械的破碎率。

(3)击实试验不需要确定和计算级配。

(4)水泥稳定碎石配合比设计中确定最大干密度指标时，可采用击实方法，也可采用振动压实方法，击实试验不是必做试验。

(5)A 选项应为：基层(水泥稳定碎石)施工中，滴定试验需要取 1000g 试样。制作标准曲线所用素土、水泥或石灰改变，则必须重做标准曲线，故 B 选项错误。

2. (1)AB (2)AB (3)D (4)A (5)ABCD

[解析](1)无机结合料稳定材料击实试验，甲、乙两类方法区别在于试样尺寸和每层击数。

(2)对于 C 选项，如果试料中粒径大于 19mm 的颗粒含量超过 10%，则将试料过 37.5mm 筛。如果存留在孔径为 37.5mm 筛中颗粒的含量不超过 10%，则过 53mm 筛备用(用丙法试验)。无 D 选项说法。

(3)步骤②应在步骤①之前，步骤⑦应在步骤⑤之前。

(4)当试样中大于规定最大粒径的超尺寸颗粒含量为 5%～30%时，对试验所得最大干密度和最佳含水率进行校正。

(5)无机结合料稳定材料击实试验报告应包括试样的最大粒径、超尺寸颗粒的百分率、无机结合料类型及剂量、所用试验方法类别、最大干密度(g/cm^3)和最佳含水率(%)。

3. (1)C (2)B (3)A (4)B (5)A

[解析](1)细粒土，试模的直径×高＝50mm×50mm；中粒土，试模的直径×高＝100mm×100mm；粗粒土，试模的直径×高＝150mm×150mm。

(2)小试件不少于 6 个，中试件不少于 9 个，大试件不少于 13 个。

(3)将试件放在路面材料强度试验仪或压路机上，并在升降台上先放一扁球座，进行抗压试验。试验过程中，应保持加载速率为 1mm/min。

(4)同一组试验的变异系数 C(%)应符合下列规定，方可为有效试验：小试件 $C_v \leqslant 6\%$；中试件 $C_v \leqslant 10\%$；大试件 $C_v \leqslant 15\%$。

(5)P 为试件破坏时的最大压力；A 为试件的截面面积。

4.(1)A (2)ABC (3)ABCD (4)D (5)AC

[解析](1)对 50mm×50mm 的试件,1 个试件需干土 180～210g;对于 100mm×100mm 的试件,1 个试件需干土 1700～1900g;对于 150mm×150mm 的试件,1 个试件需干土 5700～6000g。

(2)D 选项应为:对于粗粒料稳定材料(特别是水泥稳定类材料),由于细集料较少,在成型过程中,内壁涂机油是必要的。

(3)对养护 9d 和 180d 的试件,在养护期间,试件质量损失应符合下列规定:小试件不超过 1g,中试件不超过 10g,大试件不超过 20g。质量损失超过此规定的试件,应该作废。

(4)为保证试验结果的可靠性和准确性,每组试件的数目要求:小试件不少于 6 个,中试件不少于 9 个,大试件不少于 13 个。

(5)与平均值相差大于 3 倍标准差的试验结果为异常值,该组试件 7d 无侧限抗压强度试验结果平均值 R_c=3.4MPa,标准差 S=0.8MPa。因试件 3 和试件 4 试验结果与平均值相差均小于 3 倍标准差,所以它们都不是异常值。

5.(1)C (2)A (3)C (4)B (5)A

[解析]单个试件的湿质量=试件体积×最大干密度×(1+最佳含水率)×压实度=$\pi R^2 h$×1.68×(1+18%)×96%=π×2.5^2×5×1.68×(1+18%)×96%=186.74g(因是细粒土,所以试件的尺寸是直径×高=50mm×50mm)。

单个试件的干质量=单个试件的湿质量/(1+最佳含水率)=186.74/(1+18%)=158.25(g)。

单个试件石灰的用量=单个试件的干质量×10%=158.25×10%=15.8(g)。

单个试件粉煤灰的用量=单个试件的干质量×14%×(1+20%)=26.6(g)。

单个试件土的用量=单个试件的干质量×76%×(1+10%)=132.3(g)。

单个试件水的用量=单个试件的干质量×18%-(158.25×14%×20%+158.25×76%×10%)=12.0(g)。

【岗位技能测试训练题参考答案及解析——水泥及水泥混凝土】

一、单项选择题

1. D

[解析]《水泥密度测定方法》(GB/T 208—2014)规定采用李氏瓶测定水泥密度。

2. D

[解析] 水泥的初凝时间会影响混凝土施工工序的正常进行;而终凝时间会影响混凝土结构的形成、模具的周转和养护时间的长短。所以答案为D。

3. A

[解析]硅酸盐系列水泥有六大品种,均由硅酸盐水泥熟料与适量石膏,掺入或不掺混合材料共同磨细而成,其中,不掺混合材料的是P·Ⅰ型硅酸盐水泥,P·Ⅱ型硅酸盐水泥掺入少量混合材料(不超过水泥质量5%)。

4. D

[解析]矿渣水泥不适用于早期强度要求高的工程和有抗冻性要求的混凝土工程。

5. D

[解析]水泥主要矿物成分中抗化学侵蚀性最好是铁铝酸四钙。

6. A

[解析]硅酸盐水泥熟料矿物中,硅酸三钙的含量为63%～67%;硅酸二钙的含量为21%～24%;铝酸三钙的含量为4%～7%;铁铝酸四钙的含量为2%～4%。

7. D

[解析]火山灰质、粉煤灰硅酸盐水泥的密度一般为2700～3100kg/m^3。

8. A

[解析]水泥凝结时间试验中,在临近初凝时间时,一般每隔5min(或更短时间)测定一次。

9. A

[解析]硅酸盐水泥初凝时间不小于45min,终凝时间不大于390min。其他类型水泥初凝时间不小于45min,终凝时间不大于600min。

10. C

[解析]混凝土立方体抗压强度试验中集料公称最大粒径为31.5mm。

11. B

[解析]用维卡仪测定水泥标准稠度用水量时整个过程应在搅拌后90s内完成。

12. A

[**解析**]用维卡仪测定水泥标准稠度用水量时，当试杆距离玻璃板小于 5mm 时，应适当减水。

13. A

[**解析**]碱含量试验方法中，加入热水，压碎残渣使其溶解，加入一滴甲基红指示剂溶液，用氨水中和至黄色。

14. D

[**解析**]水泥密度试验时，两次试验结果的差值不应大于 $20kg/cm^3$。

15. D

[**解析**]采用维卡仪法测定水泥标准稠度用水量，以试杆沉入净浆并距板底 6mm±1mm 的水泥净浆为标准稠度净浆。

16. C

[**解析**]水泥混凝土拌合物在外力作用下，集料在水泥浆体中保持均匀分布，不会产生离析或出现泌水现象的性能为稳定性。

17. A

[**解析**]水泥细度检验采用负压筛法与水筛法测定的结果发生争议时，以采用负压筛法得到的结果为准。

18. D

[**解析**]水泥的初凝时间太短，不利于混凝土施工工序的正常进行；终凝时间太长，不利于混凝土强度的形成。

19. B

[**解析**]混凝土立方体抗压强度试验相关内容。

20. A

[**解析**]非圆柱体普通水泥混凝土试件成型时，试件抹面与试模边缘高低差不得超过 0.5mm。

21. D

[**解析**]水泥混凝土立方体抗压强度试验采用 200mm×200mm×200mm 非标准试件时，计算抗压强度值应乘以尺寸换算系数 1.05；采用 100mm×100mm×100mm 非标准试件时，计算抗压强度值应乘以尺寸换算系数 0.95。

22. A

[**解析**]测定水泥初凝时间时，试件在湿气养护箱中养护至加水后 30min 时进行第一次测试。

23. C

[**解析**]混凝土的水灰比对混凝土起着极为关键的作用，是保证混凝土各项性能的核心指标。

24. B

[**解析**]最大直径和最小直径之差小于 50mm 的条件下，用其算术平均值作为坍落扩展度值。

25. C

[解析]在水泥混凝土坍落度试验中，从开始装料到提坍落度筒的整个过程应连续并在150s内完成。

26. B

[解析]采用试饼法测定水泥安定性，当两个试饼判别结果有矛盾时，该水泥的安定性不合格。

27. C

[解析]用试饼法测定水泥安定性时，要求将试件放入煮沸箱中，在30min±5min内加热水至沸腾，并恒沸180min±5min。

28. C

[解析]采用雷氏夹法测定水泥安定性，当两个试件煮后增加距离(C－A)的平均值不大于5.0mm时，即认为该水泥安定性合格。

29. B

[解析]水泥混凝土拌合物凝结时间取3个试样的平均值，如果有1个与中间值之差超过中间值的10%，则以中间值为试验结果。

30. C

[解析]混凝土配合比设计正确的顺序：计算初步配合比、提出基准配合比、确定试验室配合比、换算工地配合比。

31. C

[解析]抗压强度结果为一组6个断块试件抗压强度的算术平均值，如果6个强度中有一个超过平均值±10%的，应将其剔除，再以剩下的5个值的算术平均值作为最后结果；如果5个值中再有超出平均值±10%的，则此组试件无效。

32. D

[解析]应以标准养护28d龄期的试件为准评定水泥混凝土的弯拉强度。

33. B

[解析]烧失量是水泥化学性质指标。

34. B

[解析]在水泥浆数量一定时，砂率过大，集料的总表面积及空隙率都会增大，需较多水泥浆填充和包裹集料，使起润滑作用的水泥浆减少，新拌混凝土的流动性减小。

35. B

[解析]在新拌混凝土中，加入少量减水剂，能使流动性大幅增加。

36. A

[解析]为保证水泥安定性合格，对于硅酸盐水泥和普通硅酸盐水泥，水泥中氧化镁含量不得超过5.0%。

37. B

[解析]水泥凝结时间试验中，临近终凝时间每隔15min测定一次。当试针沉入试件0.5mm时，即环形附件开始不能在试件上留下痕迹时，水泥达到终凝状态。

38. C

[解析]当水泥氯离子含量为 0.00%～0.10%时,氯离子测定结果的允许差为 0.002%;当水泥氯离子含量为 0.10%～0.30%时,氯离子测定结果的允许差为 0.010%;当水泥氯离子含量为 0.30%～1.00%时,氯离子测定结果的允许差为 0.020%。

39. D

[解析]烧失量是指水泥在 950℃高温下产生的质量损失。

40. C

[解析]硫酸钡质量法可以测定水泥中三氧化硫含量,液体排代法测定水泥密度,磷酸蒸馏-汞盐滴定法测定水泥中氯离子含量,火焰光度法测定水泥中碱含量。

41. C

[解析]本题考查混凝土拌合物凝结时间试验。

42. C

[解析]水泥碱含量试验(火焰光度法)结果精确至 0.01%,水泥氯离子含量试验(磷酸蒸馏-汞盐滴定法)结果精确至 0.001%,水泥三氧化硫含量试验(硫酸钡质量法)结果精确至 0.01%。

43. D

[解析]水泥三氧化硫含量试验方法(硫酸钡质量法)所用试剂不包括氢氧化钠。

44. A

[解析]水泥混凝土抗氯离子渗透试验(RCM 法)浸泡试件用的是饱和氢氧化钙溶液,电通量法使用蒸馏水或去离子水。

45. A

[解析]氯离子渗透性评定为高,可采用的典型混凝土种类是水胶比大于 0.60 的普通混凝土;氯离子渗透性评定为中,可采用的典型混凝土种类是中等水胶比为 0.50～0.60 的普通混凝土;氯离子渗透性评定为低,可采用的典型混凝土种类是低水胶比为 0.40～0.50 的普通混凝土。

46. D

[解析]水泥混凝土棱柱体抗压弹性模量试验,如果循环后任一根轴心抗压强度与循环前轴心抗压强度之差超过后者的 20%,则弹性模量值按另外两根试件试验结果的算术平均值计算。

47. B

[解析]水泥混凝土棱柱体抗压弹性模量试验,持荷时间为 60s,30s 为读数时间。

48. D

[解析]水泥胶砂试件成型试验室应保持试验室温度为 20℃±2℃,相对湿度大于 50%。

49. C

[解析]做坍落度试验时要求将代表样分三层装入筒内,每层装入高度稍大于筒高的 1/3,用捣棒在每一层的横截面上均匀插捣 25 次。

50. C

[解析]水泥混凝土拌合物坍落度试验适用于坍落度大于 10mm,集料公称最大粒径不

大于 31.5mm 的水泥混凝土拌合物。

51. A

[解析]减水剂能使新拌混凝土的流动性大幅增加。

52. C

[解析]采用贯入阻力试验方法测定混凝土的凝结时间时，当单位面积贯入阻力为 3.5MPa 时对应的时间应为初凝时间。

53. B

[解析]水泥不溶物含量试验(盐酸一氢氧化钠处理)需要用到中速定量滤纸。

54. A

[解析]混凝土强度等级是根据立方体抗压强度标准值来确定的。

55. C

[解析]此方法适用于集料公称最大粒径不大于 31.5mm，含气量不大于 10%且坍落度不为 0 的水泥混凝土拌合物。

56. C

[解析]水泥氧化镁含量试验(原子吸收分光光度法)在空气-乙炔火焰中，于波长 285.2nm 处测定溶液的吸光度。

57. C

[解析]混凝土电通量试验中，对试件施加 60V 直流恒电压，并通电 6h。

58. A

[解析]水泥混凝土抗折强度试验中非标准试件的尺寸是 100mm×100mm×400mm。

59. D

[解析]在水泥混凝土拌合物凝结时间试验中，当观察到测针压入砂浆表面时，测孔周围出现微小裂缝，则应改换截面面积较小的测针。

60. B

[解析]水泥混凝土棱柱体抗压弹性模量试验方法规定，水泥混凝土的受压弹性模量取轴心抗压强度 1/3 时对应的弹性模量。

61. B

[解析]水泥混凝土抗压强度 $f_{cu}=kF_{max}/A_0$，其中 F_{max} 为极限荷载，A_0 为试件受压面积(标准立方体试件为 150mm×150mm)，k 为尺寸换算系数(标准立方体试件为 1.0)。3 个试件的抗压强度分别为 31.6MPa、34.7MPa、40.0MPa，40.0MPa 与中值 34.7MPa 的差(5.3MPa)超过中值 34.7MPa 的 15%(5.2MPa)，应取中值 34.7MPa 为该组试件的抗压强度。

62. A

[解析]该试验中，水压从 0.1MPa 开始，每隔 8h 增加水压 0.1MPa，一直加至 6 个试件中有 3 个试件表面发现渗水，即可停止试验。

63. B

[解析]按强度要求计算出水灰比后，还应根据混凝土所处环境和耐久性要求进行校正。

64. C

[解析]减水剂能在用水量不变的前提下提高混凝土的流动性。

65. A

[解析]混凝土的初步配合比的设计步骤:计算混凝土配制强度、计算水灰比、单位用水量的确定、外加剂用量的确定、计算胶凝材料、计算矿物掺合料和水泥用量、确定砂率、计算粗细集料用量。

66. C

[解析]水泥胶砂强度检验是将水泥和标准砂以1∶3的比例混合后,以水灰比0.5拌制成一组塑性胶砂,制成40mm×40mm×160mm标准试件,在标准条件下养护到规定的龄期,然后采用规定的方法测出抗折强度和抗压强度。

67. D

[解析]减水剂在混凝土中的主要作用:吸附分散作用、润滑作用和湿润作用。

68. D

[解析]早强剂能加速水泥的水化硬化。

69. A

[解析]缓凝剂之所以能延缓水泥凝结时间,是因为在水泥及其水化物表面上的吸附作用或与水泥反应生成不溶层而达到缓凝效果。

70. C

[解析]自抹面开始计算时间,在前60min,每隔10min用吸液管吸出泌水一次,以后每隔20min吸水一次,直至连续三次无泌水为止。

二、判断题

1. 正确
2. 正确
3. 错误

[解析]矿渣水泥、火山灰水泥和粉煤灰水泥中熟料矿物的含量比硅酸盐水泥少得多。

4. 正确
5. 正确
6. 正确
7. 正确
8. 错误

[解析]硅酸盐水泥和普通硅酸盐水泥的细度采用比表面积表示,要求不小于$300m^2/kg$;其他类型水泥采用筛余量表示,要求$80\mu m$方孔筛筛余量不大于10%或$45\mu m$方孔筛筛余量不大于30%。

9. 正确
10. 错误

[解析]采用维卡仪法测定水泥标准稠度用水量,以试杆沉入净浆并距底板的距离为6mm±1mm的水泥净浆作为标准稠度净浆。

11. 正确

12. 正确

13. 正确

14. 错误

[解析]水泥比表面积试验(试验室相对湿度≤50%)与水泥成型试验(试验室相对湿度>50%)要求的湿度环境不一样,不可同时进行。

15. 错误

[解析]混凝土的抗渗等级划分为P2、P4、P6、P8、P10、P12六个等级。

16. 正确

17. 错误

[解析]普通混凝土的坍落度随着砂率的增大先增大后减小,在最佳砂率时混凝土拌合物获得最大流动性而且保持良好的黏聚性和保水性。

18. 正确

19. 错误

[解析]测定水泥初凝时间时,达到初凝时应立即重复测一次,当两次结论相同时才能认为达到初凝状态。

20. 错误

[解析]测定水泥初凝时间时,当试针沉至距底板4mm±1mm时,为水泥达到初凝状态。

21. 正确

22. 错误

[解析]道路路面或机场道面用水泥混凝土,以抗折强度为主要强度指标,抗压强度作为参考指标。

23. 正确

24. 正确

25. 错误

[解析]用试饼法测定水泥安定性时,目测试饼未发现裂缝,用钢直尺检查发现其也没有弯曲,则该试饼安定性合格;反之为不合格。

26. 错误

[解析]水泥的熟料矿物组成和细度都会影响水泥强度。水泥的水化硬化过程都是从水泥颗粒的表面开始的,水泥的颗粒越细,水泥与水发生反应的表面积越大,水化速度就越快。

27. 错误

[解析]水泥的胶砂强度包括抗压强度和抗折强度。

28. 正确

29. 正确

30. 错误

[解析]水泥的有害成分主要是指对水泥物理力学性能造成不利影响的化学成分。

31. 正确

32. 正确

33. 错误

[解析]通用硅酸盐水泥的化学指标中对不溶物、烧失量、三氧化硫、氧化镁和氯离子含量都做了明确要求。

34. 错误

[解析]国家标准规定，硅酸盐水泥的初凝时间不小于 45min。

35. 错误

[解析]在拌制混凝土时，不能用单纯改变用水量的办法来调整新拌混凝土的流动性。单纯加大用水量会降低混凝土的强度和耐久性。

36. 错误

[解析]水泥凝结时间测定用初凝试针的长度为 50mm±1mm，终凝试针的长度为 30mm±1mm，直径相同，终凝试针下端带有一个环形附件。

37. 错误

[解析]硅酸盐水泥有 42.5、42.5R、52.5、52.5R、62.5、62.5R 六个等级。

38. 错误

[解析]水泥中不溶物测定时，试样先用盐酸溶液处理，尽量避免可溶性二氧化硅的析出，滤出的不溶渣再用氢氧化钠溶液处理，以盐酸中和、过滤后，残渣经灼烧后称量。

39. 正确

40. 错误

[解析]在满足设计要求、工作性和耐久性要求的前提下，设计中通过合理减少价高材料(如水泥)的用量，多采用当地材料以及利用一些替代物(如工业废渣)等措施，降低混凝土费用，提高经济效益。

41. 错误

[解析]随着砂率的提高，水泥混凝土坍落度先增大后减小。

42. 错误

[解析]混凝土坍落度越大，表示混凝土的流动性越大，不能表示保水性。

43. 正确

44. 错误

[解析]采用代用法时，如果采用不变水量法的结果和采用调整水量法的结果有冲突，则以调整水量法的结果为准。

45. 正确

46. 正确

47. 正确

48. 错误

[解析]进行水泥混凝土抗压强度试验时，其破坏荷载宜为压力机全量程的 20%～80%，否则可能引起较大的误差。

49. 正确

50. 错误

[解析]测定前要将混凝土拌合物用 4.75mm 筛尽快筛出砂浆，筛去 4.75mm 以上的粗集料。

51. 错误

[解析]从加水拌和时算起，常温下普通混凝土凝结时间在 2～3h 后开始测定，以后每次间隔时间为 0.5h。

52. 错误

[解析]水泥胶砂强度试验（ISO 法）三个抗折强度试验结果中，有一个超出平均值±10%时，应舍去，取其余两个测定值的平均值作为抗折强度测定结果。

53. 错误

[解析]减水剂是在混凝土坍落度基本相同的条件下，能减少拌和用水的外加剂。

54. 正确

55. 正确

56. 错误

[解析]混凝土试件应在温度为 20℃±5℃、相对湿度在 95%以上的标准养护室中进行养护。

57. 正确

58. 正确

59. 正确

60. 正确

61. 错误

[解析]混凝土的抗压强度的评定和弯拉强度的评定都是测定 28d 强度。

62. 正确

63. 错误

[解析]无论是混凝土的抗压强度试验还是抗折强度试验，均以三个试件测定值的算术平均值作为测定结果，如果任一个测定值与中值的差超过中值的 15%，则取中值作为测定结果。

64. 正确

65. 错误

[解析]水泥凝结时间测定的起始时间是指水泥全部加入水中的时间。

66. 正确

67. 错误

[解析]进行水泥混凝土配合比设计时，在满足设计要求、工作性和耐久性要求的前提下，设计中通过合理减少价高材料（如水泥）的用量，多采用当地材料以及一些替代物（如工业废渣）等措施，可以降低混凝土费用，提高经济效益。

68. 正确

69. 错误

[解析]水泥混凝土拌合物含气量试验方法（混合式气压法）两次测量结果相差大于

0.5%时，应重新试验。

70. 错误

[解析]水泥混凝土抗渗等级按下式计算：$P=10H-1$，H 为第三个试件顶面开始有渗水时的水压力。

71. 正确

72. 正确

73. 正确

74. 正确

75. 错误

[解析]缓凝剂是能延缓混凝土的凝结时间，对混凝土后期物理力学性能无不利影响。

76. 错误

[解析]减水剂不仅会显著改善新拌混凝土的工作性，还会对硬化后的混凝土带来一系列优点。

77. 正确

78. 正确

79. 正确

80. 正确

三、多项选择题

1. CD

[解析]火山灰水泥和粉煤灰水泥都具有抗冻性差的特点，都不适用于有抗冻性要求的混凝土。

2. ABD

[解析]复合硅酸盐水泥的特性：早期强度较低，后期强度增长较快；水化热较小；抗冻性较差；抗碳化能力较差；耐硫酸盐腐蚀及耐软水侵蚀性较好。

3. ABC

[解析]矿渣水泥、粉煤灰水泥、火山灰水泥均可应用在有抗硫酸盐侵蚀要求的工程中。

4. ABC

[解析]D 选项应为：水泥的标准稠度用水量与水泥品种有关。

5. CD

[解析]测定水泥标准稠度用水量的方法有标准维卡仪法和代用维卡仪法。

6. BCD

[解析]A 选项应为：采用代用法测定水泥标准稠度用水量时，行标以试锥贯入的深度为 30mm±1mm 时的拌和水量作为该水泥的标准稠度用水量。

7. ABC

[解析]配制混凝土时所采用的粗集料质量要求有以下几个方面：力学性质，粒径、颗粒形状及级配，有害物质。

8. ABCD

[解析]混凝土合理砂率随粗集料种类、最大粒径和级配、砂子的粗细程度和级配、混凝土的水胶比和施工要求的流动性而变化,需要根据实际施工条件,通过试验来选择。

9. ABCD

[解析]选项全部正确。

10. AC

[解析]水泥对新拌混凝土和易性的影响主要是水泥的需水量和泌水性。

11. ABCD

[解析]集料对新拌混凝土和易性的影响主要是集料的级配、颗粒形状、表面特征及最大粒径。

12. ACD

[解析]测定水泥中氯离子含量试验方法包含硫氰酸铵容量法(基准法)、(自动)电位滴定法(代用法)、离子色谱法(代用法)。B 选项火焰光度法为水泥中氧化钾和氧化钠含量的测定方法。

13. AB

[解析]测定水泥凝结时间的仪器除和测定水泥净浆稠度试验相同的外,还需要养护箱和试针。

14. BC

[解析]硅酸盐水泥强度等级分为 42.5、42.5R、52.5、52.5R、62.5、62.5R 六个等级,复合硅酸盐水泥的强度等级分为 32.5R、42.5、42.5R、52.5、52.5R 五个等级,不包括 32.5 等级。

15. BC

[解析]A 选项应为:水泥的安定性是水泥的一项物理性质。D 选项应为:如果水泥的安定性不良,但其他指标均合格,则该水泥为不合格水泥。

16. AB

[解析]测定水泥安定性的主要方法有雷氏夹法和试饼法。

17. ABC

[解析]测定水泥安定性的主要方法有雷氏夹法和试饼法,用雷氏夹法测定时必须同时测定两个试件;测试前要将试件在标准养护箱中养护 24h±2h;应调整好沸煮箱中的水位,使之在整个沸煮过程中都能没过试件,不需要中途添加试验用水。

18. AB

[解析]A 选项应为:当采用雷氏夹法和试饼法测定的结果有争议时,以雷氏夹法测定的结果为主;测试前要将试件在标准养护箱中养护 24h±2h;应调整好沸煮箱中的水位,使之在整个沸煮过程中都能没过试件,不需要中途添加试验用水。B 选项应为:沸煮前需要对试件进行养护;沸煮前必须先检查试饼是否完整,如试饼表面出现开裂,应检查原因,若没有外因,则该试饼已属于不合格产品,不必煮沸。

19. ABCD

[解析]水泥矿物熟料组成和细度、石膏的掺量、养护条件龄期都会影响水泥的强度。

20. BCD

[解析]B 选项应为:水泥试样,应先通过 0.9mm 方孔筛。C 选项应为:试验室相对湿度不大于 50% 。D 选项应为:平行试验结果相差不大于 2%。

21. ABCD

[解析]选项全部正确。

22. AB

[解析]游离氧化钙引起的水泥安定性不良,可用沸煮法进行检测,而沸煮法包括试饼法和雷氏夹法。

23. ABCD

[解析]有害物质包括泥或泥块、有机质、云母、轻物质、硫化物、硫酸盐(按三氧化硫质量计)及氯离子等。

24. AB

[解析]硅酸盐水泥的物理指标主要包括凝结时间和安定性。

25. CD

[解析]硅酸盐水泥的强度等级主要是以不同龄期的抗压强度和抗折强度进行划分的。

26. ABCD

[解析]水泥的化学指标、凝结时间、安定性和强度必须满足规范要求,凡不符合其中任何一条的均为不合格产品。

27. ABD

[解析]水泥混凝土拌合物凝结时间试验中用到的仪器设备包括贯入阻力仪、测针、圆形试模、捣棒、4.75mm 标准筛、铁质拌和板、吸液管、玻璃片和计时器等。坍落度仪用于水泥混凝土拌合物坍落度试验。

28. ABD

[解析]C 选项应为:当混凝土拌合物的坍落度大于 160mm 时,坍落度不能准确反映混凝土的流动性。

29. AC

[解析]水泥标准稠度用水量检测有标准法(标准维卡仪法)和代用法(代用维卡仪法),安定性检测有标准法(雷氏夹法)和代用法(试饼法)。

30. ABD

[解析]普通混凝土路面的配合比设计在兼顾经济性的同时应满足弯拉强度、工作性、耐久性。

31. AB

[解析]水泥混凝土拌合物含气量的测定试验(混合式气压法)主要包括对混凝土拌合物和集料的含气量的测定。

32. AB

[解析]当混凝土试体出现突然倒坍,部分崩裂、石子离析时,说明混凝土的黏聚性不好。

33. ABD

[解析]C 选项应为:每个试样的贯入测试不少于 6 次,直至单位面积贯入阻力大于

28MPa 为止。

34. AC

[解析]测定新拌混凝土工作性的现行主要试验方法有坍落度法和维勃稠度法。

35. ABCD

[解析]水灰比、砂率、用水量和外加剂都会影响新拌混凝土的和易性，因此，在混凝土设计时要不断调整。

36. AB

[解析]加入减水剂和引气剂会增大新拌混凝土的流动性。

37. ABC

[解析]D 选项应为：过大的砂率和过小的砂率都会使混凝土的流动性变差，因此存在合适的砂率使和易性最好。

38. ABC

[解析]D 选项应为：测定时，每个试样筒每次测 1～2 个点，各测点的间距不小于 15mm。

39. CD

[解析]改善混凝土耐久性的外加剂有阻锈剂和防水剂。

40. BCD

[解析]混凝土凝结时间和硬化功能的外加剂有缓凝剂、早强剂、速凝剂。

41. AC

[解析]B 选项应为：非圆柱体试件成型，当坍落度大于 25mm 且小于 90mm 时，采用标准振动台成型。D 选项应为：圆柱体试件用抹刀仔细抹平后，使表面略低于试模边缘 1～2mm。

42. AB

[解析]做水泥混凝土抗弯拉强度试验可以选用的试件尺寸有 100mm×100mm×400mm 和 150mm×150mm×550mm。

43. CD

[解析]做水泥混凝土抗压强度试验时，抗压强度测定值可能为平均值或中间值。

44. ACD

[解析]B 选项应为在整个测试过程中，试针沉入的位置至少要距试模内壁 10mm。

45. ABC

[解析]ISO 标准砂用于检验水泥胶砂强度的基准物质，由粒径范围为 0.08～0.5mm、0.5～1.0mm、1.0～2.0mm 级配石英砂组成。

46. ACD

[解析]只有 B 选项正确。

47. BCD

[解析]水泥中的有害成分指游离氧化镁、三氧化硫、氯离子或碱含量。

48. ABCD

[解析]混凝土配合比设计需满足的要求：满足结构物设计强度要求、满足施工工作性

要求、满足耐久性要求和满足经济性要求。

49. ABCD

[解析]水泥混凝土配合比设计步骤包括计算初步配合比、提出基准配合比、确定试验室配合比和换算施工配合比。

50. ABCD

[解析]四个选项所说方法用于调整初步配合比都正确。

51. BD

[解析]每成型三个试件需称量的材料及用量:水泥 450g±2g;ISO 标准砂 1350g±5g;水 225mL±1mL。

52. ABC

[解析]水泥细度的试验方法有负压筛法、水筛法和比表面积法(勃氏法)。

53. AD

[解析]水泥胶砂强度包括抗折强度和抗压强度,抗折强度加荷速度为 50N/s±10N/s,抗压强度加荷速度应控制在 2400N/s±200N/s 速率范围内。

54. AB

[解析]成型后的混凝土用湿布覆盖表面,在室温 20℃±5℃、相对湿度大于 50%的环境中,静放 1~2 个昼夜,然后拆模并做第一次外观检查并编号,对有缺陷的试件应除去或加工补平。将完好的混凝土试件放入标准养护室进行养护,标准养护室温度为 20℃±2℃、相对湿度为 95%以上。

55. BCD

[解析]混凝土施工配合比是在试验室配合比的基础上修正了细集料、粗集料和水的用量。

56. ABC

[解析]水泥混凝土棱柱体抗压回弹模量试验需要的器具有压力机或万能试验机、球座、微变形测量仪、微变形测量仪固定架两对、钢尺(量程为 60mm,分度值为 1mm)、502 胶水、铅笔和秒表等。

57. ABD

[解析]极重、特重、重交通荷载等级公路面层水泥混凝土应采用旋窑生产的道路硅酸盐水泥、硅酸盐水泥、普通硅酸盐水泥,中、轻交通荷载等级公路面层水泥混凝土可采用矿渣硅酸盐水泥。高温期施工宜采用普通型水泥,低温期施工宜采用早强型水泥。

58. CD

[解析]其中水泥和水的用量可能未变(也有可能在改变砂率的同时,相应调整水泥浆的用量,使水泥和水的用量也发生变化),但砂和石各自的用量肯定改变。

59. ACD

[解析]水泥氧化镁含量测定一原子吸收分光光度法(基准法)是以氢氟酸-高氯酸分解或氢氧化钠熔融或碳酸钠熔融试样的方法制备溶液的。

60. ABC

[解析]采用混合式气压法测定水泥混凝土拌合物含气量需要进行量钵容积、含气量

0%点、含气量1%～10%的标定。

四、综合题

1.(1)ABCD (2)C (3)B (4)BCD (5)CD

[解析](1)水泥混凝土立方体试件以成型时侧面为上下受压面,试件中心应与压力机几何对中。强度等级小于C30的混凝土取0.3～0.5MPa/s的加荷速度。强度等级大于C30小于C60时,取0.5～0.8MPa/s的加荷速度。强度等级大于C60的混凝土,取0.8～1.0MPa/s的加荷速度。

(2)水泥混凝土立方体抗压强度试验方法测定的3个试件测值中的最大值或最小值,如果有一个与中间值之差超过中间值的15%,则取中间值为测定值;如果最大值和最小值之差均超过中间值的15%,则该组试验结果无效。

(3)水泥混凝土抗弯拉强度试验方法中,采用非标准试件时,在三分点加荷的试验方法同前,但所取得的抗折强度值应乘以尺寸换算系数0.85。

(4)A选项应为:3根试件中如果有2根试件均出现断裂面位于加荷点外侧,则该组结果无效。

(5)A选项应为:f_{cu}为混凝土立方体抗压强度。B选项应为:f_f为混凝土抗弯拉强度。

2.(1)ABCD (2)ABCD (3)A (4)D (5)ACD

[解析](1)新拌混凝土的工作性又称和易性,是指混凝土具有流动性、可塑性、稳定性和易密性等几方面的一项综合性能。

(2)影响混凝土工作性的因素有水泥浆的数量和稠度、砂率、组成材料的性质、时间和温度等。

(3)当混凝土拌合物的坍落度大于160mm时,用钢尺测量混凝土扩展后最终的最大直径和最小直径,在这两个直径之差小于50mm的条件下,用其平均值作为坍落扩展度值;否则,此次试验无效。

(4)D选项应为:当混凝土试件的一侧发生崩坍或一边剪切破坏,则应重新取样另测。如果第二次仍发生上述情况,则表示该混凝土工作性不好,应记录。

(5)坍落度试验的同时,可用目测方法评定混凝土拌合物的棍度、黏聚性和保水性,并予记录。

3.(1)D (2)D (3)C (4)C (5)B

[解析](1)试件组数$n=10$,10组试件强度的平均值$R_n=35.0\text{MPa}$,$S_n=1.491\text{MPa}$,但因为该混凝土是设计强度为C35的水泥混凝土,所以混凝土设计强度等级$R=35\text{MPa}$,$0.06R=2.100\text{MPa}$,$S_n=1.491\text{MPa}<0.06R=2.100\text{MPa}$,所以取$S_n=0.06R=2.100\text{MPa}$。

(2)因$R_n=35.00\text{MPa}$,$K_1=1.7$,$S_n=2.100\text{MPa}$,所以$R_n-K_1S_n=31.43\text{MPa}$。

(3)因$R_n-K_1S_n=31.43\text{MPa}$,$0.9R=31.5\text{MPa}$,所以$R_n-K_1S_n<0.9R$。

(4)水泥混凝土抗压强度的合格标准为当试件多于10组(包含10组)时,应以数理统计方法按下述条件进行规定:$R_n-K_1S_n\geqslant 0.9R$,$R_{min}\geqslant K_2R$。当试件小于10组时,可用非统计方法按下述条件进行评定:$R_n\geqslant 1.15R$,$R_{min}\geqslant 0.95R$。

(5)因为$R_n-K_1S_n<0.9R$,所以该组试件强度不满足要求。

4.(1)B　(2)C　(3)B　(4)B　(5)C

[解析](1)计算混凝土的配制强度：$f_{cu,0}=f_{cu,k}+1.645\sigma=40+1.645\times4.5=47.4$(MPa)。

计算水灰比：水泥的实际强度 $f_{ce}=\gamma_c f_{cu,g}=1.16\times42.5=49.3$(MPa)。$W/C=0.47$，满足最大水灰比限制值为 0.55 要求。

(2)计算单位水泥用量：$m_{co}=m_{wo}/(W/C)=195/0.47=415(kg/m^3)$，满足最小水泥用量限定值为 $280kg/m^3$ 的要求。

(3)计算单位砂用量：单位砂用量 $m_{so}=550kg/m^3$。

(4)计算单位碎石用量：单位碎石用量 $m_{go}=1224kg/m^3$。

(5)初步配合比为 $m_{co}:m_{wo}:m_{so}:m_{go}=415:195:550:1224$。

5.(1)ABC　(2)AB　(3)AD　(4)B　(5)B

[解析](1)公路面层水泥混凝土的配合比设计应满足力学性能(弯拉强度)、工作性(和易性)、耐久性与经济性要求。

(2)配合比设计包括目标配合比设计和施工配合比设计两个阶段。

(3)B 选项：在水胶比相同的条件下，达到最佳浆集比后，混凝土强度随着混凝土浆集比的增加而降低。C 选项：粗集料最大粒径增加对混凝土强度带来双重(有利和不利)影响。

(4)水泥混凝土抗弯拉强度试验的标准试样尺寸为 150mm×150mm×550mm。

(5)3 个试件的抗弯拉强度分别为 4.03MPa、4.87MPa、5.03MPa，4.03MPa 与中值 4.87MPa 的差超过中值 4.87MPa 的 15%，故应取中值 4.87MPa 为试验结果。

6.(1)ABC　(2)B　(3)A　(4)ABCD　(5)C

[解析](1)D 选项应为：水泥：水：砂：石=390：164：675：1300。

(2)本题只有 B 选项水灰比为 0.42，B 选项是基准配合比。

(3)本题单位用水量应与上一题的基准配合比(B 选项)单位用水量一致，为 160kg。

(4)选项全部正确。

(5)A 选项应为：400：129：642：1279。B 选项应为：1：1.61：3.20，$W/C=0.40$。D 选项应为：水泥：砂：石=1：1.69：3.36，W/C=0.40，水胶比不产生变化。C、D 选项的施工配合比都是：水泥：水：砂：石=384：122：648：1282。

7.(1)D　(2)ABCD　(3)ACD　(4)ABD　(5)B

[解析](1)水泥胶砂强度检验方法(ISO 法)中，水泥与 ISO 标准砂的质量比为 1：3，水灰为 0.5。

(2)水泥胶砂强度检验方法(ISO 法)中，龄期 24h，试验时间 24h±15min。龄期 48h，试验时间 48h±30min。龄期 7d，试验时间 7d±2h。龄期 28d，试验时间 28d±8h。

(3)B 选项应为：对于 24h 以上龄期的，应在成型后 20～24h 内脱模。

(4)C 选项应为：抗压试验须用抗压夹具进行，试件受压面为试件成型时的两个侧面，面积为 40mm×40mm。

(5)抗折强度试验结果的平均值为(4.4+3.6+3.8)/3=3.9(MPa)，因(4.4−3.9)/3.9=12.8%>10%，所以应该剔除，则该水泥抗折强度=(3.6+3.8)/2=3.7(MPa)。

8.(1)C (2)ABD (3)B (4)ABCD (5)ACD

[解析](1)试验室的温度为20℃±2℃,相对湿度不低于50%。

(2)注意先加水,后加水泥。

(3)以试杆沉入净浆并距底板6mm±1mm的水泥净浆为标准稠度净浆。

(4)选项全部正确。

(5)B选项应为:整个操作应在搅拌后90s内完成。

【岗位技能测试训练题参考答案及解析——沥青及沥青混合料】

一、单项选择题

1. B

[解析] 依据沥青试样准备方法(JTG E20—2011 T 0602),当石油沥青试样中含有水分时,烘箱温度 80℃左右,加热至沥青全部溶化后供脱水用。

2. B

[解析] 依据沥青延度试验(JTG E20—2011 T 0605),制备沥青延度试样需要使用甘油滑石粉隔离剂,甘油与滑石粉的质量比为 2∶1。

3. B

[解析]我国现行规范规定针入度标准试验条件:温度为 25℃,针总质量为 100g,贯入时间为 5s。

4. A

[解析]沥青的标号是由针入度决定的,针入度越大,标号越高;标号越高,软化点越低;标号越高,延度越大。

5. D

[解析] 依据沥青针入度试验(JTG E20—2011 T 0604),针入度范围为 50～149 的沥青,同一试样三次针入度平行试验结果极差的允许差值为 4(以 0.1mm 计)。

6. D

[解析] 针入度指数用于描述沥青的温度敏感性,针入度指数越大,沥青的温度敏感性越小。可由不同温度的针入度(宜在 15℃、25℃、30℃等 3 个或 3 个以上温度条件下测针入度)通过诺模图或计算得到。根据针入度指数,可划分沥青的胶体类型为溶胶型结构、凝胶型结构、溶-凝胶型结构。

7. A

[解析]同一试样三次平行试验结果的最大值和最小值之差在允许误差范围内时(50～149 允许误差为 4),计算三次试验结果的平均值,取整数作为针入度试验结果,以 0.1mm 计。

8. B

[解析]沥青软化点试验结果受升温速度的影响,升温速度快,结果偏大。

9. D

[解析]沥青软化点试验中，当试样软化点等于或大于 80℃时，重复性试验的允许差为 2℃，复现性试验的允许差为 8℃。

10. C

[解析]一次试验的三支黏度计平行试验误差应不大于平均值的 7%，否则需重新试验。

11. A

[解析]薄膜加热试验是通过在加热状态下测定道路石油沥青薄膜加热后的质量损失及其他指标的变化，以评价沥青的耐老化性能，对沥青样品质量需准确称重。

12. D

[解析]蒸发“损失”试验的计算结果可正可负，正值表明加热时沥青试样不但没有损失，而且还有一定增加，原因在于加热过程中沥青与空气中某些成分发生了反应。

13. D

[解析]D 选项应为：除液体沥青、乳化沥青外，所有需要加热的沥青试样必须存放在密封带盖的金属容器中，严禁灌入纸袋、塑料袋中存放。试样应存放在阴凉干净处，注意防止试样污染。

14. C

[解析]应使沥青试样液面在 E 标线处±2mm 之内。

15. C

[解析]步骤④应在步骤②之前，步骤⑤应在步骤①之前。

16. A

[解析]沥青软化点试验中，当试样软化点小于 80℃时，重复性试验的允许差为 1℃，复现性试验的允许差为 4℃。

17. C

[解析]沥青密度与相对密度试验，对固体沥青，重复性试验的允许误差为 0.01g/cm^3，复现性试验的允许误差为 0.02g/cm^3。

18. C

[解析]蜡在高温时融化，使沥青黏度降低，影响高温稳定性，增大温度敏感性。

19. B

[解析]我国沥青蜡含量要求的试验方法是以蒸馏法分离出油分后，将规定的溶剂在规定的低温条件下结晶析出的固体物质当作蜡。

20. D

[解析]沥青溶解度测定采用古氏坩埚和玻璃纤维滤纸对沥青进行过滤。

21. C

[解析]木质素纤维的吸油量不小于纤维自身质量的 5 倍。

22. B

[解析]木质素纤维进行灰分含量测定，正确试验步骤顺序为①③④②。

23. D

[解析]木质素纤维耐热性试验要求木质素纤维在 210℃烘箱中恒温 2h。

24. B

[解析]三级及三级以下公路的各个层次适用于C级沥青。

25. C

[解析]C选项应为:蜡在高温时融化,使沥青黏度降低,影响高温稳定性,增大温度敏感性。

26. C

[解析]乳化沥青适用于沥青表面处置路面、沥青贯入式路面、冷拌沥青混合料路面、修补裂缝、喷洒透层、黏层与封层等。

27. D

[解析]空隙率、饱和度和残留稳定度表征沥青混合料的耐久性;马歇尔稳定度和流值表征沥青混合料的高温稳定性。

28. B

[解析]液体石油沥青宜采用针入度较大的石油沥青,使用前按照先加热沥青后加稀释剂顺序,掺配煤油或轻柴油,经适当的搅拌、稀释制成。

29. D

[解析]SBS改性沥青的特点:在温差较大的地区有很好的耐高温、抗低温能力;具有较好的抗车辙能力,其弹性和韧性提高了路面的抗疲劳能力;其黏结能力特别强,能显著改善路面遇水后的抗拉能力,并极大地改善了沥青的水稳定性;提高了路面的抗滑能力;增强了路面的承载能力;减少路面因紫外线辐射而导致的沥青老化现象;减少因车辆渗漏柴油、机油和汽油而造成的破坏。

30. A

[解析]I-A型、I-B型适用于寒冷地区,I-C型用于较热地区,I-D型用于炎热地区及重交通量路段。

31. B

[解析]空隙率在18%以上的沥青混合料类型为OGFC。

32. B

[解析]骨架密实结构沥青混合料黏结力和内摩阻力均较高,高温稳定性较好,抗水损害、疲劳和低温性能较好。

33. D

[解析]残留稳定度是反映沥青混合料抗水损害的一个重要指标。

34. C

[解析]随沥青含量增加,沥青混合料空隙率将减少。

35. C

[解析]表干法用于测定沥青混合料毛体积密度;水中重法用于测定沥青混合料表观密度;蜡封法用于测定沥青混合料毛体积密度。

36. D

[解析]轮碾法成型一块沥青混合料板型试件需先在一个方向碾压2个往返(碾压4次);卸荷,抬起试验轮,将试模调转方向,然后继续碾压12个往返(24次),使试件达到马

歇尔标准密度 100%±1%,故至少需碾压 28 次。

37. B

[解析]密实型沥青混合料空隙率为 3%~6%,这类沥青混合料主要有沥青混凝土(AC)、沥青稳定化碎石(ATB)和沥青玛蹄脂碎石(SMA)。

38. C

[解析]一个试件所需的用量:标准马歇尔试件约 1200g,大型马歇尔试件约 4050g。

39. A

[解析]ATB-25 宜采用连续级配。

40. D

[解析]开级配沥青混合料:级配主要由粗集料组成,细集料及填料很少。典型代表是排水式沥青磨耗层混合料(OGFC),空隙率往往在 18%以上。

41. C

[解析]我国现行规范通过空隙率、饱和度和残留稳定度等指标的控制,来保证沥青混合料的耐久性。

42. B

[解析]沥青混合料中必须留有一定的空隙,以防夏季沥青材料的变形。

43. A

[解析]沥青混合料标准马歇尔试件尺寸应符合直径为 101.6mm±0.2mm、高度为 63.5mm±1.3mm 的要求。

44. C

[解析]采用沥青混合料试件制作方法(击实法)将沥青试样用烘箱加热至规定的沥青混合料拌和温度,但不得超过 175℃。

45. A

[解析]当缺乏沥青黏度测定条件时,道路石油沥青混合料拌和温度可参考选用 140~160℃。

46. B

[解析]当缺乏沥青黏度测定条件时,道路石油沥青混合料压实温度可参考选用 120~150℃。

47. D

[解析]体积法仅适用于不能用表干法、蜡封法测定的,空隙率较大(往往在 18%以上)的沥青碎石混合料,以及大空隙透水性开级配沥青混合料(OGFC 排水式沥青磨耗层,空隙率大于 18%)等。

48. C

[解析]调整后混合料质量=(要求试件高度×原用混合料质量)/所得试件高度=[(63.5±1.3)×1200]/66.0=1131~1178g。

49. D

[解析]当已知沥青混合料的密度时,可根据试件的标准尺寸计算并乘以 1.03 得到要求的混合料数量。

50. C

[解析]空隙率 V_v＝(1－毛体积相对密度/理论最大相对密度)×100％。

51. A

[解析]表干法适用于测定吸水率不大于2％的各种沥青混合料试件；水中重法适用于测定吸水率小于0.5％的密实沥青混合料试件的表观相对密度或表观密度；蜡封法适用于测定吸水率大于2％的沥青混凝土或沥青碎石混合料试件的毛体积相对密度或毛体积密度；体积法仅适用于不能用表干法、蜡封法测定的空隙率较大的沥青碎石混合料及大空隙透水性开级配沥青混合料(OGFC)等。

52. D

[解析]沥青旋转黏度试验(布洛克菲尔德黏度计法)重复性试验的允许误差为平均值的3.5％，再现性试验的允许误差为平均值的14.5％。

53. C

[解析]计算沥青混合料马歇尔试件的毛体积相对密度和毛体积密度，取3位小数。

54. D

[解析]马歇尔稳定度是按规定条件采用马歇尔试验仪测定的沥青混合料所能承受的最大荷载，以kN计，准确至0.01kN。

55. D

[解析]启动加载设备，使试件承受荷载，加载速度是50mm/min±5mm/min。

56. B

[解析]将恒温水槽调节至要求的试验温度，黏稠石油沥青或烘箱养护过的乳化沥青混合料的试验温度为60℃±1℃，煤沥青混合料的试验温度为33.8℃±1℃，空气养护的乳化沥青或液体沥青混合料的试验温度为25℃±1℃。

57. A

[解析]当一组测定值中某个测定值与平均值之差大于标准差的 k 倍时，该测定值应予以舍弃，并以其余测定值的平均值作为试验结果。当试件数目 n 为3、4、5、6时，k 值分别为1.15、1.46、1.67、1.82。本题测定结果的平均值为9.0kN，标准差1.58kN，1.58×1.67＝2.64，9.00－7.00＝2.00＜2.64，9.00－8.00＝1.00＜2.64，9.00－9.00＝0＜2.64，9.00－10.00＝－1.00＜2.64，9.00－11.00＝－2.00＜2.64，应取5个测定结果的平均值作为试验结果。

58. C

[解析]试件的稳定度＝试件的马歇尔模数×试件的流值＝4.4kN/mm×2.2mm＝9.68kN。

59. B

[解析]负压容器类型有三种：A类型容器为耐压玻璃，由塑料或金属制的罐，容积大于1000mL；B类型容器为容积大于2000mL的真空容量瓶；C类型容器为4000mL耐压真空干燥器。

60. B

[解析]采用真空法测定沥青混合料理论最大相对密度时的温度为25℃。

61. D

[解析]集料公称最大粒径为 19mm 时，试样最小质量为 2000g。

62. C

[解析]将平底盘中的热沥青混合料，在室温中冷却或者用电风扇吹，一边冷却一边将沥青混合料团块仔细分散，粗集料不破碎，细集料团块分散到小于 6.4mm。

63. A

[解析]我国现行规范通过空隙率、饱和度和残留稳定度等指标的控制，来保证沥青混合料的耐久性。

64. A

[解析]当过度擦去混合料马歇尔试件开口空隙中的水分后，沥青混合料饱和面干试件在空气中的质量变小，即毛体积密度变大。

65. C

[解析]当使用不符合要求的粗集料时，利用碱性材料处理酸性石料表面，使其活化，宜掺加消石灰、水泥或用饱和石灰水处理后使用，必要时可同时在沥青中掺加耐热耐水、长期性能好的抗剥落剂。

66. C

[解析]A 选项应为：并不是灰分含量越低纤维质量越好；B 选项应为：如果燃烧温度过高，灰分含量的试验结果会偏小；D 选项应为：某一样品的灰分含量为 11%，则该样品的灰分含量指标可评定为不合格。

67. A

[解析]针入度小、稠度大的沥青取高限；针入度大、稠度小的沥青取低限；一般取中值。

68. D

[解析]稳定度和密度随沥青用量的增加而增加，但到达一定程度后却逐渐减小。由于沥青用量的增加，逐步填充矿料间的空隙，所以空隙率随沥青用量的增加而逐渐减小，沥青饱和度与流值随沥青用量的增加而逐渐渐增加。

69. A

[解析]将试样管连同架子（或烧杯）一起放入 163℃±5℃的烘箱中，在不受任何扰动的情况下静放 48h±1h。

70. B

[解析]沥青混合料谢伦堡沥青析漏试验时，在玻璃上加玻璃板盖，放入 170℃±2℃的烘箱中。

71. B

[解析]取目标配合比设计的最佳沥青用量 OAC、OAC+0.3%等 3 个沥青用量进行马歇尔试验和试拌。

72. D

[解析]对沥青混合料做浸水飞散试验，先在 60℃±0.5℃恒温水槽中养护 48h，然后取出在室温中放置 24h。

73. D

[解析]以马歇尔稳定度、流值、空隙率、沥青饱和度等各项指标均符合技术标准（不含

VMA)的沥青用量范围 OAC_{min}～OAC_{max}的中值作为 OAC_2。

74. A

[解析]②应为：取对应密度最大值、稳定度最大值、对应空隙率要求范围的中值或目标空隙率、对应沥青饱和度范围的中值的沥青用量 a_1、a_2、a_3、a_4 取平均值作为 OAC_1。如果在所选择的沥青用量范围中，沥青饱和度未能满足要求，则可不考虑饱和度。

75. D

[解析]沥青混合料高温稳定性是指在高温条件下，沥青混合料能够抵抗车辆反复作用，不会产生显著永久变形（车辙、拥包、波浪），保证沥青路面平整的特性。

76. D

[解析]沥青混合料马歇尔稳定度试验结果修正后，流值变小，马歇尔稳定度不变，马歇尔模数变大；若未修正，则流值偏大，马歇尔稳定度不变，马歇尔模数偏小。

77. A

[解析]沥青混合料车辙试验适用于测定沥青混合料的高温抗车辙能力，供沥青混合料配合比设计时的高温稳定性检验使用。

78. A

[解析]沥青混合料配合比设计的目标配合比设计阶段，进行车辙试验来检验设计沥青混合料的高温抗车辙能力。

79. A

[解析]在试验室或工地制备成型的车辙试件，板块状试件尺寸为长 300mm×宽 300mm×厚（50～100）mm（厚度根据需要确定）。

80. C

[解析]当采用间断型密级配时，混合料中既有一定数量的粗集料形成骨架，又有细集料足以填满骨架的空隙。这种沥青混合料黏结力和内摩阻力均较高，高温稳定性较好，抗水损害、疲劳和低温性能较好。

81. D

[解析]评价沥青混合料水稳定性的指标有浸水残留稳定度和冻融劈裂强度比。

82. C

[解析]在沥青软化点试验中，如估计试样软化点高于 120℃，则试样环和试样底板（不得用玻璃板）均应预热至 80～100℃。

83. B

[解析]保持恒温室温度 60℃±1℃（试件内部温度 60℃±0.5℃）。

84. B

[解析]乳化沥青破乳速度试验适用于各种类型的乳化沥青的拌和稳定度试验，以鉴别破乳属于快裂（RS）、中裂（MS）或慢裂（SS）的型号。

85. D

[解析]沥青混合料浸水马歇尔稳定度试验方法与标准马歇尔稳定度试验方法的不同之处在于，试件在已达规定温度恒温水槽中的保温时间为 48h，其余步骤均与标准马歇尔试验方法相同。

86. A

[解析]沥青混合料冻融劈裂试验采用马歇尔击实法成型的圆柱体试件，击实次数为双面各 50 次，集料公称最大粒径不得大于 26.5mm。

87. C

[解析]同一沥青混合料试样至少平行试验 2 次，两次试验结果差值应小于 0.3%，当大于 0.3%但小于 0.5%时，应补充平行试验一次，以 3 次试验的平均值作为试验结果，3 次试验的最大值与最小值之差不得大于 0.5%。

88. C

[解析]取混合料试样质量 1000～1500g(粗粒式沥青混合料用高限，细粒式用低限，中粒式用中限)，准确至 0.1g。

89. D

[解析]当沥青用量的修正系数 C_f 大于 0.5%时，设定 482℃±5℃燃烧温度重新标定。

90. B

[解析]当恒温时间明显不足时，试件受高温影响有限，不易出现车辙，动稳定度偏高。

91. A

[解析]忽略泄漏到抽提液中的矿粉质量，沥青混合料中矿料的总质量减小，沥青含量增大。

92. A

[解析]开动离心机，转速逐渐增至 3000r/min，沥青溶液通过排出口注入回收瓶中，待流出停止后停机。

93. B

[解析]滤纸干燥后的增重部分为矿粉的一部分。

94. C

[解析]沥青玛蹄脂碎石(SMA)混合料是一种典型的骨架密实型结构。

95. C

[解析]综合 SMA 的特点，可以归纳为“三多一少”：粗集料多、矿粉多、沥青多、细集料少。

96. A

[解析]SMA 混合料通常情况下用木质素纤维或矿物纤维。

97. C

[解析]工程实践中使用的透水沥青混合料(OGFC)是典型的骨架空隙型结构。

98. A

[解析]试验温度对延度结果的影响分为两种情况：一是低温延度，当试验温度高于规定时，试验结果偏大，相反偏小；二是对高温延度(25℃)，当温度高时，对较软的沥青结果可能偏小，温度低时结果可能偏大，但对较稠硬的沥青，情况可能正好相反。

99. D

[解析]当为改性 SMA 混合料时，温度宜用 185℃，持续 60min±1min。

100. B

[解析]标准飞散试验可用于确定沥青路面表面层使用的SMA混合料、排水式大空隙沥青混合料、抗滑表层混合料、沥青碎石或乳化沥青碎石混合料所需的最少沥青用量。

二、判断题

1. 错误

[解析]直馏沥青为原油通过常压或减压蒸馏方法得到的沥青产品,该产品符合沥青标准的就是直馏沥青,不符合沥青标准的是渣油沥青。

2. 正确

3. 错误

[解析]试验时要定期检验标准针,尤其不能使用针尖被损的标准针,在每次试验时,均应用三氯乙烯擦拭标准针。

4. 错误

[解析]针入度测得的是沥青的稠度而非黏度。但两者关系密切,也就是说,稠度越高的沥青,其黏度也就越高。

5. 正确

6. 正确

7. 错误

[解析]为避免混进气泡,在沥青灌模时不得反复搅动沥青。

8. 错误

[解析]液体石油沥青宜采用针入度较大的石油沥青,使用前按先加热沥青后加稀释剂的顺序,掺配煤油或轻柴油,经适当的搅拌、稀释制成。

9. 错误

[解析]当试样软化点小于80℃时,重复性试验的允许误差为1℃,再现性试验的允许误差为4℃。

10. 正确

11. 正确

12. 正确

13. 错误

[解析]木质素纤维的吸油率越大,吸收沥青越多,性质越好。

14. 正确

15. 错误

[解析]依据现行《公路沥青路面施工技术规范》(JTG F40—2014)的规定,木质素纤维的灰分含量要求是18%±5%,所以并不是灰分含量越低,纤维质量越好。

16. 错误

[解析]黏稠沥青密度与相对密度试验中注意勿使沥青黏附瓶口或上方瓶壁,并防止混入气泡。

17. 错误

[解析]将烧杯从水槽中取出,再从烧杯中取出比重瓶,立即用干净软布将瓶塞顶部擦

拭一次，再迅速擦干比重瓶外面的水分，称其质量(m_2)，准确至1mg。只能擦拭一次瓶塞顶部，即使膨胀瓶塞上有小水滴也不能再擦拭。

18. 错误

[解析]蜡随着温度升高极易融化，使沥青的黏度降低，加大沥青温度敏感性。

19. 错误

[解析]利用布洛克菲尔德黏度计测定的不同温度的表观黏度，绘制黏温曲线。一般可采用135℃及175℃时测定的表观黏度，根据需要也可以采用其他温度。

20. 错误

[解析]木质素纤维耐热性试验是将一定质量未经烘干的木质素纤维放置在210℃烘箱中恒温2h后，测定其热失重。

21. 正确

22. 错误

[解析]对于最大粒径大于13.2mm的集料应用水煮法；对最大粒径小于或等于13.2mm的集料应用水浸法进行试验。

23. 错误

[解析]当同一种料源集料最大粒径既有大于又有小于13.2mm的集料时，取大于13.2mm水煮法试验为标准。

24. 错误

[解析]黏附性等级为1时，说明沥青膜完全被水所移动，石料基本裸露，沥青全浮于水面上；等级为5时，说明沥青膜完全保存，剥离面积百分率接近于0。

25. 错误

[解析]水浸法试验中，按每100g集料加入沥青5.5g±0.2g的比例称取沥青，准确至0.1g；放入小型拌和容器中，一起置于同一烘箱中加热15min。

26. 正确

27. 错误

[解析]随着沥青用量的增加，沥青混合料的空隙率减小。

28. 错误

[解析]SBS改性沥青在高等级公路、城市干道和机场跑道等的应用，显著提高了路面的使用性能，延长了路面使用寿命，大大降低了养护费用，收到了良好的社会与经济效益。

29. 正确

30. 正确

31. 错误

[解析]通过沥青延度试验测定沥青能够承受的塑性变形总能力，并用于评价沥青在低温状态下的抗裂性。

32. 正确

33. 正确

34. 错误

[解析]沥青混合料中的空隙率小，环境中易造成老化的因素介入的机会就少，所以从

耐久性考虑,希望沥青混合料空隙率尽可能小一些。但沥青混合料中还必须留有一定的空隙,以备夏季沥青材料的膨胀变形之用。

35. 正确

36. 正确

37. 错误

[**解析**]沥青混合料试件的空隙率要小于沥青混合料试件的矿料间隙率。

38. 正确

39. 错误

[**解析**]在使用轮碾法进行沥青混合料试件制作时,连同试模将成型好的试件放置12h,然后脱模。

40. 正确

41. 错误

[**解析**]从烘箱中取出预热的试模及套筒,用沾有少许黄油的棉纱擦拭套筒、底座及击实锤底面。

42. 正确

43. 正确

44. 正确

45. 错误

[**解析**]沥青含量是指沥青质量占沥青混合料总质量的百分率,油石比指沥青质量与沥青混合料中的矿料总质量比的百分数,本题应为 1200g 乘以沥青含量即所需沥青的质量。

46. 错误

[**解析**]温度越高,马歇尔稳定度越小,流值越大。

47. 错误

[**解析**]毛细管运动黏度试验方法适用于采用毛细管黏度计测定黏稠石油沥青、液体石油沥青及其蒸馏后残留物的运动黏度。

48. 正确

49. 错误

[**解析**]从水中取出试件,应用洁净柔软的拧干后的毛巾轻轻擦去试件的表面水(不得吸走空隙内的水)。

50. 正确

51. 正确

52. 正确

53. 错误

[**解析**]如果低温延度值较大,则在低温环境下沥青的开裂性相对较小。

54. 错误

[**解析**]将马歇尔试验仪的上、下压头放入水槽或烘箱中达到试验温度。

55. 错误

[**解析**]马歇尔稳定度的单位为 kN,而浸水残留稳定度是浸水 48h 后的稳定度与未浸

水 48h 稳定度的百分比，无量纲。

56. 错误

[**解析**]流值结果精度要求准确至 0.1mm，稳定度结果精度要求准确至 0.01kN。

57. 错误

[**解析**]沥青密度与相对密度试验中，凡涉及密度瓶在盛满物体时的称重，都要对密度瓶进行恒温操作，以达到更加精确的测定结果。

58. 错误

[**解析**]沥青混合料理论最大相对密度试验(真空法)不适用于吸水率大于 3%的多孔性集料的沥青混合料。

59. 正确

60. 正确

61. 正确

62. 正确

63. 错误

[**解析**]空隙率较低固然可以减小沥青胶结料的老化，也减少水分进入混合料穿透沥青薄膜，降低沥青从集料剥落的可能性，但空隙率也不能过低，应满足高温稳定性要求，允许夏季材料膨胀。

64. 正确

65. 正确

66. 正确

67. 错误

[**解析**]确定沥青混合料最佳沥青用量时，沥青用量与各马歇尔指标关系曲线图中的横坐标是沥青用量而不是油石比。

68. 错误

[**解析**]沥青混合料马歇尔稳定度随沥青用量的增加而增加，但到达一定程度后却逐渐减小。

69. 错误

[**解析**]阳离子乳液采用蒸馏水将筛网润湿，阴离子乳液采用油酸钠溶液将筛网润湿。

70. 错误

[**解析**]热拌沥青混合料的配合比设计应通过目标配合比设计、生产配合比设计、生产配合比验证三个阶段，确定沥青混合料的材料品种及配合比矿料级配、最佳沥青用量。

71. 错误

[**解析**]沥青与集料的黏附性试验主要用于评价沥青与集料的抗水剥离能力。

72. 错误

[**解析**]沥青混合料在规定温度下燃烧产生的损失量包括灼烧掉的沥青和部分矿料，不仅仅只有沥青。

73. 错误

[**解析**]沥青混合料最佳沥青用量 OAC_1 是稳定度、密度、空隙率及饱和度四个指标最

大值对应沥青用量的平均值。

74. 正确

75. 正确

76. 正确

77. 正确

78. 错误

[解析]沥青混合料车辙试验适用于测定沥青混合料的高温抗车辙能力，供沥青混合料配合比设计时的高温稳定性检验使用，也可用于现场沥青混合料的高温稳定性检验。

79. 错误

[解析]同一沥青混合料或同一路段路面，至少平行试验三个试件。当三个试件动稳定度变异系数不大于 20%时，取其平均值作为试验结果；变异系数大于 20%时应分析原因，并追加试验。

80. 正确

81. 正确

82. 错误

[解析]直接在拌和厂取拌和好的沥青混合料样品，如果温度稍有不足，可放在烘箱中稍事加热(时间不超过 30min)后成型，但不得将混合料放至冷却后二次加热重塑制作试件。

83. 正确

84. 错误

[解析]我国将测定针入度的标准条件设定为温度 25℃，针总质量 100g，贯入时间 5s。

85. 错误

[解析]沥青混合料的疲劳寿命会随着空隙率的降低而增长。

86. 正确

87. 错误

[解析]沥青混合料冻融劈裂试验适用于在规定条件下对沥青混合料进行冻融循环，测定混合料试件在受到水损害前后劈裂破坏的强度比，以评价沥青混合料的水稳定性。

88. 正确

89. 错误

[解析]沥青混合料冻融劈裂试验用试件击实次数为双面各 50 次，马歇尔稳定度试验用试件击实次数为双面各 75 次。

90. 错误

[解析]用沥青混合料中沥青含量试验(离心分离法)抽提的沥青溶液可用于回收沥青，以评定沥青的老化性质。

91. 正确

92. 正确

93. 正确

94. 错误

[解析]如果 482℃与 538℃条件下得到的沥青用量的修正系数差值在 0.1%以内，则仍以 538℃条件下的沥青用量作为最终的修正系数 C_f。

95. 正确

96. 错误

[解析]蒸发"损失"试验的计算结果可正可负。

97. 正确

98. 正确

99. 正确

100. 错误

[解析]SMA 黏结性要求高，希望选用针入度小、软化点高、温度稳定性好的沥青。最好采用聚合物改性沥青，以提高低温变形性能及与矿料的黏结力，防止沥青析漏，减少感温性。

101. 错误

[解析]实际工程中，往往选择能够兼顾高温时变形量较小且低温时有一定变形能力的溶凝胶型沥青。

102. 正确

103. 错误

[解析]OGFC 混合料空隙率较大，排水能力好，因而其在雨天抗滑性较好；但其抗滑性能优良主要是由于其较高的摩擦系数和路表构造深度。

104. 错误

[解析]OGFC 混合料的空隙率通常大于 18%。

105. 错误

[解析]对于 SMA－16 和 SMA－13，粗集料通常指的是粒径大于 4.75m 的集料；对于 SMA－10，粗集料通常指的是粒径大于 2.36mm 的集料。

106. 正确

107. 正确

108. 正确

109. 错误

[解析]浸水飞散试验是在 60℃水中浸水 48h 后进行试验的，目的是考察试件在热水中膨胀和沥青老化对集料和沥青黏结力下降的影响，积雪寒冷地区也可进行较低温度的飞散试验。

110. 错误

[解析]空隙率 V_v、饱和度 VFA 都是中值对应的沥青用量用于最佳沥青用量计算。

三、多项选择题

1. ACD

[解析]针入度试验的三项关键性条件分别是温度、测试时间和针的质量。如这三项试验条件控制不准，将严重影响试验结果的准确性。

2. AC

[**解析**]非经注明，乳液的储存温度为乳液制造时的室温，储存时间为5d，根据需要也可为1d。

3. ACD

[**解析**]根据测试结果，可按公式计算法和诺谟图法计算针入度指数、当量软化点及当量脆点。

4. BD

[**解析**]沥青在装卸、运输和储存过程中混入水和异物，会影响以后试验检测的结果。沥青试样准备原理是通过加热和过筛方式，将水分和异物分别除去。

5. ABD

[**解析**]沥青软化点试验（环球法）适用于测定道路石油沥青、聚合物改性沥青的软化点，也适用于测定液体石油沥青、煤沥青蒸馏残留物或乳化沥青蒸发残留物的软化点。

6. AB

[**解析**]A选项应为：当石油沥青试样中含有水分时，烘箱温度为80°左右，加热至沥青全部熔化后供脱水用。B选项应为：当石油沥青中无水分时，烘箱温度宜为软化点温度以上，通常为135℃左右。对取来的沥青试样不得直接采用电炉或煤气炉明火加热，当石油沥青试样中含有水分时，将盛样器皿放在可控温的砂浴、油浴、电热套上加热脱水，不得已采用电炉、煤气炉加热，脱水时必须加放石棉垫。时间不超过30min，并用玻璃棒轻轻搅拌，防止局部过热。

7. ABCD

[**解析**]沥青延度试验适用于测定道路石油沥青、聚合物改性沥青、液体石油沥青蒸馏残留物和乳化沥青蒸发残留物等材料的延度。

8. AB

[**解析**]我国沥青及沥青混合料试验规程使用薄膜烘箱试验（TFOT）及旋转薄膜烘箱试验（RTFOT）来估计沥青发生的短期老化。

9. ABC

[**解析**]沥青旅转薄膜加热试验适用于测定道路石油沥青聚合物改性沥青旋转薄膜烘箱加热后的质量变化，并根据需要测定旋转薄膜加热后，沥青残留物的针入度、软化点、黏度、延度及脆点等性质的变化，以评定沥青的老化性能。

10. ABCD

[**解析**]克利夫兰开口杯（简称COC）测定黏稠石油沥青、聚合物改性沥青及闪点在79℃以上的液体石油沥青的内点和燃点，以评定施工的安全性。

11. ABCD

[**解析**]软化点试验过程中，试验起始温度升温速度球的质量和球的直径都有严格的规定，都会对结果产生影响。

12. BD

[**解析**]B、D选项属于水浸法，A、C选项属于水煮法。

13. CD

[解析]C选项应为:改性沥青延度对沥青混合料的低温性能影响显著。D选项应为:采用循环水域的延度仪时,在试验过程中应暂时关闭循环系统。

14. ACD

[解析]在碾压成型的路面上取样属于常温条件下取样,不适用于热拌沥青混合料。

15. ABCD

[解析]选项全部正确。

16. BCD

[解析]A选项应为:非经注明,试验温度为25℃,拉伸速率为5cm/min±0.25cm/min。

17. ABC

[解析]SBS改性沥青的高温、低温性能都好,且有良好的弹性恢复性能,所以采用软化点、5℃低温延度、回弹率作为主要指标。

18. BC

[解析]改性沥青的技术指标以改性沥青的针入度作为分级的主要依据,改性沥青的针入度指数PI反映改性后沥青感温性的改善程度。

19. ABD

[解析]安全要求指标是闪点。溶解度是反映SBS改性沥青的纯度指标。135℃运动黏度是对SBS改性沥青混合料工作性要求的指标。

20. BCD

[解析]AC为悬浮密实结构,SMA为骨架密实结构,AM和OGFC为骨架空隙结构。

21. ABCD

[解析]沥青混合料技术指标:空隙率、矿料间隙率、沥青饱和度、稳定度、流值。

22. ABCD

[解析]沥青混合料的主要技术性能包括高温稳定性、低温抗裂性、水稳定性、耐久性、抗滑性和和易性等。

23. ABC

[解析]沥青混合料试件空隙率的大小取决于于矿料的级配、沥青材料的用量及压实程度多个方面。

24. AC

[解析]空隙率 $V_v=(1-\gamma_t/\gamma_f)\times 100\%$,其中,$\gamma_f$为沥青混合料试件的毛体积相对密度;$\gamma_t$为沥青混合料试件理论最大相对密度。

25. ABD

[解析]沥青混凝土的空隙率过小,沥青膨胀空间有限,面层容易产生车辙和推挤现象,也可能由于沥青用量过大而产生泛油现象。

26. CD

[解析]沥青软化点和延度试验需要用到甘油、滑石粉隔离剂。

27. CD

[解析]90号石油沥青混合料试件拌和温度的范围为150~160℃。

28. BCD

[解析]参考《公路工程沥青及沥青混合料试验规程》(JTG E20—2011)，当缺乏沥青黏度测定条件时，道路石油沥青混合料试件的压实温度范围为120～150℃。

29. BC

[解析]沥青的黏度为0.28Pa·s±0.03P·s时，对应的温度适宜进行沥青混合料的碾压成型。

30. BC

[解析]沥青混合料大型马歇尔试件高度应符合95.3mm±2.5mm的要求。

31. BC

[解析]沥青混合料马歇尔试件成型过程中，需要加热的仪具有试模和套筒。

32. AC

[解析]沥青混合料中沥青结合料和矿料质量可由沥青用量计算得到，各级矿料质量则可由矿料级配计算得到。

33. CD

[解析]沥青标号偏低和采用高黏度沥青不易造成沥青路面产生车辙。

34. BC

[解析]B选项：沥青混合料中还必须留有一定的空隙，以备夏季沥青材料的膨胀变形之用；C选项：适当降低沥青混合料中的沥青数量，也有利于沥青混合料高温稳定性。

35. ABC

[解析]毛体积密度指规定条件下，材料单位毛体积(包括材料实体、开口及闭口孔隙)的质量。

36. AC

[解析]压实沥青混合料密度试验(表干法)适用于测定吸水率不大于2%的各种沥青混合料试件，包括密级配沥青混凝土、沥青玛蹄脂碎石混合料和沥青稳定碎石等沥青混合料试件的毛体积相对密度和毛体积密度。

37. BCD

[解析]标准温度为25℃±0.5℃。

38. ABC

[解析]把试件置于网篮中(注意不要晃动水)并浸水中3～5min，称取水中质量。

39. BCD

[解析]沥青蜡含量试验(蒸馏法)使用的化学试剂有无水乙醚、无水乙醇和石油醚。

40. AC

[解析]A选项应为：拌和厂取样时，宜用专用的容器(一次可装5～8kg)装在拌和机卸料斗下方，每放一次料取一次样，顺次装入试样容器中，每次倒在清扫干净的平板上，连续几次取样，混合均匀，按四分法取样。C选项应为：在车到达施工现场后取样时，应在卸掉一半后将车开出去，从不同方向的三个不同高度处取样。宜从三辆不同的车上取样混合使用。注意：在运料车上取样时不得仅从满载的运料车车顶上取样且不允许只在一辆车上取样。

41. ABC

[解析]试件保温温度、时间和试件尺寸对马歇尔稳定度都有直接的影响,室内温度对试验结果可能也有影响,但一般不可控,故不予考虑。

42. ABC

[解析]为区别试验时浸水条件的不同,将沥青混合料马歇尔稳定度试验分别称为标准马歇尔稳定度试验、浸水马歇尔稳定度试验及真空饱水马歇尔稳定度试验三类。

43. BC

[解析]保温时间:标准马歇尔试件需 30~40min,大型马歇尔试件需 45~60min。

44. AB

[解析]从恒温水槽中取出试件至测出最大荷载值的时间,不得超过 30s。

45. ABCD

[解析]本题测定结果的平均值为 9.35kN,标准差为 3.63kN,3.63×1.46=5.35,9.35-5.20=4.15<5.35,9.35-8.55=0.8<5.35,9.65-9.35=0.3<5.35,14.00-9.35=4.65<5.35。故应取四个测定值的平均值作为试验结果。

46. BCD

[解析]随着沥青用量的增加,空隙率呈下降趋势,流值与饱和度呈上升趋势,无峰值。而稳定度随着沥青用量增加会呈现先增大后下降的趋势,有峰值。

47. BCD

[解析]一组试件的数量最少不得少于 4 个。

48. ABC

[解析] 若混合料较坚硬,则可用烘箱适当加热后分散,加热温度不过 60℃。

49. BC

[解析]将负压容器放到试验仪上,与真空泵压力表等连接,开动真空泵,使负压容器内负压在 2min 内达到 3.7kPa±0.3kPa。

50. CD

[解析]负压容器内负压在 2min 内达到 3.7kPa±0.3kPa 时,开始计时,同时开动振动装置和抽真空,持续 15min±2min。

51. ABCD

[解析]沥青混合料所用沥青应根据气候条件和沥青混合料类型、道路等级、交通性质、路面性质、施工方法及当地使用经验等,经技术论证后确定。

52. ABCD

[解析]选项全部正确。

53. ACD

[解析]取相应于马歇尔稳定度(MS)和毛体积密度最大值、空隙率要求范围中值或目标空隙率、沥青饱和度范围中值的沥青用量平均值作为 OAC_1。

54. AB

[解析]空隙率与稳定度均较低,可能原因为沥青含量过多或细料偏多。因此可以采取的办法是在混合料中添加粗矿料以提高 VMA(矿料间隙率)值或适当降低沥青含量。

55. ACD

[解析]沥青混合料配合比设计包括目标配合比设计、生产配合比设计、生产配合比验证三个阶段。

56. BC

[解析]无论是沥青混合料配合比设计的哪个阶段,工作的中心就是进行矿料的级配组成设计和最佳沥青用量确定两部分内容。

57. ABCD

[解析]压实沥青混合料密度试验有:表干法、水中重法、蜡封法和体积法。

58. AB

[解析]对于寒区公路、旅游公路、交通量很少的公路,最佳沥青用量可在 OAC 基础上增加 0.1%~0.3%。

59. ABCD

[解析]试验温度为 60℃,加载水平为 0.7MPa,开动车辙变形自动记录仪。然后启动试验机,使试验轮往返行走,时间约 1h,或最大变形达到 25mm 时为止;保温不少于 5h,也不得超过 12h。

60. ABD

[解析]沥青碎石属于半开级配混合料。

61. ABCD

[解析]从材料角度,使用黏度较大的沥青及质地坚硬、表面粗糙、多棱角且颗粒接近立方体的集料有助于提升混合料的高温性能;从设计角度,采用较低的沥青用量和较粗的级配可提升沥青混合料的高温性能。

62. AB

[解析]表观体积包括沥青混合料实体体积与不吸水的内部闭口孔隙体积之和。

63. ABC

[解析]D 选项应为:同一样品至少平行试验两次,两个测定值之差不超过重复性试验允许误差时,取其平均值的整数作为试验结果。

64. ABC

[解析]根据现行规范的要求,通常路用沥青的针入度指数宜为-1.5~+1.0。

65. BC

[解析]保温不少于 5h,也不得超过 12h。

66. AC

[解析]我国规范采用浸水马歇尔试验和冻融劈裂试验来评价沥青混合料的水稳定性。

67. AD

[解析]沥青混合料水稳定性评价:一是评价沥青与集料的黏附性;二是评价沥青混合料浸水以后的力学性能。

68. AB

[解析]评价水稳定性的指标有浸水残留稳定度和冻融劈裂强度比。

69. ABCD

【解析】沥青混合料中沥青含量太高，混合料的温度敏感性及变形能力会明显增加，稳定性会显著降低，易出现车辙拥包等病害，同时会由于空隙率不足而出现泛油现象。析漏是 SMA 及 OGFC 等骨架显著、沥青用量较大的混合料易出现的病害，因此，在混合料配合比设计时，采用析漏试验来检验其沥青用量是否过大。

70. BC

【解析】取混合料试样质量 1000～1500g(粗粒式沥青混合料用高限，细粒式用低限，中粒式用中限)，准确至 0.1g。

71. BC

【解析】将燃烧温度设定 538℃±5℃，设定修正系数为 0。

72. AD

【解析】≥2.36mm 筛孔燃烧前后混合料级配允许差值为±5%，0.15～1.18mm 筛孔允许差值为±3%，0.075mm 筛孔允许差值为±0.5%。

73. ABC

【解析】沥青混合料谢伦堡沥青析漏试验用于检验沥青玛蹄脂碎石混合料(SMA)、排水式大空隙沥青混合料(OGFC)或沥青碎石类混合料(AM)的最大沥青用量。

74. BC

【解析】相比于普通沥青混合料，SMA 配合比设计还必须进行谢伦堡析漏试验和肯塔堡飞散试验。

75. ABC

【解析】粗集料骨架间隙率计算公式：$VCA_{mix}=100-(\gamma_f/\gamma_{ca})\times P_{ca}$ 其中，γ_f 为试件毛体积的相对密度；γ_{ca} 为矿料中所有粗集料的合成毛体积相对密度；P_{ca} 为矿料中所有粗集料质量占沥青混合料总质量的百分率。

76. ACD

【解析】B 选项应为：保持恒温室温度 60℃±1℃(试件内部温度 60℃±0.5℃)。

77. AC

【解析】B 选项应为：同一种粒料存在大于 13.2mm 和小于 13.2mm 的情况，对于大于 13.2m 的粒料以水煮法试验为标准，对细粒式沥青混合料应以水浸法试验为标准。D 选项应为：对于沥青混合料的综合抗水损害能力，必须通过浸水马歇尔试验、冻融劈裂试验等进行检验。

78. CD

【解析】C 选项：试件成型方法冻融劈裂试验用试件击实次数为双面各 50 次，马歇尔稳定度试验用试件击实次数为双面各 75 次。D 选项：试件加载时的温度，马歇尔稳定度试验为 60℃，冻融劈裂试验为 25℃。

79. ABC

【解析】D 选项应为：从耐久性(耐久性包括水稳定性)考虑，希望沥青混合料空隙率尽量小一些。

80. ABC

【解析】D 选项应为：沥青含量一般小于油石比。

四、综合题

1.(1)ABC (2)BCD (3)C (4)ABC (5)A

[解析](1)D 选项应为:每次试验应换一根干净标准针或将标准针取下用蘸有三氯乙烯溶剂的棉花或布揩净,再用干棉花或布擦干。测定针入度大于 200 的沥青试样时,至少用 3 支标准针,每次试验后将针留在试样中,直至 3 次平行试验完成后,才能将标准针取出。

(2)A 选项应为:将隔离剂拌和均匀,涂于清洁干燥的试模底板和两个侧模的内侧表面。

(3)沥青软化点试验(环球法)使用的金属支架中金属环下面距下层底板为 25.4mm。

(4)D 选项应为:针入度指数越大,表示沥青的感温性越低。

(5)见书中针入度指数公式。

2.(1)D (2)C (3)B (4)A (5)CD

[解析](1)标准马歇尔试件尺寸为 ϕ101.6mm×63.5mm,由题目已知马歇尔试件毛体积相对密度为 2.386,则一个标准马歇尔试件质量为:$\pi\times(101.6/2)^2\times63.5\times2.386\times10^{-3}\approx1228$(g)。

(2)$V_v=(1-y_b/y_t)\times100=(1-2.386/2.497)\times100=4.4\%$。$V_v$ 为试件的空隙率(%);y_b为沥青混合料试件的毛体积相对密度,无量纲;y_t为沥青混合料理论最大相对密度,无量纲。

(3)矿料混合料的合成毛体积相对密度 $Y_{se}=100/(P_1/Y_1+P_2/Y_2+\cdots+P_n/y_n)=100/(65/2.723+32/2.685+3/2.710)=2.710$,取 3 位小数。$P_1$、$P_2$,…,$P_n$为不同规格集料所占比例,其和为 100;$Y_1$,$Y_2$,…,$Y_n$,为对应各规格集料的相对密度,可采用毛体积相对密度或表观相对密度,无量纲。

(4)$\text{VMA}=(1-y_b\times P_s/y_{sb})\times100=(1-2.386/2.710\times95.5\%)\times100=15.9\%$。VMA 为试件的矿料间隙率(%);$y_b$为沥青混合料试件的毛体积相对密度,无量纲;$P_s$为各种矿料占沥青混合料总质量的百分率之和(%);$y_{sb}$为矿料混合料的合成毛体积相对密度,无量纲。

(5)沥青混合料标准马歇尔试件高度为 63.5mm±1.3mm,如高度不符合要求时,试件应作废,并按下式调整试件的混合料质量:$m_2=h_0\times m_1/h_1=63.5\times1228/65.7=1187$(g)。$m_2$为击实得到所需高度时试件的质量(g);$m_1$为第一次击实所称得的沥青混合料质量(g);$h_1$为第一次出浆完成后所得到的试件高(mm);$h_s$为马歇尔试件标准高度或所需高度(mm)。

3.(1)D (2)ABC (3)D (4)B (5)ABCD

[解析](1)沥青混合料拌和时,依次加入的顺序为粗、细集料,沥青,矿粉。

(2)D 选项应为:从试件拿出水面到擦拭结束不宜超过 5s,称量过程中流出的水不得再擦拭。

(3)①测定值由小到大排序为 7.04N<8.20kN<8.50kN<8.20kN<11.62kN。

② 计算特征值:平均值=8.84kN,标准差=1.70kN。

③ 计算统计值：(8.84－7.04)/1.70＝1.06＜k＝1.67。

(8.84－8.20)/1.70＝0.38＜k＝1.67。

(8.84－8.50)/1.70＝0.20＜k＝1.67。

(8.84－8.82)/1.70＝0.01＜k＝1.67。

(11.62－8.84)/1.70＝1.64＜k＝1.67。

④ 测定值与平均值之差大于标准差的1.67倍，无测定值应予舍弃。

⑤ 该沥青混合料的马歇尔稳定度为8.84kN。

(4)在寒冷地区的沥青混合料车辙试验温度可采用45℃，在高温条件下试验温度可采用70℃。

(5)选项全部正确。

4.(1)ABCD (2)B (3)A (4)B (5)ABC

[解析](1)本题关于沥青混合料试件制作方法(击实法)要求的选项都正确。

(2)步骤⑥应在步骤③之前，步骤①应在步骤⑦之前。

(3)乳化沥青混合料试件在两面击实后，有一组试件需置于烘箱中养护24h，养护取出后再立即两面击实各25次。

(4)大型马歇尔试件高度要求为95.3mm±2.5mm，用量约为4050g，如高度不符合要求，试件应作废，并按下式调整试件的混合料质量。调整后混合料质量＝要求试件高度×原用混合料质量/所有试件的高度。

(5)D选项应为：标准马歇尔试件击实次数为75次，大马歇尔试件为112次。

5.(1)ABC (2)B (3)A (4)ABC (5)C

[解析](1)沥青混合料标准马歇尔试件高度应符合63.5mm±1.3mm的要求，即试件高度为62.2～64.8mm都符合要求。

(2)沥青用量可以采用沥青含量与油石比两种方式来表达，沥青含量是指沥青占沥青混合料的百分数，油石比是沥青与矿料质量比的百分数，本题：沥青含量＝377/(7500＋377)×100%＝4.8%。

(3)试件吸水率 S_a＝(1221.3－1220.1)/(1221.3－719.6)＝0.2%，试件几乎不吸水，应采用水中重法测定表观密度，又因试件饱和面干质量与空气中质量非常接近，可采用本方法测定的表观相对密度代替表干法测定的毛体积相对密度。

(4)D选项应为：负压达到后，开动振动装置持续15min±2min。

(5)聚合物改性沥青混合料，成型车辙试件后，放置时间以48h为宜，使聚合物改性沥青充分固化后方可进行车辙试验，室温放置时间不得长于1周。

6.(1)AC (2)B (3)AB (4)ACD (5)C

[解析](1)常规沥青混合料目标配合比性能验证的一般试验参数有：水稳定性检验(浸水马歇尔试验或冻融劈裂试验)参数——冻融劈裂残留强度比和浸水马歇尔稳定度；高温稳定性检验(车辙试验)参数——动稳定度；其他性能检验(低温性能、室内渗水试验)参数——渗水系数等。

(2)车辙试件通常尺寸为300mm×300mm×50mm，该沥青混合料毛体积相对密度为2.412，则一块车辙试件的质量＝30×30×5×2.412×1.03＝11180(g)。

(3)C 选项应为：设计沥青混合料级配需要调粗一些；D 选项说法过于绝对，错误。

(4)B 选项应为：劈裂强度试验温度为 25℃，加载速率为 50mm/min。

(5)3 个试件动稳定度变异系数 $C_v=460/6243=7.4\%$，小于 20%，取平均值作为试验结果；如动稳定度大于 6000 次/mm，记作：＞6000 次/mm。

7.(1)ACD (2)CD (3)C (4)B (5)AC

[解析](1)B 选项应为：当石油沥青中无水分时，烘箱温度宜为软化点温度以上，通常为 135℃左右。而 SBS 改性沥青软化点往往达到 60℃以上，烘箱温度宜为 150℃左右。

(2)SBS 改性沥青需要测定针入度、针入度指数、5℃延度、软化点、135℃运动黏度、闪点、溶解度、25℃弹性恢复、黏附性、韧性以及储存稳定性离析 48h 软化点差、老化等指标。

(3)聚合物改性沥青(包括 SBS、SBR、EVA、PE 类改性沥青)针入度试验结果允许误差与普通沥青一致，当针入度试验结果在 0～49(0.1mm)范围内时，允许误差为 2(0.1mm)。本题 3 个检测记录的最大值 48.1(0.1mm)与最小值 44.3(0.1mm)之差 3.8(0.1mm)超出允许误差，试验结果无效，应重新进行试验。

(4)聚合物改性沥青(包括 SBS、SBR、EVA、PE 类改性沥青)软化点试验结果允许误差与普通沥青一致，当试样软化点小于 80℃时，允许误差为 1℃。本题两个检测记录 61.3℃、61.9℃的差值为 0.6℃，符合允许误差要求，取其平均值 61.6℃(准确至 0.5℃)作为试验结果。

(5)B 选项应为：盛样管和沥青从烘箱中取出后，放入冰箱的冷柜中，保持盛样管处于竖立状态不少于 4h，使改性沥青试样凝为固体。D 选项应为：离析试验温差越大，说明改性剂与基质沥青的相容性越差。

8.(1)B (2)AD (3)ABD (4)D (5)D

[解析](1)测定沥青密度的标准温度为 15℃，而沥青的相对密度是指 25℃时与相同温度下水的密度之比。

(2)对于黏稠及液体沥青，重复性试验的允许差为 $0.003g/cm^3$，复现性试验的允许差为 $0.007g/cm^3$。密度瓶的水值应经常校正，一般每年至少进行一次。

(3)沥青密度与相对密度的试验不需要用到的材料为石棉垫。

(4)固体沥青密度与相对密度试验步骤正确顺序应为②①④③⑤。

(5)m_3 是比重瓶与所盛满液体沥青试样的合计质量。

9.(1)ABCD (2)A (3)D (4)A (5)ACD

[解析](1)选项全部正确。

(2)非经注明，试验温度为 25℃，拉伸速率为 5cm/min±0.25cm/min。

(3)纤维吸油率=(煤油浸泡后质量－纤维干燥质量)/纤维干燥质量，要求不小于纤维自身质量的 5 倍。

(4)步骤②在步骤①之前，步骤①在步骤③之前。

(5)B 选项应为：车辙试验时温度一般为 60℃。

10.(1)B (2)C (3)ABC (4)AC (5)ABCD

[解析](1)取相应于密度和稳定度最大值，空隙率与饱和度要求范围中值的沥青用量 a_1、a_2、a_3、a_4 平均值为 OAC_1。本题 $a_1=4.5\%$，$a_2=4.5\%$，$a_3=4.0\%$，$a_4=4.8\%$，则

$OAC_1=(a_1+a_2+a_3+a_4)/4=(4.5\%+4.5\%+4.0\%+4.8\%)/4=4.4\%$。

(2)以 V_v、VFA、稳定度和流值均符合技术标准(不含 VMA)的沥青用量范围 $OAC_{min}\sim OAC_{max}$ 的中值作为 OAC_2。本题 $OAC_{min}=4.2\%$,$OAC_{max}=5.4\%$,则 $OAC_2=(OAC_{min}+OAC_{max})/2=(4.2\%+5.4\%)/2=4.8\%$。

(3)对寒冷地区公路、旅游公路、交通量很少的公路,最佳沥青用量可以在 OAC 的基础上增加 0.1～0.3 个百分点。

(4)B 选项应为:空隙率与稳定度均较低,在混合料中降低沥青含量。D 选项应为:空隙率低,稳定度满足要求,在混合料中降低沥青含量。

(5)标准配合比的矿料合成级配中,至少应包括 0.075mm、2.36mm、4.75mm 及公称最大粒径筛孔的通过率接近优选的工程设计级配范围的中值,并避免在 0.3～0.6mm 处出现"驼峰"。

11.(1)C (2)D (3)ABCD (4)ABD (5)CD

[解析](1)布洛克菲尔德黏度计法适用于测定不同类型沥青在 45℃以上温度范围内的表观黏度。

(2)135℃测定时,对 RV、HA、HB 型黏度计可采用转子速率为 20r/min。

(3)本题关于沥青旋转黏度试验(布洛克菲尔德黏度计法)试验步骤的选项都正确。

(4)C 选项应为:如果在试验温度下的扭矩读数不在 10%～98%的范围内,必须更换转子或降低转子转速后重新试验。

(5)A 选项应为:当使用石油沥青时,宜以黏度为 0.17Pa·s±0.02Pa·s 时的温度作为拌和温度范围。B 选项应为:当使用石油沥青时,宜以黏度为 0.28Pa·s±0.03Pa·s 时的温度作为压实成型温度范围。

12.(1)A (2)BCD (3)ABD (4)D (5)BCD

[解析](1)老化的沥青三大指标的变化规律:针入度减小,软化点升高,延度减少。

(2)A 选项应为:将沥青试样分别注入 4 个已称质量的盛样皿中 50g±0.5g,并形成沥青厚度均匀的薄膜。

(3)C 选项应为:将沥青试样分别注入已称质量的盛样瓶中,其质量为 35g±0.5g。

(4)D 选项应为:当薄膜加热后质量变化大于 0.4%时,再现性试验的允许误差为平均值的 40%。

(5)A 选项应为:当黏度较高的沥青在进行旋转薄膜加热试验时,在旋转过程中沥青尤其是聚合物改性沥青,容易堆积在瓶口处,有时就会发生沥青从瓶口流出的现象,如果不注意就会着火。

【岗位技能测试训练题参考答案及解析——建筑钢材】

一、单项选择题

1. A

[**解析**]在室温条件下，对没有明显屈服现象的钢材标准试样进行拉伸试验，由于没有明显的屈服现象，可以取某一规定塑性延伸强度，作为这类钢材的强度指标。通常取塑性延伸率为 0.2%所对应的应力作为规定塑性延伸强度，即 $R_{p0.2}$。

2. B

[**解析**]按下表规定的弯芯直径弯曲 180°后，钢筋受弯曲部位表面不得产生裂纹。

牌　号	公称直径 d/mm	弯曲压头直径
HRB400 HRBF400 HRB400E HRBF400E	6～25	$4d$
	28～40	$5d$
	>40～50	$6d$
HRB500 HRBF500 HRB500E HRBF500E	6～25	$6d$
	28～40	$7d$
	>40～50	$8d$
HRB600	6～25	$6d$
	28～40	$7d$
	>40～50	$8d$

3. D

[**解析**]钢筋焊接接头拉伸试验中，有 1 个试件断于钢筋母材，呈延性断裂；2 个试件断于焊缝或热影响区，呈脆性断裂，应切取 6 个试件进行复验。

4. B

[**解析**]钢筋连接接头应满足强度及变形性能的要求，接头连接件的屈服承载力和受拉承载力的标准值不应小于被连接钢筋的屈服承载力和受拉承载力标准值的 1.1 倍。

5. B

[**解析**]钢筋拉伸试验中，采用公称横截面面积作为抗拉强度的计算截面面积。

6. B

[解析]钢筋拉伸试验和弯曲试验的试件数量都是2根。

二、判断题

1. 错误

[解析]钢筋断后伸长率为试样拉伸断裂后的残余伸长量与原始标距之比(以百分比表示),是表示钢材变形性能、塑性变形能力的重要指标。

2. 正确

3. 正确

[解析]在室温条件下,对有明显屈服现象的钢材标准试样进行拉伸试验,屈服阶段中,应力-伸长率曲线会发生波动,取首次下降前的最大应力为上屈服强度,不计初始瞬时效应,取其最小应力为下屈服强度。通常将下屈服强度 R_{eL} 作为屈服强度特征值,如下图所示。

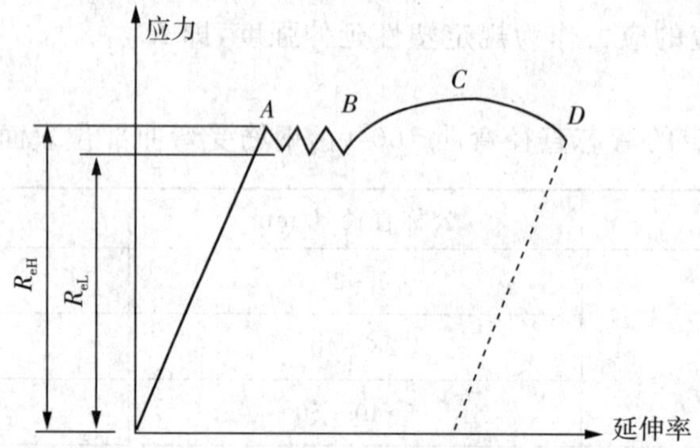

用图解法测定屈服强度

4. 正确

三、多项选择题

1. BD

[解析]钢材具有优异的力学性能和加工性能,被广泛应用于各种不同类型的桥梁工程结构。钢材的加工性能包括:弯曲性能、钢筋连接等。断后伸长率和冲击性能属于钢材的力学性能指标。

2. ABD

[解析]预应力混凝土用钢绞线无须进行弯曲试验,故C选项错误。

3. ABD

[解析]热轧带肋钢筋的力学性能包括屈服强度、抗拉强度、断后伸长率、最大力总伸长率等。

4. ABD

[解析]《钢筋焊接及验收规程》(JGJ 18—2012)规定,钢筋闪光对焊接头的质量检验,应分批进行外观质量检查和力学性能检查,其中力学性能检查包括拉伸试验和弯曲试验。

5. BC

[解析]反复弯曲试验:依次向相反方向进行连续不间断的反复弯曲,直至达到规定的弯曲次数或出现肉眼可见裂纹,或试样完全断裂为止。

四、综合题

1.(1)ACD (2)B (3)AB (4)B (5)ABCD

[解析](1)钢筋应按批进行检查和验收,每批钢筋由同一牌号、同一炉罐号、同一规格的钢筋组成。

(2)钢筋拉伸试验的取样数量为一组 2 根。

(3)钢筋拉伸试验的试验速率可以根据要求、条件等,选择采用应变速率控制(方法 A)或应力速率控制(方法 B)。

(4)该钢筋抗拉强度试验结果为:512.5(MPa)。根据题意,应将结果修约为整数,依据数字修约规则:拟舍弃数字的最左一位数字为 5,且其后无数字或皆为 0 时,若所保留的末位数字为奇数(1,3,5,7,9)则进一,若所保留的末位数字为偶数(0,2,4,6,8)则舍去。因此本题 B 选项正确。

(5)热轧钢筋的力学性能试验包括屈服强度、抗拉强度、最大力总伸长率、断后伸长率等力学性能特征值,弯曲性能属于钢筋的工艺性能。